Loi sur les droits numériques 1.0

- C'est un projet de recherche prioritaire du Laboratoire clé de la stratégie de *Big Data*
- C'est un projet de recherche prioritaire du Laboratoire clé de Pékin ayant pour objectif la recherche scientifique au tour de villes sur la base de *Big Data*
- C'est un projet financé par le Fonds pour les publications de l'intelligence mis en place par la Fondation internationale de Pékin pour l'échange culturel interurbain

Loi sur les droits numériques 1.0

Fondements théoriques

Laboratoire clé de la stratégie en *Big Data*

Édité par Lian Yuming

社会科学文献出版社
SOCIAL SCIENCES ACADEMIC PRESS(CHINA)

PETER LANG
Oxford • Bern • Berlin • Bruxelles • New York • Wien

Bibliographic information published by Die Deutsche Bibliothek
Die Deutsche Bibliothek lists this publication in the Deutsche Nationalbibliografie; detailed bibliographic data is available on the Internet at http://dnb.ddb.de.

A catalogue record for this book is available at the British Library.

Library of Congress Cataloging-in-Publication Data: A CIP catalog record for this book has been applied for at the Library of Congress.

LCCN nunber: 2020905370

Cover design: Brian Melville for Peter Lang

ISBN 978-1-78997-692-2 (print) • ISBN 978-1-78997-828-5 (ePDF)
ISBN 978-1-78997-829-2 (ePub) • ISBN 978-1-78997-830-8 (mobi)
DOI 10.3726/b17024

Published by Peter Lang Ltd, International Academic Publishers,
52 St Giles, Oxford, OX1 3LU, United Kingdom
oxford@peterlang.com, www.peterlang.com

La loi sur les droits numériques fonde un nouvel ordre pour l'humanité dans sa progression vers la civilisation numérique, et elle est le produit de l'évolution de notre époque.

—Comité national pour l'élaboration de la terminologie scientifique et technologique

Présentation succincte de l'Institution

Le Laboratoire clé de la stratégie en *Big Data* a été crée au mois d'avril 2015. C'est une plate-forme de recherche interdisciplinaire, professionnelle, internationale et ouverte conjointement mise en place par le Gouvernement populaire municipal de Guiyang et la Commission de sciences et technologies de Pékin, réunissant un nouveau groupe de réflexion de haut niveau pour le développement du *Big Data* en Chine.

S'appuyant sur l'Institut de recherche sur le développement urbain international de Pékin et de l'Institut de recherche sur la stratégie de développement motivé par l'innovation de Guiyang, le Laboratoire clé de la stratégie en *Big Data* a crée ses centres de recherche à Pékin et Guiyang, et aussi ses bases de recherche à l'Ecole centrale du Parti PCC, au Comité national d'élaboration de terminologie scientifique et technologique, à l'Université de Zhejiang, à l'Université de politique et droit de Chine et à la Cité scientifique et technologique de Chine (Mianyang), et approuvé la création de plates-formes de recherche respectivement sur l'innovation de la théorie de blocs de données et de son application, sur l'innovation de l'application du *Big Data* dans la prise de décisions de l'espace urbain, et sur l'innovation du *Big Data* relatif à la culture. Tout cela constitue un nouveau système de recherche dit « Deux centres, cinq bases et trois plates-formes » incarnant une nouvelle situation de l'innovation synergique régionale.

Le Laboratoire clé de la stratégie en *Big Data* a publié une série de résultats importants relatifs à l'innovation de la théorie et de la pratique sur le développement du *Big Data*, entre autres, « Blocs de données : symbole de l'arrivée de l'ère du *big data* », « Blocs de données 2.0 : révolution normative à l'ère du *big data* », « Blocs de données 3.0 : Internet régulé et souveraineté de la *blockchain* », « Blocs de données 4.0 : Théorie des données activées à l'ère de l'intelligence artificielle », « Blocs de données 5.0 : Théorie et méthode de sociologie de données » ainsi que « Livre bleu du *Big Data* : Rapport sur le développement du *Big Data* en Chine » (No.1 – No.3), ayant une grande influence en Chine comme à l'étranger.

Présentation succincte du Rédacteur en chef

Lian Yuming, professeur, docteur en ingénierie. Il est actuellement membre du Comité national de CPPCC (Conférence consultative politique du peuple chinois), Doyen de l'Institut de recherche sur le développement urbain international de Pékin, et Directeur du Centre de recherche sur la loi sur le droit numérique à l'Université de politique et droit de Chine.

Le professeur Lian Yuming est un grand expert en ville, vice-Président de CPPCC du District de Chaoyang de la Ville de Pékin, membre du Comité consultatif d'experts du gouvernement populaire municipal de Pékin, vice-Président de l'Association de la communauté scientifique sociale de Pékin, l'expert en chef de la Base de recherche sur le développement coopératif entre Pékin, Tianjin et la Province de Hebei, et Directeur du Laboratoire clé de Pékin pour la recherche scientifique urbaine sur la base de *Big Data*. Ses domaines de recherche sont l'urbanisme, la prise de décisions et la sociologie. Ses principaux ouvrages représentatifs sont « Réveil de villes », « le Positionnement stratégique de la capitale », « Connaître de nouveau les villes du monde », etc.

Depuis mars 2014, le professeur Lian Yuming est assistant du Maire de Guiyang, et aussi Doyen de l'Institut de recherche sur la stratégie de développement motivé par l'innovation de Guiyang et Directeur du Laboratoire clé de la stratégie en *Big Data,* chargé de la recherche sur la stratégie en *Big Data.* Les résultats de recherche principaux sont : « Blocs de données : symbole de l'arrivée de l'ère du *big data* », « Blocs de données 2.0 : révolution normative à l'ère du *big data* », « Blocs de données 3.0 : Internet régulé et souveraineté de la *blockchain* », « Blocs de données 4.0 : Théorie des données activées à l'ère de l'intelligence artificielle », « Blocs de données 5.0 : Théorie et méthode de sociologie de données », etc.

COMITE DE REDACTION

Préface

L'économie du numérique est en pleine expansion à l'échelle planétaire. Tous les pays du monde œuvrent à l'édification d'un espace virtuel commun pour que ce nouveau développement contribue à l'ouverture et au partage. En décembre 2015, lors de l'inauguration de la 2e édition de la Conférence mondiale sur Internet, le président Xi Jinping a prononcé un discours majeur dans lequel il a décrit Internet comme la maison commune de l'humanité, estimant que chaque pays devait contribuer à l'établissement de cette communauté de destin, favoriser l'interconnectivité, le partage et la gestion commune, afin de mieux assister l'humanité dans l'élaboration d'un avenir radieux. En décembre 2017, dans sa lettre de félicitations adressée à la 4e édition de la Conférence mondiale sur Internet, il a rappelé l'importance du respect de la cyber-souveraineté et de la diffusion d'un esprit de partenariat, pour l'édification commune d'une voie express au service du développement de l'économie d'Internet et du numérique. Dans sa lettre de félicitations adressée le 26 mai 2018 à l'inauguration de l'Exposition internationale sur l'industrie du *big data* Chine 2018 tenue à Guiyang, il a indiqué qu'Internet, le *big data* et l'intelligence artificielle comme représentants des nouvelles technologies en progrès constant, apportaient une influence profonde et durable au développement économique, à la gestion étatique, à la gouvernance sociale et à la vie du peuple de chacun des pays. Saisir la grande occasion du développement du *big data*, encourager le développement sain de son industrie, garantir la sécurité des données et le contrôle du cyberespace, sont autant de défis qui nécessitent le renforcement des échanges et de la coopération entre les différents États, a-t-il précisé.

Depuis le 18e Congrès national du Parti communiste chinois, et l'entrée du socialisme aux particularités chinoises dans sa nouvelle phase, le *big data* chinois est lui aussi entré dans une nouvelle phase. Le secrétaire général Xi Jinping en personne, a pris la direction du Comité restreint pour la cyber-sécurité centrale et la direction de l'information, fixant pour objectif stratégique de faire de la Chine une puissance numérique, et de lutter pour la réalisation des « objectifs du double centenaire ». Le 9 octobre 2016, lors de la conduite de la 36e étude collective sur la stratégie pour promouvoir la cyber-puissance nationale par le Bureau politique du Comité central du Parti communiste chinois, le secrétaire général Xi Jinping a poursuivi son exigence concernant les « six accélérations, » avec, dans cette liste, « l'accélération de la promotion du droit à la parole et de l'influence normative de la Chine sur le cyberespace à l'international », ce qui représente une nouvelle orientation pour l'édification de l'État de droit chinois, et de nouvelles espérances pour la recherche chinoise en droit. Nous devons lancer activement des réflexions et recherches sur les problématiques juridiques concernant les droits numériques, la sécurité des données et la souveraineté numérique, avoir pleinement recours aux effets d'initiation, normes, orientations et garanties contenus dans la loi, lancer des recherches théoriques et expérimentations législatives sur le *big data* et Internet, développer activement tout ce qui a trait à l'élaboration des normes législatives, la définition d'un agenda législatif et de principes juridiques concernant Internet, l'équilibre des valeurs, la conception d'instances de contrôle et la participation à l'élaboration des normes internationales, de manière à mieux réguler Internet et escorter la Chine dans l'établissement de sa cyber-puissance.

En mai 2018, l'Union européenne a promulgué sa *Régulation générale sur la protection des données*, un texte à la portée d'un manifeste qui s'affirme comme le guide pour l'établissement d'un ordre mondial de l'économie numérique. En réalité, depuis les années 1980, les pays occidentaux n'ont cessé de promouvoir leurs propres politiques de protection numérique à l'échelle internationale, y exportant leurs propres principes. Cela révèle qu'à l'ère de l'économie numérique, l'initiative et le droit à la parole dans la mondialisation informatique reviennent au premier capable de proposer un mode de gestion efficace. Pour fixer les nouvelles normes, le législateur européen s'est appuyé sur une réflexion préalable au développement des nouvelles technologies et un modèle civilisationnel plus avancé. Pour la Chine, cela est le déclencheur d'une réaction. Il nous faut rapidement clarifier les points clés et les missions essentielles de la régulation du cyberespace, renforcer son caractère général et systémique, se doter d'une capacité d'influence normative à l'international en perfectionnant notre dispositif légal concernant les droits numériques.

L'émergence de la Chine représente l'événement politique international majeur de ce début de XXIe siècle. Lorsqu'un pays émerge, il offre au monde un nouveau modèle civilisationnel. La réforme et l'ouverture ont permis à la Chine une rapide ascension de ses capacités, lui offrant la possibilité de s'affirmer peu à peu sur la scène internationale comme une puissance importante, y occupant une place de plus en plus centrale. Cependant, elle a toujours été un nain diplomatique concernant l'adoption des normes internationales, y étant constamment marginalisée. La Chine est en train d'y remédier, veillant à passer du statut de simple participant à celui d'initiateur de l'ordre mondial, en renforçant son dispositif légal pour l'économie numérique, un outil considérable pour l'adoption d'un système de gouvernance adapté à la situation chinoise et l'initiation d'un nouveau cadre normatif dynamique. Dans ce domaine, il existe un consensus, celui de promouvoir la législation chinoise à l'international, or, l'aspect le plus réalisable de cette quête concerne la législation de l'économie numérique. Nous devons nous appuyer sur la stragédie nationale de développement à long terme, chercher à résoudre des difficultés à venir avec la sagesse chinoise, notamment se concentrer sur cette toute nouvelle civilisation que représente la civilisation numérique, rechercher au sein des évolutions profondes de l'économie numérique une voie pour l'établissement d'un ordre et de ses valeurs.

Etant le reflet des réalités sociales, les principes législatifs nécessitent un environnement stable et prévisible. À l'ère d'Internet, le *big data* progresse à pas de géant, cela représente un nouveau défi pour le travail législatif et la recherche en droit. Seule une attitude d'ouverture peut permettre de répondre aux besoins du moment ; seules des activités législatives, régulatrices et juridiques menées en temps et en heure, peuvent remédier aux lacunes du dispositif légal ; seul un équilibre entre stabilité exécutrice et adaptation constante à l'évolution sociale, permet de dépasser le cadre législatif traditionnel pour définir de nouveaux concepts, procédés, régimes et techniques. C'est dans cette perspective que nous espérons que la recherche sur les droits numériques contribuera à édifier une Chine numérique capable de porter sa voix et prendre part à l'établissement d'un système d'influence plus avancé pour le développement de la civilisation numérique mondiale. Le présent ouvrage évoque pour la première fois toute une série de concepts nouveaux tels que les droits numériques, le régime des droits numériques, la loi sur les droits numériques. Ils composent une exploration théorique innovante qui entend prendre pied dans la réalité pour se tourner vers l'avenir. Soyons-en sûrs, ces nouveaux matériaux seront capables de bâtir un « empire législatif » à la hauteur de la civilisation numérique du futur.

Voilà le préface.

Huang Jin
Professeur & Président de
l'Université de politique et droit de Chine
Pékin, le 25 octobre 2018

Sommaire

Préambule du Rédacteur en chef

Dès notre premier contact avec le *big data*, nous le considérons généralement comme une nouvelle ressource, une nouvelle technologie, un nouveau mode d'organisation, ou encore comme une nouvelle force capable de changer l'avenir. Nous espérons, à travers l'échange, la fusion, l'ouverture et le partage des données, instaurer ensemble de nouvelles valeurs. Cependant, l'accessibilité et la circulation des données induisent souvent de grands risques, comme la collecte et l'usage abusifs de données personnelles, ce qui représente un énorme défi pour la confidentialité des données, la sécurité des informations d'entreprise, voire la paix sociale et la sécurité de l'État. Aussi, le partage des données, la protection de leur confidentialité et les problèmes induits de justice sociale sont devenus objets de toutes les préoccupations, et composent la grande problématique de la gestion des données à l'échelle internationale.

Cette problématique, en même temps qu'elle nous conduit à une réflexion plus approfondie, nous amène à proposer le postulat d'un « *homo numericus* » potentiellement capable de la résoudre. Partant du postulat de l'*homo numericus*, nous en arrivons à définir ses droits comme des « droits numériques » ; l'ordre qui en dérive définit le « régime des droits numériques » ; la norme législative découlant de ce régime se désigne comme « loi sur les droits numériques. » Cet ensemble constitue le cadre juridique « droits numériques – régime des droits numériques – loi sur les droits numériques. » Il s'agit là du point essentiel étudié dans le présent ouvrage.

Si l'on considère les données comme un droit, et que l'on se base sur celui-ci pour édifier un ordre et une loi nouvelle, une telle construction sera en mesure d'apporter à l'avenir de l'humanité une influence profonde. Comme Kant le disait, le respect de toute loi repose sur deux facteurs, la contrainte et le mobile. La contrainte est basée sur une nécessité objective qui fonde le devoir ; ce devoir et son lien avec la contrainte détermine le mobile. Quelle que soit la loi, elle finit toujours par déboucher sur un droit, qu'il s'agisse d'un droit inné ou acquis, du droit naturel ou du droit matériel. Kant a également affirmé que demander à un légiste ce qu'est le droit, revenait à demander à un logisticien ce qu'est la vérité, les deux y verraient une question insoluble. Que sont donc ces données en tant que droit futur, d'où viennent-elles ? Cette question, de la même façon, nous met dans l'embarras. Cependant, il nous faut la poser, peut-être se questionner à son sujet est-il plus important que d'y répondre.

Droits de l'homme, droits réels et droits numériques sont les trois types de droits fondamentaux qui définiront la vie future de l'humanité.

Du point de vue légal, « ce qui est à moi et ce qui est à toi » est la question primordiale du droit. Cela se retrouve dans les droits numériques comme dans les droits de l'homme. Des siècles de développement ont permis à la société des hommes d'entrer dans l'ère du *big data*. D'hypothèse théorique, l'*homo numericus* deviendra réalité, les rapports digitaux marqueront son existence, le fonctionnement des entreprises, la sécurité de l'État parmi une multitude d'autres domaines. Un objet nouveau et sans lien avec le passé, transcendera les hommes et objets traditionnels pour entrer dans une nouvelle perspective légale, cet objet se nomme « numérique ». Le numérique est né de l'époque actuelle, et l'époque actuelle est à son tour, transformée par le numérique. Il dépasse le rapport droits-devoirs tel qu'il est défini dans les conceptions légales traditionnelles, et revêt les caractéristiques de l'interdisciplinarité et de la fluidité. Il ne s'agit plus du traditionnel droit « opposable à la possession de tout possédant ». La circulation et le partage des données sont en train de devenir l'essence même de notre époque. Plus encore, en se basant sur le principe de respect, principe inhérent à l'humanité, les droits numériques sont une nouvelle catégorie fondamentale des droits de l'homme. D'après la *Régulation générale sur la protection des données*, la protection des données des personnes physiques est un droit fondamental. Cet esprit nous incite à puiser des éléments théoriques du côté de la littérature sur les droits de l'homme et les droits réels, à s'en inspirer, et à découvrir les fondements philosophiques de la légitimité des droits numériques, enfin, à mieux éclaircir la possibilité, la nécessité et l'obligation de se doter de droits numériques, de leur régime ainsi que de leur cadre légal. La notion de droits numériques ici employée ne se limite pas à la protection des données en termes de personnalité, confidentialité, droit de propriété, droits de créance, droits de la propriété intellectuelle mais s'affirme aussi comme la défense de nouveaux intérêts. Ces nouveaux intérêts comprennent la souveraineté numérique, le droit des données personnelles et le droit du partage des données. Les droits numériques avec les droits de l'homme et les droits réels composent un des trois piliers du futur de l'humanité.

Les droits numériques combinent droit de la personnalité et droit de propriété

Les données relèvent à la fois de la personnalité et de la propriété, en étant toutefois différentes de ce qui relève du droit de la personnalité et du droit de propriété. Le droit de la personnalité appliqué au numérique a pour valeur centrale la protection de l'objet des données, à savoir la personne humaine concernée. À l'ère du *big data*, chacun d'entre nous laisse derrière lui une « empreinte numérique » qui permet, par le biais d'une analyse corrélative, de dessiner les particularités d'une personne, d'un « *homo numericus.* » Reconnaître l'existence du droit de la personnalité numérique revient à dire que le contenu des données dont nous disposons librement dans le cadre légal, ne doit subir l'expropriation, l'honneur des personnes ne doit être avili, ni la confidentialité être violée, ni les informations subir de détournement abusif. Par ailleurs, plus personne n'ignore aujourd'hui le fait que ces données sont précieuses. Ce prix induit la nécessité d'une protection légale en vertu du droit de propriété. Le droit de propriété numérique en tant que nouvel objet législatif doit revêtir les cinq particularités d'une loi à savoir son caractère défini, saisissable, autonome, moral et rare. Le droit de la personnalité numérique et le droit de propriété numérique constituent les deux grands piliers des droits numériques.

Les droits numériques ont pour sujet un ayant droit donné, et pour objet un ensemble de données donné

Dans le cadre légal réel des droits numériques, l'ayant droit désigne un ayant droit particulier. Les droits numériques se déclinent en des formes variées, telles que les droits de collecte, transport, usage, jouissance et modification de données. De ce fait, il est nécessaire de combiner forme de droit précise et contenu défini pour désigner l'identité précise de l'ayant droit. Quant à l'objet des droits numériques, une donnée isolée ne dispose d'aucune espèce de valeur, c'est seulement lorsqu'elles sont regroupées suivant un principe défini que les données revêtent une valeur particulière. De ce fait, on ne peut traiter chaque élément de donnée isolé comme un objet des droits numériques. C'est la raison pour laquelle, l'objet des droits numériques est un ensemble de données donné.

Les droits numériques dépassent le caractère exclusif et tangible de la propriété, avec souvent plusieurs détenteurs pour une seule donnée.

Le caractère exclusif de la propriété est le principe dominant de son droit. Au fil de l'évolution technologique, la propriété a pris des formes de plus en plus variées, entraînant la diversification de ses droits, celle-ci pouvant se décliner en des formes de droits de propriété partiels de plus en plus complexes. En réalité, l'exclusivité de la propriété est confrontée à des situations de multiplicité des détenteurs ou inversement de propriétés multiples pour un seul détenteur. Le volume et la diversification constants des propriétés détenues par l'humanité, ont amené le droit à reconnaître et tolérer plus ou moins directement des situations de multiplicité des détenteurs et multiplicité des propriétés. L'évolution des technologies permettant la chute des coûts, la jouissance exclusive tend à perdre son caractère de nécessité. Cela est singulièrement le cas pour les données que l'on trouve en abondance et dont le coût est quasi nul. Le fait que, par nature, elles échappent au champ du droit réel et sont d'une sujétion multiple, a déterminé le principe de leur usage optimal.

Les droits numériques relèvent à la fois du privé, du public et de la souveraineté

Les droits numériques, par nature marqués par l'altruisme et le partage, sont à la frontière du droit public et du droit privé. Lorsque les droits numériques seront passés du statut de droit naturel à celui de bien commun et intérêt général, ils entreront nécessairement en mutation pour s'affirmer comme droit social. À l'ère du *big data*, notre existence d'*homo numericus*, implique la nécessité d'organiser notre existence collective d'hommes numériques à travers l'adoption d'un régime qui puisse garantir à chacun le recouvrement des droits naturels concédés en échange de la protection de la liberté et jouissance privée du citoyen numérique. Ainsi stipule la *Régulation générale sur la protection des données* : « Le droit de protection des données personnelles n'est pas un droit absolu ; il doit être considéré en fonction de son impact social, et doit être équilibré par le respect des autres droits fondamentaux. » En d'autres termes, la protection du sujet émetteur des données nécessite en même temps une certaine marge laissée à l'innovation et au développement industriel, ce qui reflète parfaitement l'esprit d' « usage optimal » présent dans le droit civil. Puisque la donnée est devenue un élément essentiel de l'économie numérique, il est important de clarifier la distinction entre son droit de propriété et son droit d'usage. Droits des données, droits de possession numérique fondent la question majeure, plus cruciale encore que celle de la protection des droits numériques elle-même. Aux yeux du droit civil, chacun d'entre nous est l'État lui-même. Il s'agit-là d'un cadre philosophique de la plus haute importance pour la délimitation du champ des droits des données. La souveraineté individuelle, la souveraineté sociale, la souveraineté des géants d'Internet, ainsi que la souveraineté numérique de l'Etat, doivent être considérées comme un seul et même bien, et même si elles entrent parfois en conflit, la pensée politique occidentale les considère comme étant de valeur égale, primauté étant même accordée à la défense de la souveraineté individuelle par le judiciaire[1].

Le régime des droits numériques se décline en cinq dimensions.

La loi a pour fonction de concilier idéal et réalités sociales, en d'autres termes, elle se situe dans le *no man's land* qui sépare la norme du réel. Le régime des droits numériques l'est plus encore. Son intérêt ne réside pas uniquement dans sa faculté à protéger et réaliser la justice, mais également dans sa capacité à fonder un ordre. Par leur maillage et principes, les droits numériques peuvent rendre effectifs la structuration, l'ajustement et la protection des dispositions systémiques, la plus grande diminution des frais de transaction des données, et l'optimisation de l'allocation des ressources. Cela exige de nous l'édification de principes structurels et fonctionnels pour le régime des droits numériques, comprenant un encadrement légal des droits numériques, droit de propriété, de jouissance, d'usage et de partage des données. Le point tellurique de ces cinq grandes dimensions sont les objectifs de sécurité

1 Note du traducteur: l'emploi du terme de « souveraineté » pour désigner les libertés individuelles et autres, répond à la volonté de l'auteur.

et prévention des risques, et la fondation d'un régime de protection des données personnelles. Cependant, la protection des données personnelles ne peut se limiter à celle de la vie privée. Elle nécessite le dépassement des notions de consentement et d'information, ainsi que l'adoption d'une attitude d'ouverture, de tolérance et de sympathie à l'égard du développement industriel et de la justice sociale. Il est important de garantir l'adaptabilité et la souplesse des principes, de mieux (mais non davantage) favoriser la communication montante ainsi qu'un mécanisme de distribution pour fonder un dispositif adapté à ses objectifs, un régime légal et de protection plus en phase avec les réalités.

Le droit au partage est l'essence des droits numériques.

La recomposition permanente marquera l'avenir de l'humanité. Or, la recomposition des structures de pouvoir et de droit la contraint à repenser la société, pour proposer un nouvel ordre digital. Les droits numériques sont l'énergie vitale de ce nouvel ordre, leur soutien est la principale force capable de hâter sa restructuration. Cette énergie est la marque du recul des droits traditionnels, de l'expansion des nouvelles formes de droits et du transfert de la liberté individuelle en leur faveur. L'altruisme s'affirme de plus en plus comme le consensus de la coexistence future de l'humanité. Les « droits naturels » dont jouit l'individu sont le socle de l'État de droit. Mais tout en préservant l'inviolabilité des libertés individuelles, il nous faut en permanence rechercher dans l'intérêt général de la souveraineté collective, un modèle ultime pour la vie future de la société numérique. Les droits numériques comme droit futur de l'*homo numericus*, relèvent eux-aussi de l'intérêt général. Quand l'*homo numericus* descend de sa tour d'ivoire économique, le partage s'avère le noyau central du nouvel ordre digital, rendant la nature profonde des droits numériques enfin plus évidente.

La loi sur les droits numériques est un ensemble de normes juridiques réglant les problèmes de droit de propriété, de jouissance, d'usage et de protection des données.

La reconnaissance des droits numériques est le point de départ de leur protection et le préalable nécessaire à l'instauration d'une régulation des données. Les droits numériques sont la pierre angulaire de la loi sur le numérique car une loi qui ne contiendrait aucun droit ne saurait susciter l'aspiration. Durant le processus législatif, il faut accorder à la personne concernée ses droits correspondants, tels que les droits d'être informé, de modification, le droit à l'oubli, le droit de collecte, de transport, d'usage, de jouissance, de partage, de recours. Outre l'encadrement des droits de contrôle, d'usage et de jouissance du détenteur des données, il est également nécessaire de définir les droits d'usage exercés par une personne tierce, tels qu'usufruit, domaine public et partage. La valeur des données provient de leur usage ; dans la condition dite de la meilleure utilisation possible, l'exploitation de leur valeur administrative, commerciale et civile débouche sur le mode d'utilisation des données dit de « l'intégration des trois chaînes » administratives, productives et de service. La garantie des responsabilités est une composante essentielle de la loi et des règlements. Si une loi en manquait, les droits et devoirs par elle définis ne seraient qu'un ensemble de règles fictives et sans contenu. La collecte, le stockage, le transfert et l'usage des données nécessitent un encadrement renforcé de leur sécurité avec notamment un dispositif de défense contre l'attaque, la fuite, le vol, la falsification et l'usage illégal de données. En outre, la sécurité des données impliquant la sécurité de l'État et l'intérêt collectif, une protection renforcée de la souveraineté numérique est également nécessaire à l'échelon étatique.

La loi sur le numérique permet de définir le nouvel ordre de la civilisation numérique.

La civilisation numérique repose sur l'émergence de nouvelles technologies intelligentes comme le *big data*, les objets connectés, l'intelligence artificielle, l'informatique quantique, et la *blockchain*. Son époque est marquée par une montée sans précédent de l'intérêt pour la question des droits numériques. Les flux et partage des données en temps réel forment un environnement numérisé dans lequel les liens sociaux reçoivent l'empreinte de liens numériques. La transformation totale subie par la politique, l'économie, la culture et les technologies ont entraîné une recomposition du mode de développement et de distribution des ressources dans la société dans son ensemble. En apparence, le cadre externe du système légal actuel est le fruit de grands accomplissements. Du *Code Justinien* au *Bürgerliches Gesetzbuch* en passant par le *Code Napoléon*, le système légal semble aux yeux de tous en état de perfection, tout à fait en mesure d'organiser l'ordre nécessaire à nos existences, la répétition de nos expériences satisfaisantes, l'encadrement de nos désirs ainsi que, face à certaines situations, l'impulsion de réactions adaptées. Cependant, face au caractère interdisciplinaire des droits numériques touchant plusieurs domaines du droit (civil, commercial, administratif, pénal, code de procédure, international), le système judiciaire en est encore à la croisée des chemins. Quoi qu'il en soit, la loi sur les droits numériques est le préalable indispensable à la régulation effective des flux de données, à leur réutilisation, ainsi qu'à la réalisation d'un équilibre entre secret de la vie privée et utilisation des données. Elle est le matériau de base indispensable à l'édification d'un empire légal à la hauteur de la dimension mondiale de l'espace numérique. Elle sera un nouvel axe de coordonnées, de nouvelles normes d'administration et un nouveau point de départ pour définir les règles de la civilisation du numérique et la doter d'un nouvel ordre.

La loi sur le numérique est une étape décisive pour passer de la civilisation industrielle à la civilisation digitale.

Suivant le passage de la civilisation agricole à la civilisation industrielle, puis enfin, à la civilisation digitale, la loi est passée de la loi des hommes à celle des choses puis à la loi du numérique. La civilisation digitale offre à la législation sur le numérique ses valeurs et son énergie, en retour, celle-ci lui fournit le fondement de son existence en garantissant le maintien de son ordre et de son fonctionnement. Ainsi, la loi sur le numérique, tout en puisant son essence de l'ordre normatif de la civilisation digitale, est en retour la garantie de son maintien. En ce sens, la loi sur le numérique est le produit de la transition civilisationnelle, une étape décisive pour le passage de la civilisation industrielle à la civilisation digitale.

On entend souvent dire que les économistes sont la communauté scientifique la plus difficile à mettre d'accord. D'une certaine manière, le monde des juristes semble encore moins enclin au consensus, notamment lorsqu'il s'agit des problèmes d'interdisciplinarité comme c'est le cas pour la question des droits numériques. Si l'on étend notre réflexion au champ de la philosophie du droit, on découvrira un écheveau de questions soulevées d'une formidable complexité : quels sont les liens entre l'homme, la nature et la société dans le cadre légal éclairé sous le jour du numérique, le niveau de connaissance des personnes physiques et morales impliquées, ainsi que la légitimité de l'autorité légale. Les droits numériques sont une forme de droit relativement autonome. Droits numériques, régime des droits numériques et loi sur le numérique constituent d'ores et déjà la grande problématique factuelle et contemporaine des sciences juridiques. La recherche sur les droits numériques est une tâche innovante et de grande portée qui a trait à une problématique sociale et académique incontournable car, quand bien même on ne voudrait s'y confronter, les générations futures y seront de toute façon amenées par la force des choses. Aussi, nous conserverons cet enthousiasme, cette combativité ; ne nous fonderons sur le présent mais sur l'avenir ; à partir de toujours plus de postulats, des hypothèses audacieuses pour des enquêtes scrupuleuses et l'intégration interdisciplinaire. Certes, notre tâche au temps présent n'est guère qu'une exploration théorique qui se limite à proposer aux chercheurs, un sujet à défricher, ou encore une source de réflexion. Un peu comme la toute première machine à vapeur, incapable de fonctionner, la toute première voiture, non-habilitée à prendre la route, les premiers essais ne sont jamais parfaits. Mais il est un jugement auquel nous croyons fermement : « La loi chinoise doit aller vers le monde, or, la législation de l'économie numérique en est le chemin le plus praticable. » C'est dans ce sens que portent nos efforts présents, et bien que la difficulté soit importante, je suis persuadé que la sagesse des technologies et la rationalité de la loi éclaireront l'ère de la civilisation numérique de leurs reflets croisés.

Lian Yuming
Directeur du Laboratoire clé de la stratégie en *big data*
Le 10 août 2018

Avant-propos

I

Le droit est la source du pouvoir. Max Weber définit le pouvoir comme « la capacité d'imposer sa volonté dans le cadre d'une relation sociale, malgré les résistances éventuelles ». Le sociologue américain Talcott Parsons estime que, par observation des phénomènes politiques, le pouvoir s'avère une notion centrale de la tradition occidentale. De nos jours, au sein de la recherche en science juridique, la plus grande proportion revient à l'étude des droits. Du pouvoir des sciences politiques au droit juridique, il s'agit surtout, à partir du caractère normatif de la loi, de clarifier deux missions essentielles : d'une part, le travail législatif contraint le pouvoir et fait connaître ses limites à son détenteur ; d'autre part, il s'agit de définir les droits du citoyen, leur conférer toute autorité, notamment en ce qui concerne les libertés fondamentales, cela afin de contraindre le détenteur du pouvoir à ne pas en abuser. Définir les contraintes légales constitue le point essentiel de la recherche en droit. Les contraintes légales se composant de droits et devoirs, l'étude en science juridique est souvent nommée « étude des droits et des devoirs ». Cependant, comme le disait Michel Foucault, le pouvoir est un dispositif stratégique, présent dans l'ensemble de la vie sociale, capable d'orienter les rapports de force, qui outrepasse le formalisme légal pour s'étendre à l'ensemble du champ social. Ainsi, la protection des droits doit être capable de s'adapter aux évolutions de la société, d' opposer à l'émergence de nouveaux rapports de force, une protection efficace des droits, et contribuer ainsi au perfectionnement du système juridique.

En apparence, le cadre externe du système légal actuel est le fruit de grands accomplissements. Du *Code Justinien* au *Bürgerliches Gesetzbuch* en passant par le *Code Napoléon*, le système légal semble aux yeux de tous en état de perfection, tout à fait en mesure d'organiser l'ordre nécessaire à nos existences, la répétition de nos expériences satisfaisantes, l'encadrement de nos désirs ainsi que, face à certaines situations, l'impulsion de réactions adaptées. Mais l'entrée de l'humanité dans l'ère du numérique, l'émergence de nouveaux rapports entre pouvoir et droit imprime une marque profonde dans l'évolution sociale actuelle, droits et pouvoirs numériques entrant en collision, les liens numériques devenant l'élément essentiel de la contradiction qui oppose force productive et rapports de production. D'hypothèse théorique, l'*homo numericus* devient réalité, les rapports digitaux marquent son existence, le fonctionnement des entreprises, la sécurité de l'État parmi une multitude d'autres domaines. Un objet nouveau et sans lien avec le passé, a transcendé les hommes et objets traditionnels pour entrer dans une nouvelle perspective légale, cet objet se nomme « numérique ». La question des droits numériques dépasse le rapport droits-devoirs des conceptions légales traditionnelles, et ne relève plus du traditionnel droit de propriété exclusive. Tandis que la circulation et le partage des données sont en train de devenir la caractéristique de notre époque, nous devons impérieusement trouver un équilibre entre protection et usage commercial des données personnelles durant leur collecte, stockage, transfert et traitement. Il s'agit justement de la problématique mondiale commune de la gestion du cyberespace.

Comme Kant le disait, le respect de toute loi repose sur deux facteurs, la contrainte et le mobile. La contrainte est basée sur une nécessité objective qui fonde le devoir ; ce devoir et son lien avec la contrainte détermine le mobile. Quelle que soit la loi, elle finit toujours par déboucher sur un droit, qu'il s'agisse d'un droit inné ou acquis, du droit naturel ou du droit matériel. Kant a également affirmé que demander à un légiste ce qu'est le droit, revenait à demander à un logisticien ce qu'est la vérité, les deux y verraient une question insoluble. Que sont donc ces données en tant que droit futur, d'où viennent-elles ? Cette question, de la même façon, nous met dans l'embarras. Chaque positionnement théorique doit pouvoir s'appuyer sur un postulat de notions clairement définies, or, la littérature actuelle sur le droit du numérique est marquée par une absence totale d'unité. Ainsi, il nous faut continuer à nous poser ces questions, peut-être s'interroger à leur sujet est-il plus important que d'y répondre.

II

Les droits numériques sont avec les droits de l'homme et les droits réels au cœur du nouveau système légal contemporain. Mais, la définition de la propriété des données étant soumise à confusion et controverse, le sujet-émetteur de données, celui qui les traite, ainsi que celui qui y exerce un contrôle matériel, sont chacun pourvus de droits, responsabilités et devoirs dont la délimitation est délicate à définir, si bien que l' administration des données est devenue le maillon faible du contrôle étatique. La revendication en droit individuel qui voudrait que nous soyons propriétaires des données qui nous concernent, ne dispose guère d'un soutien efficace du cadre légal, ce qui rend irréalisable une répartition claire des droits et intérêts, ainsi que des responsabilités concernant la qualité et la sécurité des données. Un tel flou permet aux plus puissants de s'arroger le monopole de l'exploitation des données, nouvelle source d'injustice sociale.

Les droits individuels dits « naturels » sont la pierre angulaire de l'état de droit. Toutes les écoles du droit, depuis toujours, font découler leur doctrine de la théorie des droits naturels. Celle-ci reconnaît aux hommes, de part leur nature d'homme, la jouissance de droits innés, incessibles et inaliénables. Parallèlement, aux yeux du monde légal actuel, étant donné la délimitation confuse du champ d'application des droits numériques, leur protection est au sein de toutes les controverses. Même après obtention de l'accord de l'usager, faire commerce d'informations personnelles sur Internet est une activité illégale. En d'autres termes, même si le détenteur d'un compte (en l'occurrence le vendeur) est d'accord pour vendre ses informations personnelles, le « négociant » et les acquéreurs sont coupables d'avoir porté atteinte aux informations personnelles d'un citoyen. C'est la raison pour laquelle, en matière de droit, validité en affaires civiles et illégalité en matière pénale appartiennent à des champs d'appréciation bien distincts. Les informations personnelles du citoyen relèvent du droit de la personnalité, et, la personnalité et l'identité étant indissociables de la personne elle-même, ne peuvent faire objet de négoce. En d'autres termes, les droits numériques ou le droit à l'autodétermination sur ses propres données ne confèrent légalité qu'à celui qui cède ses données, mais ne peut exonérer de leur responsabilité leurs « négociant » et acquéreurs. C'est pourquoi, clarifier la définition légale des droits numériques et les promouvoir à niveau égal aux droits de l'homme et droits réels, est le préalable indispensable à la réalisation d'une protection efficace des droits et intérêts numériques. Par ailleurs, tout en garantissant l'inviolabilité des libertés individuelles, il nous faut en permanence rechercher dans la supériorité de l'intérêt général de la souveraineté collective, un modèle ultime pour le fonctionnement de la vie sociale. Les droits numériques comme droits futurs de l'*homo numericus*, relèvent eux-aussi de l'intérêt général. Les droits numériques, par nature marqués par l'altruisme et le partage, sont à la frontière du droit public et du droit privé. Lorsqu'ils seront passés du statut de droit naturel à celui de bien commun et intérêt général, ils entreront nécessairement en mutation pour s'affirmer comme droit social. Aussi, la *Régulation générale sur la protection des données* le formule déjà ainsi: « Le droit de protection des données personnelles n'est pas un droit absolu ; il doit être considéré en fonction de son impact social, et doit être équilibré par le respect des autres droits fondamentaux ». En d'autres termes, la protection du sujet-émetteur des données nécessite en même temps une certaine marge laissée à l'innovation et au développement industriel, ce qui reflète parfaitement l'esprit d' « usage optimal » présent dans le droit civil.

Internet a permis d'abolir les contraintes liées à l'espace pour le transfert et le partage, la conversion et l'appréciation des données, mais doit aussi faire face aux défis de l'absence de limite, de valeur et d'ordre. Du transfert des données par tous, à l'échange de valeurs par tous, puis enfin, à l'ordre partagé par tous, Internet est passé de réseau d'échange d'informations à réseau d'échange de valeurs puis enfin à réseau ordonné. Cette ascension vers un mode de fonctionnement de plus en plus complexe, correspond aussi à l'acquisition de la duplicabilité des données. Il s'agit concrètement de données liées à l'homme qui circulent et fluctuent dans un espace virtuel. Le caractère illimité de cet espace, ne nous permet pas de définir clairement la propriété, le prix, la traçabilité ni le suivi des flux de données. En un certain sens, Internet nous a jeté dans le chaos. Les données sur le cyberespace semblent un cheval galopant à toute allure sur une steppe infinie, or, pour transformer ce mustang sauvage en brave poulain, il nous faut lui passer la bride de la réglementation. L'instauration de cette réglementation nécessite un soutien technologique mais plus encore, une garantie d'ordre institutionnel.

Le cadre légal chinois, sur la base du principe d'équilibre entre droits numériques individuels et liberté du flux des données, a renforcé la protection des droits du sujet-émetteur de données, et la définition légale des devoirs du détenteur et gestionnaire des données, qui constituent la problématique principale et urgente à laquelle doit faire face le législateur. L'urgence ne se manifeste pas uniquement à travers la nécessité de s'adapter à des nouvelles technologies et mode de fonctionnement en évolution constante, mais aussi de trouver une manière de protéger les données personnelles sans faire obstacle à l'innovation technologique et au progrès social. Quoi qu'il en soit, les défis soulevés, entre autres, par l'adoption par l'Union européenne de la *Régulation générale sur la protection des données*, ainsi que le flux transnational des données et la gestion du cyberespace, se font chaque jour plus vertigineux. Répondre aux questions fondamentales de la propriété des données, les principes, limites et attributions des droits, soit la définition précise et la reconnaissance officielle des éléments constitutifs des droits numériques, semble être primordial. Il s'agit effectivement de saisir l'opportunité majeure du développement du *big data*, qui permet notamment le perfectionnement du système de régulation étatique et la modernisation des outils administratifs.

III

Yuval Noah Harari écrit dans *Sapiens : une brève histoire de l'humanité* : « chercher à sonder la particularité de notre époque, revient exactement à s'interroger sur la couleur d'un caméléon. La seule chose dont nous soyons sûrs est qu'elle ne cesse de changer, comme en une perpétuelle réforme ». À la différence des autres grandes figures internationales régulièrement invitées en Chine pour y propager la bonne parole des nouvelles technologies, comme la nouvelle dimension conceptuelle apportée par Nicholas Negroponte, et les discours inspirants de Kevin

Kelly, Harari nous amène davantage de préoccupations que l'époque actuelle fait mine d'ignorer. Cependant, tous font exactement le même constat inédit qu'Internet a fait voler en éclats l'ancien ordre, les anciennes règles, de l'ancien système et de l'ancien monde. Cependant, c'est sur la question d'une recomposition envisageable en un ordre nouveau que leurs avis divergent. La suggestion de la loi sur les droits numériques nous donne la possibilité, à travers une nouvelle grille de lecture juridique, de repenser entièrement l'émergence de ce nouveau monde.

La modernité n'est pas un état statique mais plutôt un jeu dans lequel s'exercent divers rapports de force. La tendance à l'hégémonie du moindre élément, principe ou force, ayant de graves retombées sur les autres forces en présence, la validation de tout positionnement ou orientation doit passer par la négociation et le dialogue avec autrui. Cette « contemporanéité complexe » confère aux propositions et expérimentations législatives en droits numériques une importance considérable pour l'entrée de l'humanité dans la civilisation du digital. Face à la complexité croissante de cette civilisation numérique, face aux mutations de l'ordre social, enfin, face à l'immense puissance de l'économie numérique, nous avons besoin d'une conception relativement précise des droits numériques, afin de nous doter d'un cadre cognitif général pour la régulation d'un ordre numérique singulièrement marqué par la complexité. Il nous faut faire transiter les droits numériques de l'état de préconisation à celui de disposition légale, puis de réalité effective. Cette transition est l'objet d'expérimentations tolérantes et prudentes, qui se manifestent dans la relation entre droits numériques non encore reconnus par la loi et les autres déjà reconnus, relation entre droits numériques institutionnalisés et droits numériques effectivement réalisés. Il s'agit à la fois d'un jugement formé à partir de l'expérience historique, et d'une construction de normes et de convictions. C'est uniquement en respectant les normes et valeurs communes actuelles que nous pouvons extraire petit à petit l'ère de l'économie numérique du chaos dans lequel elle se trouve actuellement. C'est uniquement en adoptant des règles de protection rationnelles que nous pouvons, en garantissant le respect de la personne et des libertés individuelles, réaliser pleinement le transfert et l'utilisation des données, contribuer ainsi à la croissance économique et au progrès social. C'est là le fond de la problématique commune de l'entrée de l'humanité dans cette nouvelle communauté qu'est la civilisation numérique.

Dans la projection sur l'avenir du droit qu'il propose dans *Homo deus: une brève histoire de l'avenir*, Harari estime que l'intelligence artificielle ayant pris le pouvoir, notre loi aura pris la forme de normes numériques qui, mis à part l'arbitraire des lois physiques inaltérables, régulera l'ensemble des comportements humains. Dans le passé, la loi était le produit d'une civilisation ; au présent, elle est un outil pour son maintien ; dans le futur, elle sera un moyen de la faire avancer. La loi sur les droits numériques est le préalable indispensable à la régulation effective des flux de données, à leur réutilisation, ainsi qu'à la réalisation d'un équilibre entre secret de la vie privée et utilisation des données. Elle est le matériau de base indispensable à l'édification d'un empire légal à la hauteur de la dimension mondiale de l'espace numérique. La sagesse des technologies et la rationalité de la loi éclaireront l'ère de la civilisation numérique de leurs reflets croisés.

CHAPITRE I

De l'importance du droit numérique pour la coexistence de l'humanité

La recomposition, c'est la coexistence contradictoire de l'ordre et du chaos, travaillée par des réajustements internes en une dynamique de transition. Il ne s'agit pas d'une combinaison mécanique des anciens et nouveaux modes, mais plutôt d'un réassemblage d'éléments organiques et de la restructuration de leur ordonnancement. L'évolution du monde entre ordre et chaos nous laisse envisager toute la puissance de la recomposition, or, l'interprétation des blocs de données (*block data*) correspond justement à cette recomposition débordante d'énergie. De la déstructuration à la restructuration, le bloc de données au sein de la recomposition en tant que support de réflexion, permet de mieux en saisir les lois et donc de mieux prévoir l'avenir. L'humanité est en train d'entrer dans une période de recomposition qui est également une période de coexistence. Dans sa coexistence avec autrui, l'humanité ressent naturellement le besoin d'ordre, or, le conflit qui oppose la recomposition aux structures de droits établies, nous amène à repenser la société et à concevoir un nouvel ordre numérique. Les droits numériques sont l'énergie vitale de ce nouvel ordre, leur soutien est la principale force capable de hâter sa restructuration.

Première partie: L'ère de la recomposition

Nous appartenons, et ce, sur le long terme, à une époque de recomposition. Au cours du développement des sociétés humaines, les civilisations apparues sont nées de recompositions, tout comme d'ailleurs les phases de croissance économique, et même l'accumulation des données. La recomposition est une force de changement inévitable, qui, comme jamais auparavant, entre en conflit avec la régulation légale et le régime des droits.

I. La recomposition et les sociétés humaines

1. Chaos, ordre et recomposition

L'univers est né du chaos. En Orient, la Chine ancienne offre quelques légendes au sujet du chaos avec notamment celle de Pan Gu ouvrant le ciel et la terre. En Occident, les Grecs anciens considéraient le chaos comme la substance universelle avant que ciel et terre ne soient créés. *La Genèse* qualifie l'univers originel comme informe, vide et ténébreux, fait d'eaux et d'obscurité profondes. Le chaos, au berceau d'un savoir en construction, était déjà synonyme de troubles et de désordre.

Dans les années 1970, période de progrès scientifiques considérables, les hommes ont reconsidéré la nature du chaos, comme un mélange d'ordre et de désordre. Enfoui dans l'esprit des hommes sous des millénaires de brouillard, il s'est peu à peu révélé à eux sous la brise asséchante de la science. La brume dissipée, sur l'immense territoire de la raison, s'est épanouie l'enthousiasmante théorie du chaos et son cortège de systèmes complexes. Systèmes dynamiques non-linéaires, effet papillon, théorie des fractales ... se sont ainsi succédées les études de systèmes complexes qui ont non seulement permis d'injecter du sang neuf et des nouvelles idées, mais ont aussi apporté une immense perspective d'applications possibles, permettant aux hommes de prendre conscience à quel point la marche de l'univers était faite de volatilités, d'indéterminations, de complexités et d'ambigüités.

Le chaos est souvent étroitement associé à l'entropie. « Jadis, un point mobile, se déplaçant le long d'une rue, a subitement explosé. » Voici comment les physiciens décrivent symboliquement le Big Bang qui a donné naissance à notre univers. Pour les statisticiens, l'entropie correspond à la proportion d'occurrences que représente un état de même valeur parmi tous les autres états possibles. Pour Boltzmann, il s'agit du nombre d'équivalences pour un ensemble de conditions données. En réalité, l'entropie ne sert pas à mesurer un degré de désordre mais bien la répétitivité d'un état, un état dont l'entropie est élevée ayant de fortes chances de n'être soumis à aucun ordre[1]. Il y a 13,8 milliards d'années, avant l'avènement du Big Bang, tout était en ordre. Puis, eut lieu l'explosion, et l'univers fut précipité dans la grande marche du désordre. Tout fut dispersé, les particules désordonnées. Le degré d'ordre de l'univers fut en chute libre, l'entropie en augmentation constante, phénomène qui dure encore jusqu'à nos jours.

Produit du Big Bang, le temps est le deuxième principe thermodynamique d'évolution à sens unique dessiné par la « loi de l'entropie ascendante, » une loi qui ne permet aucun retour en arrière, et qui correspond à l'impossibilité physique de remonter le temps. Cette irréversibilité du temps nous apporte l'ordre au sein du chaos[2]. Ainsi, quoiqu'opposés, ordre et chaos peuvent aussi s'assembler. Cette coexistence contradictoire, combinaison interne et évolution de l'ordre et du chaos, c'est ce qu'on appelle « recomposition. » Il ne s'agit pas d'une combinaison mécanique des anciens et nouveaux modes, mais plutôt d'un réassemblage d'éléments organiques et d'une modification de leur ordonnancement. D'un point de vue fondamental, la nouvelle valeur créée provient souvent d'un assemblage de diverses pensées et éléments, comme le capital et le travail, la technique et le marketing, le matériel et le logiciel, le global et le régional.

2. Recomposition et innovation

La recombinaison est le fonctionnement intrinsèque de la recomposition et de l'innovation. La recombinaison est le mode le plus élémentaire de création et innovation futures. Comme le dit Steve Jobs, « innover, c'est connecter différentes choses ensemble, les créateurs n'ont fait que voir des liens entre des choses qui existaient déjà, c'est parce qu'ils voient ces liens qu'ils peuvent créer du nouveau par de nouvelles combinaisons. C'est ça l'innovation. » Ainsi, innover, c'est déconstruire les systèmes, processus

1 2. L'Américain Cesar Hidalgo: « Why information grows » traduit en chionois par Fumuyishe; Zhongxin chubanshe; 2015; p. 18.

2 *Ibid.* p. 29

et structures établis, les replonger dans un état chaotique, puis procéder à une recombinaison à partir des éléments originels. L'innovation, c'est la destruction des modes et structures existants puis leur réassemblage. Nulle question de génération spontanée venue du néant. Iphone, WeChat, sont tous nés de la déconstruction puis restructuration des structures, métiers, processus, modes et pensées existants.

La recomposition est le mode de disruption majeur. C'est par la disruption que l'on peut innover, le réassemblage selon un nouveau mode étant un puissant moteur de création de valeurs. La recomposition et l'allocation des ressources peuvent permettre la production de nouvelles richesses. La recomposition est l'essence même de l'innovation. Dans la nature, la plus molle des pierres graphitiques et le plus dur des diamants, sont tous deux composés d'atomes de carbone, c'est donc de la combinaison différente de ces mêmes atomes que provient leur immense différence. De la même façon, pour libérer son intelligence individuelle, l'humanité a recours à la recomposition, et, en restructurant nos modes de fonctionnement, de vie, de création, nous pouvons réaliser notre intelligence collective.

La recomposition comprend trois grands principes. Tout d'abord, il est nécessaire de savoir identifier la valeur commune potentielle. La recomposition peut produire bien plus de valeur que celle du simple usage personnel des ressources, elle doit tendre vers une prévision faisant que « 1+1>2. » Ensuite, il faut être capable de réguler et unifier les relations. La combinaison en vue de créer de nouvelles richesses nécessite un mouvement d'ensemble, elle est souvent basée sur une mise en commun. Lorsque l'on procède à la recombinaison, les valeurs communes ne peuvent d'elles-mêmes s'auto-innover et se répartir, il est généralement nécessaire d'avoir recours à la fondation d'une structure institutionnelle après l'obtention d'un accord de départ. Enfin, il faut partager la valeur acquise. Le partage de la valeur est la finalité ultime de la recomposition et donc également, le plus important de ses principes. Définir un mode d'affectation des bénéfices est aussi épineux que d'estimer la valeur commune. Si la valeur créée issue de la recomposition n'est pas partageable, le caractère inéquitable de la réaffectation des bénéfices fera échouer la recomposition au moment même où elle aurait dû triompher.

3. La disparition des limites et l'avènement de l'ère de la recomposition

La recomposition signifie la disparition des limites anciennes. Internet a fait disparaître de nombreuses limites, comme la frontière entre entreprises et marchés, entre différents métiers, etc. Par le réarrangement des structures, certaines limites qui isolaient différents éléments, s'effondrent. La disparition des cloisonnements est source d'une progression vers le désordre, il ne s'agit nullement du surgissement d'une foule de recompositions erratiques mais d'un processus de réarrangement ordonné, ainsi le désordre lui-même répond-il à un certain ordre. La recomposition est donc la recherche d'un état d'équilibre entre ordre et désordre.

La recomposition s'opère entre monde réel et monde virtuel. Le développement d'Internet a offert à l'humanité une nouvelle dimension, un monde virtuel, notre espace vital étant désormais composé d'un mélange de réel et de virtuel. L'économie mondialisée s'éloigne du monde matériel pour s'approcher de l'univers désincarné des bits[3]. Le monde aussi s'éloigne du monde réel pour s'approcher du monde virtuel. Dans cet écheveau où s'entremêlent le réel et le virtuel, l'humanité s'approprie la logique numérique capable de transcender ces deux univers. Par rapport au monde réel, le monde virtuel offre plusieurs évolutions manifestes. Il s'agit premièrement de la possibilité de remonter le temps et de partager l'espace ; deuxièmement, l'instantanéité temporelle et la fluidité spatiale ; troisièmement, l'élasticité temporelle et la compression de l'espace. L'émergence du monde virtuel prive l'humanité de l'unicité de l'espace matériel, et la fait basculer dans une double dimension virtuelle et réelle. Le monde virtuel met en lumière sa formidable capacité d'ouverture et de partage, et le caractère profondément humain dont il est empli ne fait aucun doute. Mais tout en libérant l'homme de ses contraintes, en une certaine mesure, il l'éloigne un peu plus du monde réel.

Le monde quitte la traditionnelle « ère de la division du travail » pour entamer celle de la « combinaison du travail. » Dans un monde en recomposition, le passage d'un univers à l'autre est monnaie courante, les ressources d'un champ d'activité donné, une fois transfuges, s'associent à celle d'un nouveau champ pour contribuer à l'innovation. Avec les progrès constants

3 L'Américan Kevin Kelly: « *The inevitable* ,» traduit en chinois par Zhou Feng, Dong Li et Jin Yang; Dianzi gongye chubanshe; 2016; p. 242

de la civilisation, de la technologie et des connaissances de l'humanité sur le monde, l'univers présente aux hommes un visage de plus en plus clairement défini. Cependant, avec l'avènement de l'ère de la recomposition, l'univers conserve pleinement son caractère indéfini, nous laissant la plupart du temps incapables de prédire les risques et les modifications futures, nous contraignant à poursuivre nos tâtonnements dans l'incertitude. Il nous est souvent impossible de mesurer, prévoir et contrôler avec exactitude. Valeurs, lois et règles connaissent leurs imprécisions, tout comme les droits. Ces imprécisions sont la marque de la complexité et du désordre, source de troubles et de confusion, et consistent en une zone de danger et de défi pour la coexistence de l'humanité.

II. La recomposition comme source de croissance

1. La recomposition comme source de croissance d'une civilisation

Le développement des sociétés humaines provient de diverses phases de recompositions successives. Durant des dizaines de millénaires, l'humanité est passée de la dispersion à l'assemblement en divers groupes humains épars, puis à l'unification de ces ensembles, sans pour autant que cette dernière étape corresponde à un retour en arrière. « La variété des groupes humains est désormais unifiée au sein du village global actuel, chacun y apportant sa propre tradition conceptuelle, technique et comportementale, charriant le limon de l'expérience et des succès. Dans les rayons alimentaires contemporains, figurent le blé issu du Moyen-Orient, les pommes de terre ramenées de la cordillère des Andes, le sucre de Nouvelle-Guinée, ainsi que le café d'Ethiopie. De même, nos langues, religions, musiques et systèmes politiques, regorgent de trésors hérités de la Terre entière. »[4]

L'évolution de la civilisation humaine n'est guère qu'une recomposition successive de concepts. L'âge d'or de la pensée, que les chercheurs nomment

4 L'Israelien Yuval Noah Harari: « *Une brève histoire de l'avenir* », traduit en chinois par Lin Junhon ; Zhongxin chuban jituan ; 2017 ; p. 592

« ère axiale, » se situe aux alentours du Ve siècle avant notre ère. Cette période est marquée par l'apparition de grands guides spirituels au sein de chaque civilisation. Philosophes grecs, prophètes hébreux, Bouddha de l'Inde ancienne, maîtres chinois ... tous ont, par leur doctrine, façonné différentes cultures traditionnelles et durablement influencé la vie de l'humanité. Depuis plus de deux mille ans, chaque progrès civilisationnel ne s'appuie guère sur la découverte de nouveaux concepts, mais sur la redécouverte et mise en application des concepts de l'ère axiale, comme ce fut par exemple le cas de la Renaissance dans les progrès de la civilisation européenne, de l'éthique protestante dans la montée des Etats-Unis, ou encore du confucianisme, bouddhisme et taoïsme dans l'influence de la Chine.

L'émergence de nouvelles technologies n'est guère que la recomposition des technologies premières. La technologie évolue en fonction du développement de l'humanité et puise sa source dans les besoins de l'homme. Dans *The laws of disruption*, Larry Downes considère le développement technologique comme exponentiel. Brian Arthur, chercheur au Santa Fe Institute estime que « toutes les nouvelles technologies sont issues d'un assemblage de technologies existantes. » Les technologies contemporaines sont le produit composite de la réorganisation et du mélange de technologies premières[5]. La combinaison de centaines de technologies primaires avec des dizaines de milliers de technologies plus avancées, offre des possibilités innombrables pour de nouvelles technologies potentielles, toutes produites de la recomposition.

Le développement de nouvelles formes de medias n'est guère que la recomposition d'anciennes formes. L'histoire de la recomposition s'est également illustrée dans la réadaptation musicale. À la fin du XIXe siècle, l'invention du gramophone a permis pour la première fois de faire des modifications dans la liste d'audition, permettant ainsi les toutes premières recompositions musicales. Durant les dernières décennies, tous les nouveaux medias apparus ont été issus de la recomposition de formes plus anciennes. Les medias traditionnels existent encore, comme un article de presse ou bien les 30 minuites d'un épisode de sitcom, ou encore, les 4

5 Kevin Kelly, *Op. cit.*, p. 223

minutes d'une chanson pop. Après recomposition, nous les retrouvons sous formes de *blog*, *gif*, *spot video*, et autres nouveaux supports particulièrement attractifs. Dans l'avenir, les articles de presse, romans, sitcoms, ou chansons pop seront recomposés à partir de leurs éléments les plus fondamentaux pour être restructurés sous de nouvelles formes.

2. La recomposition comme source de croissance économique

Depuis les débuts de l'économie classique, l'origine de la croissance n'a cessé d'occuper des générations de chercheurs. Au sujet des facteurs qui la conditionnent, les théoriciens ne sont pas tous d'accord. En économie, définir la nature d'un objet par ses facteurs de production (comme le capital et le travail) est l'objet d'une longue tradition. Les différentes théories de la croissance se sont principalement concentrées sur l'analyse de la contribution des facteurs de production, en accordant une importance moindre aux externalités. Par ailleurs, étant donné les particularités propres à chaque époque, l'objet d'étude de chaque génération de chercheurs n'est pas exactement le même.

Dans *La richesse des nations*, Adam Smith, père fondateur des sciences économiques modernes, a pour problématique la « recherche sur la nature et les causes de la richesse des nations »[6], ce qui revient à rechercher les moyens de réaliser la croissance économique pour une nation donnée. Il distingue au sein de l'économie, la terre, la force de travail et les machines, plaçant ces dernières (désignées comme du capital fixe) à égalité avec la capacité de production des travailleurs (capital variable). De là, il considère l'accumulation du capital comme un facteur déterminant de la croissance économique : « l'objectif du capital fixe est d'augmenter la force productrice du travail, ou plutôt permettre à la même quantité de travail de produire plus. » Smith voit le progrès mécanique comme le progrès des capacités productrices de l'humanité, « le progrès des machines [...] permet au même nombre de travailleurs d'achever le même travail plus facilement et de

6 Zhou Yuehui : « *Le nouvel état de l'économie marqué par la transition du moteur de la croissance* ,» publié dans <*Xingzheng guanli gaige*> N°8 de 2015

manière moins coûteuse. »[7] En outre, dans le système théorique d'Adam Smith, la division du travail favorise la croissance économique. Il la décrit comme le meilleur moyen d'augmenter la productivité et de favoriser la croissance économique. Dans *Des principes de l'économie politique et de l'impôt*, David Ricardo, également un des tenants de l'école classique, désigne l'accumulation du capital et l'accroissement des bénéfices comme offrant des conditions favorables à l'économie. Il nomme également parmi les moyens d'entretenir le dynamisme de la croissance économique, l'augmentation de la productivité du travail, la diminution du temps de travail nécessaire et des salaires.

D'après les théories contemporaines de la croissance, celle-ci ne provient pas uniquement du capital, du travail et de leur interaction durant processus de production, mais à un plus haut degré, du progrès technologique[8]. Dans *Théorie de l'évolution économique*, Joseph Aloïs Schumpeter, économiste fondateur de l'école autrichienne, propose une analyse originale. D'après lui, la simple croissance économique « n'est guère que la croissance du corps économique, tel que l'accroissement démographique et l'accumulation de biens, et ne peut être considérée comme contribuant au processus de développement, puisqu'elle ne produit pas de transformation dans le processus de production, mais n'est guère qu'un phénomène d'ajustement, tout comme les changements qui s'opèrent dans la nature. »[9] Il estime que seule l'innovation est capable de stimuler la dynamique fondamentale du développement économique. Aussi, il classe les phénomènes d'innovation en cinq types : la production d'un nouveau type de bien ; le recours à une nouvelle technologie dans la production d'un type de bien existant ;

7 L'Américain Cesar Hidalgo : « *Why information grows* » traduit en chionois par Fumuyishe ; Zhongxin chubanshe ; 2015 ; p. 168

8 Dans *Le choc du futur*, le futurologue américain Alvin Toffler estime que derrière les phénomènes économiques surprenants, se cache une puissante force de changement: la technologie, sans pour autant que celle-ci en soit l'unique. Il estime qu'en réalité, les molécules chimiques présentes dans l'air, le changement climatique, l'appauvrissement des sols parmi une foule d'autres facteurs, conduiront à l'effondrement de notre société, cependant qu'il est indéniable que la technologie demeure la principale force motrice de cet impact.

9 Joseph Aloïs Schumpeter : « *Théorie de l'évolution économique* » ; Zhongguo shubao chubanshe ; 2012 ; p. 67

l'ouverture à de nouveaux marchés ; la découverte et le contrôle de nouvelles ressources naturelles ; enfin, l'émergence d'une nouvelle forme de structure entrepreneuriale. Il désigne l'acteur principal de cette innovation, et donc du développement économique, comme l'entrepreneur lui-même, poussé dans sa démarche expérimentale par « l'esprit d'entreprise. » L'innovation fait émerger au sein du système de production une nouvelle « combinaison » de facteurs et conditions. Ainsi, dans l'analyse schumpetérienne, le moteur de la croissance économique réside dans l'innovation et l' « esprit d'entreprise » qui la sous-tend.

Au sujet des entreprises, Schumpeter estime que leur fonctionnement courant peut être radicalement bouleversé par l'adoption de nouveaux systèmes d'organisation. En introduisant de nouvelles combinaisons (ensembles composites de savoir-faire, marchés, ressources, produits ou technologies faits de neuf et d'ancien, voire adoption de nouvelles organisations ou stratégies entrepreneuriales) ils jouent dans le système de Schumpeter un rôle central. Si l'analyse schumpetérienne est toujours d'actualité, les combinaisons désormais envisageables ne se limitent plus aux quelques types rencontrés par les entrepreneurs d'alors. Les dirigeants des entreprises s'emploient toujours à stimuler l'innovation. Durant la dernière décennie, les stratégies internes et externes visant à l'association des capitaux et des ressources se sont largement répandues. Dans le détail de leur mise en pratique, ces combinaisons présentent des différences, elles sont provisoires ou permanentes, extensives ou intensives, exclusives ou inclusives, etc. Mais sur le fond, toutes visent à créer de la valeur par le biais de recombinaisons ou réemploi des ressources[10].

Parmi d'autres, l'économiste Paul Romer estime qu'« une croissance économique réellement durable ne provient nullement de la découverte ou l'usage de nouvelles ressources mais bien de ressources déjà existantes qui, après recomposition, sont capables de produire une plus grande valeur. » Cette position, par apport à la « théorie de l'innovation » de Schumpeter, insiste davantage sur le « nouvel assemblage » ou « nouvelle combinaison » sans en sortir du cadre pour autant. Dans *The inevitable*, le prévisionniste

10 L'Américain Benjamin Gomes-Casseres: « *Remix strategy* ,» traduit en chinois par Xu Fei, Song Bo et Ren Zhengliang ; Zhongguo renmin daxue chubanshe ; 2017 ; p. 7

Kevin Kelly, fondateur de la revue *Wired* et reconnu « maître spirituel de la Silicon valley, » précise que « la croissance économique vient de la recomposition. » Tandis que le discours sur l'origine de la croissance est passé de l'analyse des facteurs de production à celle de leur recombinaison, cette dernière est devenue pour l'innovation et la richesse de la société numérique l'unique moteur[11].

3. La recomposition comme source de croissance des données

Le développement de l'humanité, en passant du savoir à l'information puis aux données, a connu une évolution à double tranchant. Du point de vue du développement de la pensée humaine, chaque étape présente différentes visions du monde produisant elles-mêmes différents outils de réflexion. À la première étape, le savoir, produit de la réflexion humaine, confère puissance. À la deuxième étape, l'information, produite des technologies de l'information, confère capacité. À la troisième étape, les données sont une grandeur variable, elles sont le produit d'un assemblage infini de données que ni le cerveau humain ni le fonctionnement normal d'un ordinateur ne sont capables d'achever, et dont le traitement nécessite la coopération de l'homme, des machines intelligentes et du *cloud computing*, formant ensemble la « réflexion nuagique. » En d'autres termes, la réflexion humaine est passée par trois stades : celle du cerveau humain, de l'informatique puis du *clouding*.

Les données sont une variable à la fois indépendante et dépendante. Leur modification peut entraîner des modifications externes si bien que leurs variabilités indépendante et dépendante sont concomitantes. Les données existent de manière objective comme le reflet du monde réel. Pourtant, elles appartiennent à un univers en mouvement, celui des technologies de l'information et de la télécommunication qui suit sa propre logique, celui d'un développement qui le conduit naturellement de l'augmentation des capacités de traitement au stade plus avancé de l'intelligence artificielle[12]. Du

11 L'Américan Kevin Kelly. « *The inevitable* ,» traduit en chinois par Zhou Feng, Dong Li et Jin Yang; Dianzi gongye chubanshe; 2016 ; p. 242

12 Laboratoire clé de la stratégie en *big data* : « *Blocs de données 2.0: révolution normative à l'ère du big data* » ; Zhongxin chubanshe ; 2016 ; p. 15

point de vue du volume, le *big data* (ou mégadonnées) est non seulement marqué par son gigantisme mais aussi par une mutation constante. Le rapport *Digital Universe* publié par International Data Corporation (IDC) a procédé à une estimation quantitative des stocks de données et de leur croissance à l'échelle internationale. D'après le rapport, pour que le flux cumulé des adresses IP du monde entier s'élève à 1 EB (Exabyte), il fallait un an en 2001, un seul jour en 2013, une seule demi-journée en 2016, dans un univers digital dont l'amplitude sera multipliée par 10 en 2020, la croissance annuelle des données passant de 4 400 milliards de GB (Gigabyte) à 44 000 milliards de GB.

La transversalité des données est un préalable indispensable à la réalisation de la connectivité généralisée. Hommes, objets et animaux sont tous éléments d'un immense réseau. L'interconnectivité n'est pas uniquement une composante importante de notre vie mais surtout la source d'une puissance intarissable[13]. Quand bien même sous l'effet de la division du travail, les données se trouvent compartimentées selon les divers secteurs de la société, ces mêmes cloisons sont destinées à être renversées par le développement des technologies de l'information. Cette transversalité repose en substance sur la création d'un lien nouveau entre deux éléments, et notamment d'un lien valide entre deux données redondantes, ce qui permet la création de nouvelles valeurs. Par exemple, le partenariat de Vanke et Taobao leur a permis de mettre en commun les informations d'un grand nombre d'utilisateurs ; la société Alibaba ne s'est pas uniquement consacrée au marché de l'électronique, elle s'est également investie dans les secteurs de la logistique, la production audiovisuelle et l'intelligence artificielle. L'attractivité de la transversalité réside dans sa capacité à mettre en relation et intégrer divers éléments, démarche qui permet la découverte de nouvelles valeurs potentielles. Par ailleurs, la transversalité permettant de faire face à l'indétermination croissante d'Internet en mobilisant des ressources éparses, elle favorise la couverture de champs d'activités élargis[14].

13 Nicholas A. Christakis : « *Connected* ;» Zhongguo renmin daxue chubanshe; 2007; p. 1

14 Huang Yuan et Wang Xinzi : « *Alibaba, une structure organique commerciale basée sur la transversalité,* » publié dans *CBN Daily* le 15/11/2013.

La recombinaison des données joue un rôle déterminant pour la croissance durable du volume des données. Du point de vue de leur nature, les mises en relation transversales et interdisciplinaires correspondent au fonctionnement inné du développement des données. Elles permettent de transcender les limites du temps et de l'espace, de procéder à des transferts et collectes à grande vitesse, de classer les données en fonction du type et du domaine, d'établir des interactions, pour former des concentrations durables, avancées et interdisciplinaires. Ces capacités nous permettent de rassembler les données en fonction de conditions évolutives. La variété des types de données et de leurs sources ainsi que la complexité des liens qui les relient entre elles, rendent l'univers digital à la fois plus mystérieux et plus attrayant[15]. Une donnée seule n'a aucun intérêt, c'est de son assemblage au sein d'un ensemble, de son analyse corrélative, enfin donc, de la production d'autres données qu'elle tire une certaine valeur.

La croissance des données est au cœur de la croissance de la société numérique. À la 4e Conférence mondiale sur Internet, Jack Ma a déclaré : « Dans les 30 années futures, les données deviendront les moyens de production et Internet sera la force de travail. Ne pas être numérisé, ne pas être connecté à Internet, semblera aussi effrayant que l'était le fait de ne pas avoir accès à l'électricité durant ses trente dernières années. » Un ensemble de données « endormi » doit être recombiné avec d'autres ensembles pour pouvoir créer de la valeur. Une combinaison de plusieurs ensembles de données aura toujours plus de valeur qu'un ensemble isolé. L'utilisation de ces combinaisons de données est le noyau central de la croissance.

III. La recomposition et ses implications légales

1. La recomposition, une arme à double tranchant

Du point de vue de la création, la création par recomposition est différente de la création au sens classique du terme : l'œuvre nouvellement créée l'est

15 Laboratoire clé de la stratégie en *big data*, *Op. cit.* pp. 15–16

par le biais de modifications (mixage audio, montages ...) faites à partir d'œuvres originales préexistantes. À l'ère du *big data*, nous pouvons, par le biais de recompositions et coopérations, créer des œuvres d'une grandeur inimaginable jusqu'à présent. Par exemple, Wikipédia est à même de mettre en commun les connaissances des internautes du monde entier, pour une richesse de contenus avec laquelle les encyclopédies traditionnelles ne peuvent rivaliser. On peut affirmer que la création issue de la recomposition contribue à la diffusion du savoir. Or, ce mode de création touche aux problèmes des libertés publiques, droits d'auteur et liberté d'expression. « On peut y voir les deux faces d'une même monnaie, d'un coté les droits de propriété, de l'autre, les droits civiques de la société. Si ces deux problématiques sont ainsi étroitement associées, c'est parce que les deux sont en lien avec le problème de la circulation de l'information, l'un défendant le profit, l'autre, la liberté. Comme l'écluse d'un canal, l'arbitrage entre ces deux faces peut favoriser la circulation de l'information tout comme la retenir. »[16] Les titulaires des droits (auteurs et éditeurs de la ou les œuvres originales) d'une réadaptation jouissent à son sujet des droits de propriété, quand le grand public a pour lui sa liberté d'expression. Le grand public jouit sur l'œuvre du droit d'acquisition, de détention et d'usage qui implique la possibilité de la recomposer en faisant usage de sa liberté d'expression dans la limite du cadre légal concerné.

À l'ère de la recomposition, le seuil d'accès à l'innovation a été abaissé. Le renouveau des technologies a modifié la potentialité de l'innovation. La numérisation et le développement d'Internet nous ont donné la possibilité d'innover en tout lieu et à tout moment. Par le passé, seuls les experts pouvaient prétendre être la pierre angulaire de l'innovation, mais aujourd'hui, cette possibilité réside en chacun de nous. Par le passé, seuls quelques talents avaient accès à la publication et la célébrité, aujourd'hui, il suffit d'un téléphone portable, un ordinateur, un accès à Internet, pour pouvoir y accéder. L'univers de la création s'est transformé : avec, à l'ère de la recomposition, un accès plus aisé à l'innovation, un seuil abaissé, nous sommes de plus en plus nombreux à utiliser les moyens de la recomposition

16 L. Ray Patterson et Stanley W. Lindberg; « *The Nature of Copyright: A Law of Users' Rights*, » *Library Quarterly Information Community Policy*, 1991, pp. 123–124

pour exprimer notre créativité et combler notre désir de reconnaissance. Grâce à l'abaissement considérable du seuil d'accès, la recomposition, tout en créant de la valeur, apporte aussi avec elle un grand nombre de failles législatives.

Cette « culture de la recomposition » mène droit à une impasse juridique. Dans *Remix: Making Art and Commerce Thrive in the Hybrid Economy* (2008), Le chercheur américain Lawrence Lessig étudie comment ces activités de recomposition créent des problèmes d'ordre juridique. La « Wikinomie » (économie de la collaboration entre groupes humains), la récolte et commercialisation des données par les moteurs de recherche … la facilité d'accès et la généralisation de toute cette « culture de la recomposition, » tout en apportant des opportunités commerciales, entraînent usurpations et litiges chaque jour plus manifestes. Lorsque la notion de « recomposition » sert à décrire un phénomène culturel, la frontière entre plagiat et création devient confuse. Certaines œuvres ainsi forgées dépassent le stade d'une création primaire qui joue avec les frontières du droit d'auteur. Par exemple, les très populaires créations amateurs de fanzine ou fan-roman[17], ou encore la question de la transformation qu'évoque Kevin Kelly dans *The inevitable*. « La transformation est une autre expression de la « formation. » Reconnaître la transformation, c'est accepter l'idée que ce que nous créons aujourd'hui sera transformé en autre chose demain. » Ainsi, fixer la frontière entre « transformation » et « formation, » ou encore régler le problème de la violation des droits que peuvent représenter les fan-romans, sont les questions urgentes auxquelles la loi doit apporter une réponse.

2. L'impact de la recomposition sur l'ordre social

À l'ère de la recomposition, la vie en coexistence des hommes détermine le besoin d'un ordre social minimum. Chaque communauté doit déterminer l'usage des ressources ou richesses communes ainsi que garantir sa

17 En Chine, la *Loi sur le droit d'auteur* ne stipule clairement à qui revient les droits de ce genre d'œuvres d'imitation créées par les fans. Au Japon au contraire, l'auteur initial jouit sur l'œuvre secondaire (soit le fan-roman qu'il n'a pas lui-même rédigé) d'une égalité de droit avec son créateur.

croissance pérenne. Cela nécessite que chaque société détermine pour chaque entité (personne privée, corporation ou toute autre forme d'organisation) les conditions d'usage (le type de jouissance, etc.) de ses droits numériques. Cet ordre est généralement principalement formé par la définition d'un système de droits, un système de droit articulé en l'occurrence autour du système des droits numériques.

Le système des droits numériques comprend pour l'essentiel: primo, l'allocation ou la confirmation d'un champ de droits numériques possédé par les différentes entités sociales; secundo, la confirmation pour ces entités de l'effectivité de la jouissance de ses droits et de la possibilité d'en faire un usage ordinaire ; tertio, la protection de la jouissance de ces droits et l'interdiction voire la punition des actes consistant en un danger pour l'ordre[18]. Ces trois axes normatifs sont également le contenu essentiel de la normalisation des droits numériques par le système des droits numériques à l'ère de la recomposition. Ces trois axes ou la disposition des droits, a pour objectif une utilisation commune régulée des ressources par l'ensemble du corps social.

À l'ère de la recomposition, les droits numériques sont l'ordre fondamental des sociétés humaines. Ils déterminent la propriété des données et en ordonnent l'utilisation par l'ensemble du corps social. Ils délimitent la propriété de chaque détenteur, offrent à chacun d'entre eux la possibilité d'exercer librement sa souveraineté sur les données dont ils ont la jouissance, pour ce faire, ils garantissent à chacun la protection contre la domination et l'usurpation par autrui, assurent à chacun de vivre libre et dans l'égalité. Les droits numériques sont le nœud des liens sociaux. L'homme, pour sa survie, nécessite d'être en lien avec différentes structures sociales, de la famille basée sur les liens du sang, jusqu'aux entreprises et partenariats basés sur l'intérêt lucratif ou associatif. La réalisation des objectifs de l'ensemble de ces corps sociaux nécessite de s'appuyer sur des droits numériques clairement définis. C'est en effet avec difficulté que des structures économiques isolées parviennent à s'associer pour atteindre un objectif commun. Les droits numériques maintiennent les délimitations de l'espace vital au sein du

18 Gao Fuping : « *Fonctions du système des droits réels, analyse du point de vue social* ,» publié le 25 juin 2004 sur le site web : http://www.doc88.com/p-7836112823656.html

corps social, un corps auquel nous appartenons tous, qu'il s'agisse de la communauté villageoise, d'une communauté urbaine ou de la nation. Au sein de ces espaces communautaires, l'ordre primordial consiste en la stabilité et la sécurité de l'espace vital de chaque individu, famille et groupement humain, en un état de non-agression mutuelle.

3. Le défi légal que représente la recomposition

Dans la recomposition entre monde réel et monde virtuel, les droits des hommes sur les données sont peu à peu passés du droit de propriété au droit d'usage. Cet éloignement progressif de la propriété en faveur de l'usage, correspond justement au passage de la duplication des valeurs à leur mise en réseau, ainsi qu'à notre ruée vers l'avènement d'un univers dans lequel la recomposition prendra à chaque instant une importance considérable. Bien que le cheminement législatif soit lent, le droit rattrapera peu à peu son retard[19]. Cependant, dans l'univers de la recomposition, que devront défendre les nouvelles législations ? Là est une question épineuse que ne pourra éluder la société du numérique.

La recomposition, en tant que réarrangement et réutilisation d'objets existants, représente pour les notions traditionnelles de biens et de propriété un immense défi, voire une gigantesque brèche. Si une mélodie est un bien que vous possédez, tout comme pour une maison, autrui ne peut guère en faire usage sans votre consentement ni rémunération proportionnée. Déjà en 1813, Thomas Jefferson estimait qu'un concept ne pouvait être pleinement considéré comme un bien privé, que si du moins, il était objet de propriété, il différait d'un bien immobilier. Il précise à ce sujet : « si quelqu'un obtient de moi une idée qu'il n'avait pas avant, lorsqu'il suit cette nouvelle orientation, ne me cause aucune perte ; c'est comme s'il empruntait le feu de ma chandelle pour éclairer la sienne, en même temps qu'il jouit de cette clarté nouvelle, il ne me plonge nullement dans l'obscurité. » Dans la plupart des cas, notre système juridique est resté bloqué aux critères des sociétés agricoles, en considérant la propriété comme une entité, ce qui est très éloigné des réalités de l'ère du numérique.

19 Kevin Kelly, *Op. cit.* p. 241

Les droits de la propriété intellectuelle et le concept de propriété en vigueur restreignent le progrès de la recomposition. Comment définir la possession de biens immatériels (musique, textes, concepts ...), calculer les préjudices causés par le plagiat ? La transformation ou modification partielle d'une œuvre peut-elle être pleinement accusée de plagiat, ou bien peut-on attendre de la société une plus grande ouverture à ce sujet. Savoir si recomposer à partir de quelques échantillons de musique empruntés ici ou là est oui ou non une activité illégale est l'objet d'une polémique éternelle, particulièrement vive lorsque l'activité concernée à de fortes retombées lucratives. Le droit ou non de Google à numériser certains ouvrages pour en présenter les extraits, est aussi au centre d'un combat juridique, qui a conduit le moteur de recherche à mettre un terme au projet. Ainsi l'inconstance mène-t-elle le champ de la propriété intellectuelle.

L'apparition des œuvres recomposées a déclenché une controverse au sujet des droits d'auteur. La menace que la recomposition fait peser sur les intérêts de l'auteur s'incarne notamment à travers les trois points suivants. Tout d'abord, l'œuvre recomposée peut consister en une violation du droit moral de l'auteur de l'œuvre initiale. Elle est en effet souvent le fait de suppressions et modifications, ce qui peut potentiellement endommager l'intégrité de l'œuvre initiale. Par ailleurs, la recomposition peut également engendrer un préjudice financier pour l'auteur de l'œuvre initiale. Il arrive qu'une recomposition pille largement une œuvre existante au point d'en devenir concurrente. Enfin, la recomposition peut être perçue comme un cas d'utilisation abusive. Certaines personnes estiment en effet que la recomposition en tant que violation des droits d'auteur présente un cas d'utilisation abusive. Etant donné les considérations susmentionnées, de nombreux compositeurs américains n'ont pas osé éditer leurs remix par peur d'éventuelles poursuites judiciaires[20]. Ainsi, bien que la recomposition ait un effet d'entraînement bénéfique au développement culturel, sa légalité est grandement controversée. Si cette question ne trouve pas de solution efficace, elle nuira au développement sain et régulé de la recomposition créative.

20 Hu Kaizhong : « *Cadre juridique de la recomposition* » publié dans <*Faxue*> N°12 de 2014.

Deuxième partie: Le paradigme du *block data*

Si l'on considère la recomposition comme l'intégration de ressources externes et internes en vue de créer de la nouvelle valeur, alors la valeur des données réside dans leur recomposition. Par le biais de plateformes dédiées, les blocs de données (*block data*) intègrent des ressources numériques, jouent leur rôle de rassembleur, intégrateur de la diversité, analyseur corrélatif, se rendant ainsi capables de nous révéler la nature et la loi des choses, créant par là-même de la nouvelle valeur. En un certain sens, le bloc de données au sein du champ de la recomposition peut nous servir de paradigme. Il est à noter qu'après collecte et recomposition de la masse des données, les problèmes de régulation numérique et de confusions juridiques se font particulièrement aigus et nécessitent un contrôle multidimensionnel associant technologie et autorité institutionnelle.

I. la recomposition : mode d'extraction de la valeur des données

1. l'ère du tout numérisable

L'histoire du développement des sociétés humaines est aussi un long et abondant processus de production, itération et évolution de données. Si l'intérêt du monde réside dans son dépassement, les données sont justement l'attribut fondamental et la forme existentielle de ce dépassement. Peu importe que nous conservions en nous l'attachement au passé et la crainte du futur, cette ère du numérique dans laquelle « tout est enregistré et analysé » est d'ores et déjà advenue. « À l'ère du *big data*, dans un univers structuré par le numérique, tous les liens sociaux peuvent être représentés sous forme de données, et l'individu n'est désormais plus que la somme des données relatives »[21]. À notre époque, l'espace virtuel

21 Les Anglais Viktor Mayer-Schönberger et Kenneth Cukier: « *BIG DATA: A Revolution That Will Transform How We Live, Work, and Thin* ,» traduit en chinois par Zhou Tao; Zhejiang renmin chubanshe; 2013; p. 1

des données et le monde réel existent parallèlement, se réfléchissant l'un l'autre avec exactitude, profondément entremêlés. Comme le dit Gary King, professeur en sociologie à Harvard : « C'est une révolution, l'immensité des sources de données donne lieu à un processus de quantification au sein de tous les domaines, qu'il s'agisse du monde académique, du monde des affaires ou encore de la politique, tous les domaines sont touchés. » Le monde représenté sous formes de quantités, ou les données formant l'essence de notre univers, cela n'est pas spécifiquement propre à notre époque. Seulement, aujourd'hui, le développement des technologies nous approche un peu plus de cet état de fait.

Les données définissent tout. À partir du moment où chaque lien peut être représenté sous forme de donnée, toutes les tendances peuvent être prédites. La numérisation permet alors de tout connaître des comportements humains et de la société, ainsi que d'explorer comment, les comportements individuels malgré leur caractère aléatoire et désordonné peuvent révéler les comportements holistiques de la société. Le regard de la société sur le monde ainsi modifié, les changements induits sur les structures naturelles, économiques et sociales, entraîneront l'émergence de la toute nouvelle société du numérique, du point de vue de la régulation comme des comportements sociaux.

Les données connectent tout. La numérisation de chaque chose correspond à leur mise en relation, le « lien » devenant ainsi le marqueur essentiel de l'ère du numérique. Le processus du développement historique de l'humanité n'est que poursuite et approfondissement permanent des liens entre les choses. Par exemple, Internet, le *big data* et l'intelligence artificielle, ne permettent pas uniquement de connecter les hommes entre eux, mais aussi les hommes aux objets et les objets entre eux. Ces capacités de mises en relation ont abouti à l'émergence d'une époque dans laquelle plus rien n'échappe à l'interconnexion, qui plus est, avec des interactions de plus en plus variées et efficaces, et qui ont désormais aboli les limites de l'espace et du temps, voire de l'espèce.

Les données quantifient tout. Quand toute chose devient données, et que se réalisent la « numérisation universelle » et la « quantification de toute chose, » tout peut être considéré comme une « variable » qui, par analyse numérique, est susceptible de produire de la valeur. Le physicien britannique Lord Kelvin disait: « lorsque vous pouvez quantifier la chose dont vous parlez, et que vous pouvez utiliser des nombres pour la figurer, vous avez à son sujet une connaissance approfondie. Mais si vous ne pouvez avoir recours aux chiffres pour la décrire, votre esprit ne s'est pas encore hissé au niveau de la réflexion scientifique. » La donnée en tant que nouvelle forme de représentation du monde, est en train de bouleverser nos modes de communication, organisation, production et vie, nous poussant dans la nouvelle ère de la civilisation digitale.

2. la valeur des données réside dans leur recomposition

Notre appréhension de la valeur des données peut être divisée en trois étapes : la première correspond à l'ère du *small data* durant laquelle les outils de l'informatique cherchent à affiner leur traitement numérique ; la deuxième concerne l'ère du *big data* pour qui les bases de données systémiques perfectionnent leur capacité d'extraction ; la troisième est marquée par l'explosion des données soit l'ère congestionnée de l'*hyper data*. Les données sont partout, se camouflent dans l'obscurité pour se moquer des hommes incapables de les employer à bon escient, la vérité se cachant souvent dans la trame de leurs combinaisons.

Ce que le *big data* à de grand, c'est à la fois sa masse et sa valeur. La grande masse du *big data* et sa haute valeur viennent toutes deux d'une grande capacité d'intégration. Les données sont une nouvelle force de production, mais elles sont dispersées. C'est uniquement par leur rassemblement, par l'effet de groupe, qu'elles peuvent émettre une véritable valeur. Cependant, la valeur des données ne réside pas uniquement dans la simple condensation de leur masse, il faut encore trouver le lien qui les relie entre elles pour découvrir les règles et principes qu'elles ont à nous apprendre. En d'autres termes, la valeur des données ne réside pas dans leur nombre, mais dans leur connectivité, leur valeur étant créée par le biais d'une analyse corrélative et multimodale permettant la découverte de principes inhérents. Les données ne tirent pas leur valeur de la production d'un ensemble statique mais bien de leur confrontation et combinaison. Un ensemble de données inactif doit être mis en relation avec différents autres ensembles pour pouvoir réaliser sa valeur. Comme du minerai, les données ne jouissent pas du même degré de qualité. Les données fragmentaires, disparates et en ordre chaotique, une fois rassemblées et intégrées de manière organique, peuvent donner cours à une logique analytique disruptive, capable de remodeler les secteurs d'activité traditionnels, l'administration de la société, le contrôle étatique et le système légal.

La valeur des données réside dans leur intégration. L'époque à venir est une époque d'intégration inter-scalaire dans laquelle les données produiront de la valeur, guideront le futur par leur innovation. Par la recomposition interdisciplinaire, un plus un produisent bien plus que deux, voilà l'essence des données. D'après le philosophe déconstructiviste Jacques Derrida : « chaque déconstruction se manifeste comme une interruption, division ou désintégration de la structure, mais chaque déconstruction débouche sur la production d'une nouvelle structure. » La déconstruction de la donnée, de l'ensemble de données, des liens entre données, est comme la déconstruction d'un produit ; une fois un produit démantelé, chaque pièce peut être réemployée dans l'assemblage d'un nouveau produit pour de nouveaux usages et valeurs. La reconstruction, c'est une transformation en agrégat de données obtenues après déconstruction, formant ainsi un nouvel ensemble de valeurs différent du passé.

3. La recomposition des données: combinaison, intégration et agrégation

La valeur de la recomposition des données est la découverte de nouvelles règles et de nouvelles valeurs. Le mode de recomposition des données, du point de vue du degré d'interaction, peut être distingué en combinaison, intégration et agrégation, du plus petit au plus haut degré de concentration de données originellement éparses et fragmentaires (cf. Figure 1-1).

La combinaison de données est un assemblage simple de données aux origines diverses capable de révéler tous les aspects de l'objet concerné. Ce type de recomposition produit une réaction physique, la nature des données elle-même n'ayant pas été modifiée. Prenons par exemple un rapport de crédit qui comprend des données concernant des transactions, communications et achats ; il s'agit d'une simple compilation d'informations. Pour l'intégration de données, c'est leur coexistence qui permet de réaliser

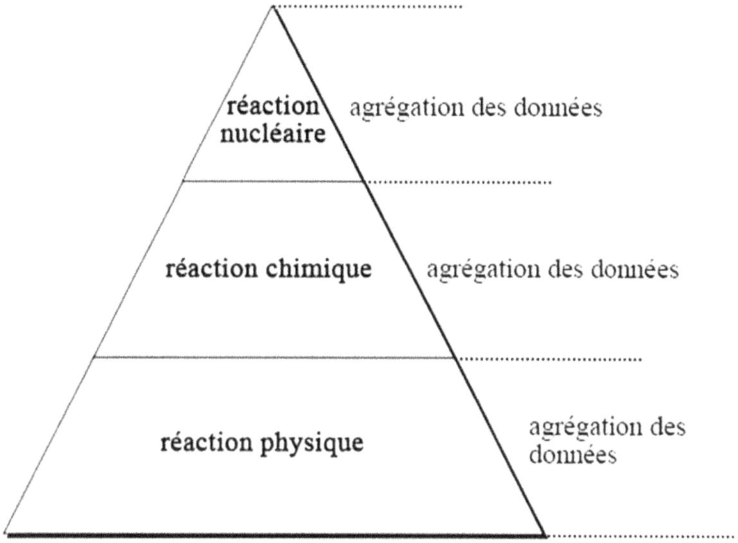

Figure 1-1 Les trois modes de recomposition de données

leur valeur. Ce type de recomposition produit une réaction chimique, de la valeur est créée. Par exemple, l'établissement d'une liste noire passe par la mise en relation de données financières avec des données issues du secteur des télécommunications afin de détecter des transactions financières inhabituelles, des changements intempestifs de téléphones, fermetures de compte répétées … L'agrégation de données crée de la valeur à la fois à partir de la confrontation mais aussi de l'incubation des données. Ce type de recomposition produit une réaction nucléaire, capable de mettre à jour de nouveaux modèles. Par exemple l'octroi d'un crédit bancaire en ayant recours aux capacités du *big data* en matière de contrôle de risque, permet non seulement de raccourcir la procédure de vérification, mais aussi d'assurer un contrôle continu durant la durée du remboursement ainsi que d'un service post-emprunt, voire permettre la localisation et mise en demeure d'un débiteur volatilisé ; il s'agit d'un projet global.

La recomposition des données n'a rien de facile et ne peut se faire du premier coup, les problèmes d'abus, standard, appartenance et sécurité n'ayant toujours pas été résolus. Parmi les problèmes rencontrés, trois sont singulièrement importants : le premier concerne la sécurité, comment la garantir, garantir la protection des informations personnelles et le droit d'être informé, assurer au sujet-émetteur de données une rémunération légitime ? Le deuxième concerne l'évaluation du prix des données, un système d'estimation des droits de propriété et de barème des prix n'ayant pas encore été achevé, comment fixer le prix du marché et qui doit l'encadrer ? Le troisième problème concerne la délimitation de l'appartenance, comment instaurer le statut légal des données, définir l'attribution des droits, la distribution des bénéfices, autant de questions majeures pour lesquelles nous n'avons encore aucune réponse. Le problème de la régulation des données se fait chaque jour plus saillant, avec son lot de polémiques et affaires judiciaires. Étant donné l'imperfection du système judiciaire, l'extraction, les transactions et l'utilisation des données peuvent faire basculer tout l'écosystème numérique dans le trou noir de la violation des droits, de la perte de contrôle voire de la criminalité.

II. Block data: le paradigme du champ de la recomposition

Le *big data* a initié un grand changement d'époque. Tout comme le télescope nous permettant de ressentir l'univers, le microscope nous permettant d'observer les microbes, le *big data* est en train de changer notre vie et notre compréhension du monde, en nous fournissant une nouvelle source de découvertes et de services, avec encore de nombreuses transformations à venir.[22]

1. Du big data au block data

Tandis que la masse des données connaît une croissance exponentielle, l'incertitude croît également. L'explosion des données entraîne la crainte de l'inflation des déchets. Les doutes qui troublent les hommes forment le « paradoxe du *big data.* » Pour dépasser ces appréhensions, une nouvelle méthode scientifique est nécessaire. C'est justement dans ce contexte que

22 Viktor Mayer-Schönberger, Kenneth Cukier, *Op. cit.*, p. 1

le *block data* est apparu. Le *block data* (ou « données en bloc ») est un paradigme des sciences sociales qui part de l'homme et qui se concentre sur l'analyse des comportements humains, cherchant à en maîtriser les règles et à en prévoir l'avenir. Dans ce passage de l'ère de la bande de données à celle du *block data*, notre mode de réflexion et nos comportements vont connaître une transformation radicale.

Donnée ponctuelle (ou *point data*): donnée isolée d'un système épars. Avec la convergence entre technologie de l'information et modes de production ainsi que la généralisation d'Internet, les données du monde entier connaissent une croissance explosive ainsi qu'une densification de leur masse. Cependant, il existe un nombre gigantesque de données isolées, dépourvues de connexions, comme une constellation de points épars. Les données ponctuelles, marquées par leur grand nombre, leur dispersion et indépendance, constituent l'origine principale du *big data*. Les données ponctuelles proviennent des systèmes épars des individus, entreprises et administrations. Elles portent sur chaque domaine, aspect et cycles des activités productives. Elles ont déjà été identifiées et rangées dans chacun des systèmes concernés mais n'ont pas de connexion valable avec d'autres données, du moins des connexions dont la valeur n'a pas été révélée, si bien qu'elles sont inutilisées, non-analysées voire inaccessibles.

Bande de données (ou *strip data*): ensemble de données à une seule dimension. Qu'il s'agisse d'informations internes collectées par un secteur d'activité traditionnel, des données des départements de l'hygiène, l'éducation, les transports, la finance ou la sécurité des différents échelons administratifs, ou encore des archives Internet des nouveaux secteurs de l'e-business et de la finance en ligne, toutes peuvent être qualifiées de « bandes de données, » soit des données qui sont intégrées à une chaîne portant sur tel secteur ou domaine. Actuellement, l'utilisation du *big data* se fait principalement à partir de ces bandes de données. D'une certaine manière, elles ont déclenché l'effet boule de neige de l'agrégation des données pour une plus grande efficacité, mais parce qu'elles restreignent la donnée à une seule dimension, elles ont formé des archipels d'îlots isolés comme un faisceau de cheminées parallèles.

Block data (« données en bloc » ou bloc de données): ensemble connecté sur une plateforme dédiée. Le bloc de données rassemble des données ponctuelles éparses et des bandes de données isolées sur une même plateforme, capable de prolonger en continu ses effets d'agrégation. Le *block data* désigne un système de connexion sophistiqué offrant les conditions d'une agrégation durable. Cet agrégat de connexions qui a lieu sur une plateforme n'est nullement limité à quelque aire administrative ou espace physique. Il peut réaliser son rassemblement inter-scalaire de données au-delà des secteurs, domaines et départements. Les spécificités du *block data*, à savoir sa mise en réseau, son degré de connectivité et sa puissance d'agrégation, propulse l'ère du *big data* vers sa nouvelle étape de développement, celle de la fusion des blocs, qui outrepasse les limites de la « bande » en intégrant les « blocs » au sein d'une « chaîne. » La pluralité des intégrations et la connectivité des analyses ainsi obtenues, permettent des conjectures plus rapides, plus complètes, plus justes et plus efficaces, pour mieux révéler la nature des choses, en connaître les règles, et donc créer de la nouvelle valeur.

2. Déconstruction et reconstruction du block data

Le *block data* est marqué par son caractère décloisonné, intégré, ouvert et partagé. Le passage de la donnée au *clustering* (ou agglomération numérique), de la déconstruction à la reconstruction, du multidimensionnel au partage, forme une trinité favorisant la circulation et la connexion des données, ce qui permet de découvrir leur valeur intrinsèque et de créer de la nouvelle valeur.

Le passage de la donnée au *clustering* est le point de départ du *block data*. Les données à l'état de points et bandes épars, isolés, fragmentaires, sont intégrées à une plateforme dédiée, en un mot, c'est par le *clustering* qu'elles forment des blocs de données. Le *block data* forme une variable multidimensionnelle et illimitée. Le caractère multidimensionnel introduit la dialectique dans l'analyse et l'utilisation des données, formant ainsi une « dialectique de bloc. » Le caractère illimité traduit non seulement le gigantisme de la masse de données apportée par le *big data*, mais aussi le caractère dialectique de la donnée dans l'espace et dans le temps. L'évolution d'une variable est imprévisible, explorer parmi plusieurs variables, des variables invisibles, plus fondamentales mais non-directement perceptibles, permet de saisir les facteurs de trouble du développement des choses, ce qui rend l'impossible à prédire, désormais prévisible, détectable et programmable.

Le passage de la déconstruction à la reconstruction est le mécanisme du *block data*. Ouverture, partage et connexion sont l'essence du système du *block data*. Ouvrir, partager et connecter les blocs de données permet d'en produire un réseau élargi, un réseau qui ne soit pas une simple compilation, mais qui dispose de son propre fonctionnement logique par un ensemble de mailles, jonctions et veines. Pour ce faire, il faut d'abord procéder à la déconstruction des données existantes puis, sur cette base, procéder à la reconstruction, le principe étant qu'après la déconstruction des données existantes, leur recomposition permettra de produire davantage de valeur.

Le passage du multidimensionnel au partage constitue la valeur du *block data*. En bref, le plus grand avantage que nous apporte l'ère du *big data* est le partage multidimensionnel. À l'ère du *big data*, chacun d'entre nous est à même de partager, en instantané, avec l'ensemble de l'humanité, les acquis les plus avancés de la civilisation. Ce partage multidimensionnel permet à toute personne d'obtenir tout type d'information à tout moment, en tout lieu et de toutes les manières. Là est le charme du partage. Le partage est la plus grande contribution à l'humanité apportée par l'ère du *big data*. Il nous permet de connaître des réalités que nous ignorions jusqu'alors, d'accéder à des informations qui nous étaient inaccessibles, de disposer de ce qui était auparavant réservé à une élite, c'est ça le partage. Le partage est en train de devenir le symbole de cette nouvelle ère qui commence.

3. Block data: la solution de l'ère du big data

Le *block data* qui va de pair avec le *big data*, en est la solution. Le *big data* accorde de l'importance à la connectivité tandis que le *block data* se concentre sur l'intégration ; le *big data* repose sur le support technique, le *block data*, sur le support des plateformes; le *big data* est orienté vers l'informatisation, le *block data* vers l'autonomie fonctionnelle ; le *big data* est centré sur le numérique, le *block data*, sur l'homme. Ainsi est la différence entre le *block data* et le *big data*. Le *block data* est la valeur centrale du *big data*, c'est la forme avancée de son développement, la forme d'intégration la plus aboutie de l'ère du *big data*.

Le *block data* est la valeur centrale du *big data*. « À l'ère du *big data*, l'économie, les sciences politiques et la sociologie entre autres disciplines, connaîtront des changements fondamentaux voire de nature, allant jusqu'à influencer nos systèmes de valeurs, de connaissances et nos modes de vie. »[23] Viktor Mayer-Schönberger estime que le développement du *big data* n'a pas pour objectif principal l'extraction de valeur, mais bien la disruption, l'innovation et la reconstruction du monde. Le bloc de données en combinant, intégrant et agrégeant différents types de données forme une « data pool » partagée et ouverte, permettant l'interaction, la connexion et l'intégration complètes des données et des hommes, permettant de déconstruire et reconstruire les liens des données avec les hommes, choses et objets, pour pouvoir proposer aux entreprises, à la société, voire au gouvernement, les solutions concernées, offrant aux activités de production, aux services publics et à l'administration étatique un système de valeurs élargi : la chaîne de valeurs du *block data*. Celle-ci peut créer un tout nouvel ensemble de valeurs transcendant la valeur intrinsèque des données concernées.

Le *block data* est la forme avancée du développement du *big data*. Il n'en est ni une branche, ni une réédition, mais bien son état avancé. Si l'on considère que le *big data* est venu des objets, alors, le *block data* a été produit autour des hommes ou des organismes. Le *big data* observe et analyse les données à partir de la réflexion humaine, tandis que le *block data* utilise le mode de réflexion des données pour observer et analyser les comportements humains. Aux « 4V » du *big data*, (Volume, Vélocité, Variété et Véracité), le *block data* en ajoute un 5e : la Variabilité multidimensionnelle. Cette variabilité des données a modifié leur utilisation et analyse traditionnelles, les faisant progressivement passer de l'état originel statique et isolé à un état dynamique et connecté. Tout comme la variable de Descartes qui a permis d'effectuer un tournant dans les mathématiques, le tournant de l'ère du *big data* réside dans la variabilité multidimensionnelle du *block data*.

23 Viktor Mayer-Schönberger, Kenneth Cukier, *Op. cit.*, p. V

Le *block data* est la forme d'intégration aboutie du *big data*. À l'heure actuelle, l'utilisation du *big data* concerne principalement des ensembles de données hautement spécialisés dans un domaine ou secteur d'activité déterminé. Forte tendance au monopole, intégration déficiente, partage difficile, valeur d'utilisation faible, ainsi que risque d'insécurité important ... le développement du *big data* est gravement freiné par de nombreux obstacles. La capacité de résoudre, entre autres, les problèmes d'isolement, de fermeture et de monopole des données, est justement ce qui confère toute sa valeur au développement du *block data*. Son système ouvert, partagé et connecté permet de réaliser une agrégation à haut niveau de connectivité. Par ailleurs, la puissance agrégative, la connectivité élevée et la forte densité de valeur dont est doté le *block data* lui assurent de mettre un terme à l'isolement et au monopole des données, résolvant ainsi de nombreuses problématiques de l'ère du *big data*, en devenant le nouveau paradigme philosophique de la donnée à l'ère de la recomposition.

III. Désordre et gouvernance de la donnée

Le processus d'agrégation du *block data* comprend le remplissage des espaces de données, la reconstruction des données spatiales, la configuration du processus de collection et l'agrégation dans le processus de configuration, mais aussi la réunion de nouvelles données et la dérivation de données après combinaison. Cette recomposition du *block data* permet de d'extraire une valeur plus nombreuse et de meilleure qualité. Conséquemment, les problèmes de sécurité, d'appartenance et de désordre se font plus saillants encore et nécessitent gouvernance.

La sécurité des données est mal assurée. Durant l'ouverture, la circulation et l'utilisation des données, le risque est imminent. Le manque de conscience et de connaissance au sujet du risque, le manque de fiabilité des systèmes de protection des données cruciales, les attaques de hackers, le terrorisme numérique, les failles technologiques et gestionnaires ainsi que les vides juridiques, aggravent la fréquence et la virulence des crises. L'essence de ces risques et crises est la disruption. La nature de la disruption elle-même étant la « destruction, » elle entraîne directement la transformation des structures et des fonctions, ce qui peut aggraver les incertitudes de la société, son absence de contrôle et de prédiction. Derrière le danger numérique, se cache la perte des repères éthiques et les abus. Renforcer la gouvernance et la législation numériques pour l'instauration d'un système d'encadrement, nécessite de partir d'un cadre plus systématique, et d'une approche à la fois technologique, théorique et juridique.

L'utilisation des données présente des déséquilibres. Cela concerne le contrôle des données : quelques entreprises contrôlant la masse des données, sont en mesure de manipuler le marché concerné. L'abus de cette position dominante entraîne un déséquilibre des profits. Du point de vue de la circulation des données, le déséquilibre prend la forme du « non-partage des données. » Le partage des données est un point crucial impliquant toutes sortes d'intérêts. L'accaparement des données est la principale cause de création d'îlots et de cloisonnements numériques. Le déséquilibre, du point de vue de la protection de la vie privée prend la forme du « contrôle des données personnelles. » Lorsqu'une entreprise collecte et / ou partage des données personnelles, elle ne remplit pas toujours son devoir d'information ou d'obtention d'autorisation auprès de la personne concernée. Du point de vue de celle-ci, l'entreprise est comme une boîte noire qui contrôle et monopolise les données. Le déséquilibre dans le domaine des bénéfices, prend la forme de monopoles. La répartition des profits est actuellement l'objet d'une vive controverse[24]. Du point de vue du taux d'utilisation, le gouvernement et les entreprises contrôlent la masse des données, mais les faiblesses du support technologique concernant leur ouverture et leur exploitation, ainsi que la faible conscience du public, entraîne des déséquilibres et des lacunes dans l'utilisation des données.

La régulation numérique est incomplète. Avec l'avènement de l'ère du *big data*, les hommes ont commencé à prendre conscience de la valeur des données. Celles-ci ont été massivement découvertes, décachetées et extraites. D'un coté, nous nous sommes émerveillés de leur valeur, de l'autre, avons pris conscience du trop grand nombre de données inutiles. Durant la pénurie de données de l'ère du *small data*, l'archaïsme des procédés technologiques

24 Yang Jianhui : « *Quelques réflexions au sujet du <monopole de la donnée>* ,» publié le 20 juin 2017 sur le site web : http://www.ftchinese.com/story/001073068?Archive

de collecte et d'exploration a restreint notre accès à la donnée, nous laissant incapables de produire des appréciations et prédictions exactes sur les choses. Nous étions comme plongés dans l'obscurité, incapables de nous orienter. À l'ère de l'*hyper data*, le manque de données se transforme en excès, l'explosion des informations numériques nourrissent l'inflation de la masse de données et de déchets numériques, nous plongeant dans le brouillard d'un univers illimité, au point d'en perdre toute connaissance. Nous appelons ce problème et cette situation « congestion de la donnée. » Durant l'ère du *small data*, plus la donnée était volumineuse plus elle avait de la valeur ; à l'ère de l'*hyper data*, c'est exactement le contraire. Viktor Mayer-Schönberger affirme d'ailleurs que le volume, la valeur et la vélocité qui faisaient les atouts du *big data* sont en train de se transformer en talons d'Achille. Parce qu'elle se présente sous la forme d'un océan infini de déchets numériques restreignant nos connaissances, la congestion des données est en passe de devenir un problème majeur. Aussi, la régulation de cette congestion s'affirmera comme la grande problématique de l'*hyper data*.

Si l'on choisit le *block data* comme point d'approche, l'intégration des sciences de la donnée, sciences de la vie, sciences sociales et de l'intelligence artificielle, permettra l'exploration d'un nouveau paradigme de la régulation numérique. Cette intégration organique n'est pas un simple conglomérat : elle est centrée sur l'homme, permet la fusion de l'homme et de la technique, de la technologie et du système, de la règle et de l'ordre, permettant une recomposition complète, humaine, technologique et sociale, capable de proposer des solutions aux obstacles cognitifs ainsi que d'arbitrer les conflits d'intérêt.

Troisième partie: Le droit numérique et la reconstruction de l'ordre

L'ordre est un besoin ancré dans le cœur des hommes, dont la passion qu'il inspire provient de leur dépendance à son égard. L'émergence de l'espace Internet nous lance de nouveaux défis, mais nous apporte également l'opportunité de reconstruire cet ordre. Durant ce nouveau cycle de changement où la puissance d'Internet est particulièrement manifeste, jamais dans l'histoire les droits numériques n'ont eu un rôle aussi important à jouer pour la reconstruction de l'ordre. L'essence des civilisations humaines réside dans la fondation d'un ordre. La reconstruction de l'ordre au sein de l'espace Internet est devenue une problématique importante de l'ère numérique, or, la proposition sur les droits numériques incite justement à la reconstruction de cet ordre.

I. Ordre et besoin d'ordre

1. L'ordre, essence de la civilisation

Du point de vue de la philosophie du droit, le juriste américain Edgar Bodenheimer estime que la notion d'ordre « implique que les processus naturels et sociaux sont marqués par un certain degré de cohérence, de continuité et de déterminisme »[25]. En un mot, l'ordre est l'état des

25 Si le concept d'« ordre » est très tôt entré dans le champ de vision des chercheurs, leur divergence de points de vue le fait recouvrir différentes notions. Jusqu'à ce jour, on ne peut se revendiquer d'une explication complète et précise de ce que renferme exactement la notion d'ordre. Commons estime que l'ordre est « la règle opérante de l'action collective » (citant la procédure légale comme un cas spécial) « l'action collective contrôle les actions individuelles ,» « par moments, certain ordre peut-être comparé à un bâtiment, tandis que certaine structure de lois et règlements ressemble à celles que doit respecter les résidents d'une maison, chacun des individus vivant dans ce même ensemble ; par moments, elle semble désigner le « comportement » des résidents eux-mêmes ,» « cette structure en mouvement comprend des procédures qui ne cessent de les faire se mouvoir ; ce genre de structures, de la famille, l'entreprise, le syndicat, la corporation, jusqu'à la nation elle-même, nous les appelons « ordre » ,» « elles indiquent ce que l'individu peut faire ou ne pas faire, la manière dont les choses doivent être faites, ce que l'on peut faire ou ne pas faire, l'action collective en assurant la bonne réalisation .» Friedrich von Hayek considère que « cet état de fait, en lui, comporte une multitude de facteurs divers et variés étroitement liés entre eux par des rapports réciproques, ainsi, nous pouvons dans notre compréhension vis-à-vis d'un certain fragment spatial ou temporel de la totalité, déduire s'il peut vis-à-vis du reste permettre une prédiction

relations entre les choses. Dans la *Métaphysique*, Aristote disait : « Toutes les choses, comme les poissons, les oiseaux, les végétaux, participent d'une certaine manière à la composition de l'ordre, mais non de la même manière ; le système est tel qu'il n'existe pas sans cette relation entre les choses, une relation dont l'existence authentique est clairement définie, car toute chose est mise en ordre à une fin précise. »[26] Plus généralement, l'ordre social s'exprime dans la société à travers l'existence à un certain degré de relations stables, procédés continus, comportements régulés, et sécurité matérielle et morale[27]. Tout comme le dit Maslow, « Dans nos sociétés, l'adulte lambda préfère naturellement pour son cadre de vie, la sécurité, l'ordre, la prévisibilité, la légalité et l'organisation ; c'est un cadre sur lequel il peut compter, et dans lequel l'imprévisible, l'incontrôlable et le désordre entre autres situations de crise, ne peut avoir lieu. »[28]

L'ordre est le ciment des sociétés humaines. Son existence ou non, et son degré de réalité, permettent de mesurer le degré de civilisation. En parcourant l'histoire de l'humanité, on perçoit une constante : l'édification et la recherche permanente de l'ordre. Il est la clef de voûte de la civilisation[29].

---

exacte, du moins, en déduire une prédiction ayant de fortes chances de se révéler exacte. » Douglas North définit l'ordre comme « les règles du jeu de la société, plus formellement, elles sont un ensemble de liens conçus et modelés par les hommes pour encadrer leurs interactions. Par conséquent, l'ordre structure des incitations à échanger dans les domaines politique, économique et social .» Règles officielles, usages officieux ainsi que réalité et efficacité de leur application constituent les trois dimensions de l'ordre. D'un point de vue philosophique, l'ordre est un paradigme systémique qui détermine un ensemble de règles propre à encadrer l'existence des choses. Dans un système, chacune des composantes ont leurs propres particularités d'existence et de comportement. Si les connexions entre ces composantes peuvent toujours exprimer une régularité et coordination constantes, alors on parle de coordination systémique et l'on peut dire que ce système ou cette chose est en ordre.

26 Cité par Chester Irving Barnard, *The Functions of the Executive* [en chinois], Zhongguo shehuikexue chubanshe, 1997, p. 2

27 Zhang Wenxian : « *Philoshophie du droit* » ; Gaodeng jiaoyu chubanshe, Beijing daxue chubanshe ; 2011; p. 260

28 L'Américain Edgar Bodenheimer : « *Jurisprudence: The Philosophy and Method of the Law* ,» traduit en chinois par Deng Zhenglai ; Zhongguo zhengfa daxue chubanshe; 2004; p. 239

29 Le chercheur Liu Zhongjing estime que la civilisation est l'excédent d'énergie permis par l'ordre. L'ordre des premières tribus était essentiellement basé sur l'autarcie,

L'ordre est un indicateur de valeur et de civilisation[30], la boussole des sociétés humaines, il leur sert d'indicateur sans pouvoir s'y ingérer explicitement ni lui dicter pour fondements des règles définies, ne faisant que lui délimiter un espace de possibilités dans lequel l'humanité voit son existence restreinte. Dans les sociétés anciennes, magie et religion soutenant l'ensemble de la structure sociale, la vénération spirituelle et l'absence de concurrence orientaient les systèmes de valeur vers une prédominance spirituelle. C'est ainsi que les sociétés anciennes sont marquées par un déséquilibre entre puissance des ressources symboliques, spirituelles, et faiblesse des ressources matérielles. Dans le monde désenchanté des sociétés contemporaines, production et concurrence sont devenues l'alpha et l'oméga de nos existences. La poursuite de l'intérêt s'affirme comme la logique première de nos activités, les hommes, dépourvus des sentiments de vénération et épris du culte de la compétition, étant désormais mus par un système de valeurs pragmatique. En une certaine mesure, en raison de leurs priorités morales fortement orientées, les civilisations ancienne comme actuelle semblent toutes les deux bancales. En cela, on peut bien affirmer que le système de valeurs est le baromètre de l'état d'une civilisation donnée.

En négatif de l'ordre, existent aussi des situations de désordre et de chaos : « en l'absence d'ordre, les relations deviennent instables, les

---

puis l'augmentation de la productivité de l'ordre les a fait entrer dans la civilisation. L'apparition des États correspond à l'apogée de cette expansion de l'ordre, soit l'époque de Confucius pour la Chine et l'époque moderne pour l'Occident. Le raffinement d'une civilisation correspond à la consommation du surplus dégagé par l'ordre, lorsque celle-ci dépasse la production, alors intervient l'âge d'or qui précède le déclin. La chute signifie que l'ordre est en déficit, les empires unifiés qui correspondent à cette situation retrouveront de l'ordre à partir d'apports barbares, tandis que l'âge des États avait en son temps introduit de l'ordre auprès de ces mêmes barbares. Si bien que ces derniers, capables de réinjecter de l'ordre sont rarement issus de tribus primitives mais sont plus souvent de tous nouveaux acquis à la civilisation, jouissant d'un ordre excédentaire dont le surplus peut être réinjecté en direction des civilisation déclinantes, ce qui, en apparence, semble retarder le déclin des dernières, et qui est probablement une occasion manquée d'avoir développé une nouvelle civilisation à partir de ses propres ressources.

30 Feng Fanyan, « *L'ordre de valeurs comme fondement de la civilisation, éclairage phénoménologique des systèmes de valeurs chez Max Scheler* ,» publié dans <*Zhexue dongtai*> N°5 de 2016

structures deviennent confuses, la régularité des comportements et la continuité des procédés sont rompues, les activités humaines sont en permanence troublées par des éléments fortuits et imprévisibles, au point que la confiance entre les hommes diminue et que le sentiment d'insécurité augmente. Pour protéger l'ordre normal de la société, les hommes doivent nécessairement prendre des mesures capables d'éliminer ou de prévenir l'occurrence de ce genre de situation. Dans les sociétés civilisées, la loi en est le principal procédé et le plus couramment employé. »[31] Cependant, la régulation légale est de nature retardataire, un retard qui se manifeste à travers ses objectifs, ses normes et son système de régulation.

2. Typologie des ordres

La nature et la société sont marquées par tout type de structures, arrangements, combinaisons formant différents ordres. Chaque type d'ordre revêt des fonctions et valeurs particulières qui influencent profondément les activités productives de l'humanité. On y distingue principalement ordre naturel et ordre artificiel[32], ordre réel et ordre virtuel[33], ordre unidimensionnel et ordre multidimensionnel[34], ordre

31 Zhang Wenxian, *Op. cit.*, pp. 260–261

32 L'ordre naturel désigne les règles en cours au sein de l'univers, du monde, des éléments naturels, et des sociétés humaines. Il est l'objet de nos connaissances car l'homme tire son savoir de la connaissance de l'ordre naturel. L'ordre artificiel désigne l'ensemble des règles que l'homme a forgé en vue de combler un besoin particulier, telles qu'un système normatif, un mode de comportement, les usages coutumiers, etc.

33 L'ordre réel désigne les combinaisons obtenues à partir du classement des différentes entités du monde matériel, par exemple, le classement des produits d'un catalogue, des livres dans une bibliothèque, des dossiers, du courrier, etc. L'ordre virtuel désigne les structures conceptuelles qui existent dans nos cerveaux mais dont le lien avec le monde réel ou matériel n'est plus aussi direct, il s'agit des structures langagières ou signalétiques, telles que les systèmes normatifs, les modes de comportement, et les usages coutumiers.

34 L'ordre unidimensionnel désigne un ordre à une seule dimension qui part d'une caractéristique particulière d'une chose pour répondre à un besoin particulier, comme le classement des livres sur une étagère en fonction de leur cote, ou le classement des élèves d'une promotion. Chaque entité doit être ordonnée en

simple et ordre composé[35], ordre tangible et ordre intangible[36], ordre universel et ordre particulier[37], ordre permanent et ordre variable[38], ordre premier et ordre dérivé[39], ordres réel, rationnel et ordre numérique[40],

---

fonction d'une seule dimension. L'ordre multidimensionnel désigne un ordre formé à partir de plusieurs caractéristiques d'information pour répondre à plusieurs besoins particuliers. Les informations peuvent être classées d'après leur nature, thème, style, date et lieu permettant des combinaisons multidimensionnelles finies dans un système rationnel, infinies dans un système numérique.

35 L'ordre simple désigne un seul type de combinaison utilisé en une fois, comme l'ordre numérique simple ou l'ordre alphabétique. L'ordre composé désigne plusieurs types de combinaisons utilisés en une seule fois comme les cotes d'ouvrages qui présentent un ordre composés à partir de combinaisons de chiffres et de lettres. L'ordre composé est issu d'une typologie qui associe la nature de l'objet concerné à une série de particularités accessoires. Parfois l'ordre simple ne permet de distinguer différents éléments, tandis que le recours à l'ordre composé permet de le faire.

36 L'ordre tangible est un ordre manifeste et détectable. Tous les ordres auxquels nous pouvons nous référer font partie de cette catégorie. L'ordre intangible est hypothétique et invérifiable. La limite des connaissances humaines explique que de nombreux ordres tangibles naturels demeurent hors de notre portée.

37 L'ordre universel peut répondre aux besoins de chacun, comme le classement alphabétique ou numérique naturel entre autres ordres qui déterminent les usages de la vie de tous les jours. L'ordre particulier est spécifiquement destiné à un besoin particulier, tout comme l'ordre chronologique, spatial ou stylistique des catégories cognitives.

38 L'ordre permanent ne peut connaitre aucune variation, modification ou réversion. La plupart des ordres naturels et réels appartiennent à cette catégorie, comme la marche de l'univers, la chronologie, la destinée humaine, etc. L'ordre variable est modifiable et réversible. De nombreux ordres artificiels et virtuels appartiennent à cette catégorie comme les mouvements mécaniques, intellectuels, les règlements en cours de modification, les systèmes en transition.

39 L'ordre premier désigne l'ordre naturel, original, né avec les choses. La plupart des ordres naturels et réels appartiennent à cette catégorie. L'ordre dérivé est le produit d'une dérivation opérée à partir de l'ordre premier, comme la rationalité dérive des ordres naturel et réel, ou encore la typologie qui dérive des rangements concrets opérés sur les objets de savoir (comme les livres et ouvrages).

40 L'ordre réel désigne l'ordre du monde matériel et des choses elles-mêmes, comme les dispositions et arrangements qui permettent la satisfaction des besoins de la vie de famille ou du travail (l'ordre qui règne dans une bibliothèque, une cuisine ou un bureau ...) L'ordre rationnel est un ordre conceptuel produit par l'homme pour refléter l'ordre réel, c'est l'image virtuelle de l'ordre réel tel qu'il paraît dans

etc.[41] À différentes époques du développement de l'humanité, correspondent différents besoins en matière d'ordre.

L'ordre des sociétés agricoles est un ordre naturel, marqué par un caractère statique et un haut degré de certitude, la simplicité de la civilisation agricole assurant une certaine stabilité à l'ensemble des activités humaines. Avec l'avènement de l'ère industrielle, le degré de complexité de la société s'est peu à peu élevé, l'ordre naturel s'avérant de moins en moins capable de répondre aux besoins des hommes et de leurs activités productives. À la fin du XXe siècle, l'humanité est entrée dans l'ère postindustrielle, avec pour corollaire, la complexité et l'incertitude en fort accroissement, comme de nouveaux défis pour la formulation d'un nouvel ordre. En à peine plus d'un siècle, les sociétés industrielles ont vu leur complexité subitement accrue, au point de voir le fonctionnement de leurs ordre et régulation sérieusement compromis. Dans l'évolution historique se dessine assez clairement l'enchaînement suivant : la société agricole dans sa transition vers la société industrielle a vu paraître une complexification croissante allant jusqu'à rompre avec son ordre naturel au point de ressentir le besoin d'un nouvel ordre. Avec l'avènement de la société du numérique, et la croissance exponentielle de sa complexité, dans un environnement désormais marqué par l'incertitude, l'humanité nécessite l'avènement d'un nouvel ordre. Il faut donc passer par une phase de réforme pour pouvoir édifier un ordre capable de répondre au haut degré de complexité et d'incertitude actuel. Somme toute, l'observation historique indique que, depuis que nous avons quitté les temps farouches de la précarité et de l'ignorance, la civilisation humaine a suivi dans son évolution spiralée d'élévation et de complexification, un certain ordre qu'on nomme « le progrès. »

---

nos cerveaux, tel qu'il est perçu à travers le langage idiomatique ou symbolique, soit un ordre dérivé de l'ordre réel premier. L'ordre numérique désigne l'état chaotique des informations numériques, mais s'applique aussi à leur diversité, variété et leur caractère multidimensionnel qui permet leur libre combinaison en fonction des besoins.

41 Wen Tingxiao et Liu Xuan : « *Révélation du < nouveau discours sur l'ordre > de David Weinberger au sujet des structures cognitives* ,» publié dans <*Tushuguan*> N°3 de 2013

Ordre établi et conscience de droits sont intimement liés. Durant l'industrialisation, la conscience des droits civiques s'est peu à peu éveillée, droit de propriété, droits de l'homme universels, notamment, faisant l'objet d'une revendication croissante qui a contribué à un effort constant d'édification. L'existence d'un certain ordre social, est le préalable indispensable à toute activité humaine. En un certain sens, l'établissement des règles est le préambule de la vie sociale. Lorsque les règles établies suffisent à assurer la cohésion sociale et offre un cadre normatif efficace aux comportements individuels, l'ordre social établi est consolidé. En revanche, si les règles établies ne parviennent à cet objectif, l'ordre est gravement défié. Or, la post-industrialisation représente justement un défi de cette nature, l'ordre établi y paraissant désormais comme inopérant face aux besoins fondamentaux de la vie commune, et plus sclérosé que jamais face à une société en changement permanent[42].

3. Le besoin d'ordre, talon d'Achille de l'humanité

L'ordre est un besoin fondamental de l'homme. En tant qu'animal social, l'homme a trois besoins fondamentaux, à savoir, des ressources suffisantes à son bon fonctionnement physiologique, un cadre réglementaire capable d'assurer la cohésion du corps social, et une structure de sens pour percevoir la valeur de l'existence. Le deuxième besoin fondamental représente le contenu essentiel du besoin d'ordre de l'humanité. Nous savons d'expérience que « le désordre signifie l'existence de fragmentations (ou discontinuités) et d'irrégularités, ce qui signifie l'absence de structure de sens efficiente, ce qui se manifeste par l'impossibilité de prédire le passage d'un état à un autre »[43] ce qui, a contrario, indique bien le caractère primordial du besoin d'ordre. L'attrait naturel de l'homme pour l'ordre, l'amène à combler intuitivement son manque, souvent par le recours aux dogmes religieux, aux normes morales et aux dispositions légales. Parmi ces succédanés, les dispositions légales par leur caractère obligatoire sont le moyen le plus efficace de remplir durablement le

42 Zhang Kangzhi et Zhang Qianyou : « *Sur l'ordre des sociétés complexes,* » publié dans <*Xuehai*> N°1 de 2010

43 Edgar Bodenheimer, *Op. cit.*, p. 228

besoin d'ordre de l'humanité. Par exemple, en matière économique, à l'échelle macro, le droit économique veille à la régulation générale, tandis qu'à l'échelle micro, au niveau des transactions et de chacun des acteurs du marché, le droit commercial et des obligations procède à l'encadrement normatif, en cas de manquements, le caractère obligatoire de la loi garanti la perpétuation de l'ordre.

L'ordre est le préalable à la vie commune de l'humanité. L'ordre est déterminé par l'ensemble des principes, règles et normes que l'homme observe consciemment ou non durant ses activités productives et sa vie sociale. Il varie donc en fonction des variations de ces principes, règles, et normes. « Par conséquent, l'ordre des sociétés humaines doit nécessairement être marqué d'un caractère historique, soit être au cœur d'un processus de formation, maintien, déconstruction et reconstruction. »[44] Si l'humanité recherche un ordre bon, c'est pour s'assurer de bonnes conditions d'existence : « ce n'est évidemment pas pour l'ordre lui-même, mais pour les facilités et l'harmonie de l'existence qu'il permet. En définitive, l'ordre, c'est surtout la manifestation des conditions d'existences régulées, durables et donc propices au développement de l'humanité, comme une incarnation du concept de « belle vie. » C'est donc pour cela et uniquement pour cela que l'humanité a fait de l'ordre un de ses principaux objectifs, un de ses principaux critères aussi pour juger du bon comportement de chaque individu. »[45] Dans sa quête d'ordre, l'humanité a créé la loi comme le terreau de son existence, un terreau à la fois meuble et fertile.

Le besoin d'ordre est une force de dynamique interne au développement des sociétés humaines. Dans une société civilisée, la loi est le procédé principal et le plus couramment employé pour supprimer le désordre ou s'en prémunir[46]. Dans la législation chinoise actuelle, tandis que le *big data* occupe une zone grise entre la loi et le contrôle administratif, les différends en matière numérique se font chaque jour plus nombreux. Cela est dû au fait que les fondements juridiques en matière de droits numériques sont encore mal assurés. Ils pâtissent notamment de l'absence d'une vision

44 Zhang Shuguang : « *Valeurs et reconstruction de l'ordre* » ; Renmin chubanshe ; 2016 ; p. 130
45 *Ibid.*, pp. 165–166
46 Zhang Wenxian, *Op. cit.*, p. 261

sociale actualisée, d'une doctrine insuffisamment fournie, et d'un système de protection légal défaillant. En outre, le développement technologique n'a fait qu'accentuer le retard et les lacunes de la Chine en matière de protection juridique des droits numériques, si bien que résoudre la situation de désordre actuelle représente une certaine difficulté. Au regard de l'état présent, la question de la survie des hommes est globalement résolue, les besoins matériels ne sont plus aussi pressants, l'ordre nécessaire aux conditions d'une « belle vie, » après avoir été globalement assuré, l'est désormais de mieux en mieux. Par conséquent, le besoin d'ordre est bien le talon d'Achille, dans le sens où il se fait aujourd'hui particulièrement pressant.

II. L'ordre et la régulation d'Internet

Internet abolissant les limites de l'espace et du temps, l'espace virtuel est devenu un nouvel espace de vie, un nouveau champ, les limites séparant le virtuel et le réel, le numérique et le physique, s'atténuant de jour en jour. Le monde virtuel est un espace de vie assez particulier dont le sens et l'ordre sont concomitamment produits dans un processus parallèle. Le monde virtuel forme, dans son association avec le monde réel, l'espace social de l'humanité. Internet a créé un espace de vie entièrement nouveau, un espace sur la base duquel le virtuel est devenu un nouveau mode d'expérience humaine, l'ordre virtuel étant une manière de mesurer le degré de régulation de ce nouveau mode d'expérience.

Si l'on considère Internet comme une autoroute vers l'avenir, le *big data* est l'ensemble des véhicules qui empruntent cette voie, tandis que la *blockchain* assure que le trafic s'y fasse conformément au cadre légal. Internet nous a donné un monde sans règles, sans sécurité et sans stabilité ; la *blockchain* y a mis de l'ordre, de la sécurité et de la stabilité. Avec le soutien et l'impulsion de la *blockchain*, le développement d'Internet est passé de l'état de réseau d'échange d'information à celui de réseau d'échange de valeur puis d'ordre. En entrant dans ce nouvel univers d'ordre, l'humanité y a trouvé non seulement de la régulation financière mais aussi de la régulation sociale, vitale, la formation de ces ordres nécessitant une base de confiance et d'institutionnalisation pour pouvoir progresser vers l'affirmation de l'état de droit numérique. Si l'on peut dire que l'Internet d'information a résolu le problème d'absence de limite, que l'Internet de valeur a résolu le problème d'absence de valeur, l'Internet d'ordre a résolu le problème d'absence d'ordre.

L'internet d'information. La théorie du chaos estime que « l'état originel de chaque chose est un amas de fragments sans lien apparent les uns avec les autres, mais [qu']une fois cet état de chaos passé, ces fragments désorganisés s'assemblent en un tout organique. » À l'ère de l'Internet d'information, la masse des informations fragmentaires plonge Internet dans un état de chaos, avec notamment une série de problèmes tels que des informations invalides, en inflation ou distorsion, affectant la valeur des informations obtenues et créant des difficultés d'analyse et de prédiction. L'ordre du cyberespace, est la projection, la reconstruction et le dépassement de l'ordre social du monde réel contemporain. Système de sociabilité évolutif et autonome, le cyberespace est capable d'autorégulation, bien que les dysfonctionnements y soient courants. Le cyberespace étant décentralisé, infini, éparpillé, virtuel et fortement mobile, il est dépourvu d'objectif clairement défini, et peut dériver au gré de l'espace-temps. « Un ordre dont l'orientation est libre ne permet pas forcément la paix du foyer, et peut au contraire s'aliéner en confiscation de la liberté »[47]. C'est ainsi que la gouvernance d'Internet a commencé à diverger de celle des sociétés réelles. Actuellement, le recours au cadre légal du monde réel par les gouvernements pour encadrer le cyberespace s'avère inefficace. En une certaine mesure, l'Internet d'information est par essence un espace chaotique, aggravant le niveau de risque collectif du cyberespace.

L'Internet de valeur. La *blockchain*, née de la rencontre entre plusieurs technologies, est une révolution numérique, une refondation de l'ordre, plus encore, un cap historique. La *blockchain* portant en elle les fonctions de transfert de confiance et de valeur, ainsi que de recomposition du système de valeur et de régulation, est le socle sur lequel s'édifie l'Internet de valeur. Le rapport du World Economic Forum intitulé *Realizing the Potential of Blockchain*, considère la *blockchain* comme capable d'inciter l'apparition de nouvelles opportunités économiques et de favoriser la création et les échanges de valeur, permettant la transition de l'Internet

47 Zhen Yefu : « *La confiance et l'ordre social* ,» publié dans <*Xueshujie*> N°4 de 2001

d'information vers l'Internet de valeur. D'un point de vue idéologique, le partage permis par l'Internet de valeur semble avoir été fortement influencé par *Out of control* de Kevin Kelly. Dans son ouvrage, le célèbre sociologue présente l'évolution de la société industrielle comme correspondant à une logique mécanique, tandis que l'évolution de la société de l'information suit une logique organique que l'on peut résumer en trois mots : distribution, décentralisation et autonomie. Or, c'est exactement ce qu'apporte le véritable partage permis par la *blockchain*. Le partage est l'amplificateur du réseau de valeur, il réalise la valeur ultime d'Internet.

L'Internet d'ordre. Il est fondé sur un pacte de confiance, socle du bon fonctionnement de la cyber-société. Du point de vue de la logique, confiance et ordre social peuvent ensemble combiner quatre types de situation (cf. Fig. 1-2), le quatrième type « la confiance sans ordre » n'ayant pas d'existence réelle ; le troisième type « sans confiance ni ordre » décrivant une situation de chaos social ; le deuxième, « l'ordre en confiance, » laissant présager une société libre et prospère ; le premier désignant une société dans laquelle par aspiration à l'ordre, liberté et prospérité ont été sacrifiées[48]. La *blockchain* a créé un système de confiance à faible coût, fondé sur la régulation technologique, réalisant du même coup la transition de l'ordre institutionnel à l'ordre technologique. L'ordre centralisé ne nécessite pas un haut degré de confiance à l'inverse de l'ordre décentralisé. La confiance est le capital social le plus important, capital qui a été accumulé sur le long terme par les notions, les règles, la loi et l'administration. La *blockchain* favorise l'établissement d'une confiance impersonnelle qui permet le renouveau de l'économie numérique et de l'ordre du cyberespace. Cependant, la confiance ne peut se substituer au contrôle qui, pour le développement d'Internet, repose sur trois axes. Il s'agit tout d'abord de la définition de

Figure 1-2 Combinaison des situations d'ordre et de confiance

	ordre	**désordre**
non-confiance	1	3
confiance	2	4

48 Zhen Yefu, *Op. cit.*

limites légales : le cyberespace ne peut être une zone de non-droit, son développement sain ayant besoin d'un marché régulé, d'une concurrence encadrée par des règles définies, la liberté de l'inovation et de la concurrence devant être délimitée par la non-violation des intérêts légaux d'autrui. Le deuxième axe concerne l'adoption de règles de sécurité : par son caractère décentralisé, ouvert, autonome, anonyme et garant de l'intégrité des informations, la *blockchain* peut, au niveau technologique, assurer la sécurité des réseaux, et contribuer à l'amélioration de la sécurité globale d'Internet. Mais se reposer uniquement sur la fonctionnalité technologique n'est nullement suffisant : pour que l'environnement d'Internet soit totalement sûr, un cadre institutionnel est encore nécessaire, un cadre qui soit notamment défini par un ensemble de dispositions légales. Le troisième axe consiste en la garantie du cadre réglementaire qui doit nécessairement être assurée par l'adoption de moyens technologiques et institutionnels efficaces, comporter une réappréciation de la protection des données personnelles, l'adoption d'une réglementation plus stricte en la matière, ainsi que l'établissement d'un système de contrôle du *big data*.

La valeur créée par l'Internet d'information consiste à avoir facilité la communication interpersonnelle et réduit l'asymétrie d'information ; l'Internet de valeur, par la *blockchain*, nous ouvre la porte à la croissance des biens et des services, des ressources numériques et à la recomposition du système social de valeurs; l'Internet d'ordre nous laisse présager, par le recours à la *blockchain*, l'émergence de nouveaux types d'organisations sociales, de gouvernances et de règles de fonctionnement. Souveraineté et sécurité représentent l'étape suprême de cette transition d'Internet d'information à Internet de valeur puis d'ordre, et garantissent le degré minimum de la réalisation de l'Internet d'ordre. L'Internet d'ordre a pour essence la protection de la sécurité du réseau national, l'adaptation à tout type de menaces originales, la réalisation effective de la protection des données complexes et sensibles qui ont trait à la sécurité et à la souveraineté de l'État. La souveraineté est au cœur des droits numériques, elle est leur point culminant. C'est uniquement en définissant précisément les droits numériques que la souveraineté numérique peut être véritablement réalisée. Par conséquent, parallèlement à l'accent mis sur la souveraineté numérique, une meilleure protection des droits numériques civiques et personnels, dont les droits de la personnalité numériques, les droits de la propriété numériques, etc. forme la pierre angulaire de l'avènement de l'ère de l'Internet d'ordre (cf. Figure 1-3).

III. Droits numériques et ordre numérique

Lao Tseu disait : « L'homme suit les voies de la Terre, la Terre suit les voies du Ciel, le Ciel suit les voies de la Voie, et la Voie suit ses propres voies. » Les philosophes grecs de l'école stoïque défendaient également l'idée de « vivre selon la nature. » Ainsi, l'humanité partage-t-elle préceptes et concepts en commun. Le développement à venir de l'humanité recourra en une très large mesure aux préceptes d'ordre de l'ensemble de l'humanité, à leur création et convergence. « Sans équerre ni compas, on ne peut réaliser carré ni cercle, » cette métaphore de Mencius, prononcée il y a plus de deux mille ans, devenue depuis une maxime connue de tous les Chinois, atteste que très tôt, les Chinois ont eu conscience que l'humanité dans ses activités de production, vie et existence, consciemment ou inconsciemment, devait se doter de règles, principes et normes qui jouent un rôle déterminant dans la formation et le maintien de l'ordre social.

1. L'ordre comme fondement de la coexistence des hommes

L'ordre est le préalable fondamental de l'existence de l'humanité et de son développement social. Le respect d'un haut degré de régulation offre ordre et stabilité à la vie sociale. « L'histoire le prouve, partout où les hommes ont fondé une organisation politique ou sociale, ils l'ont fait

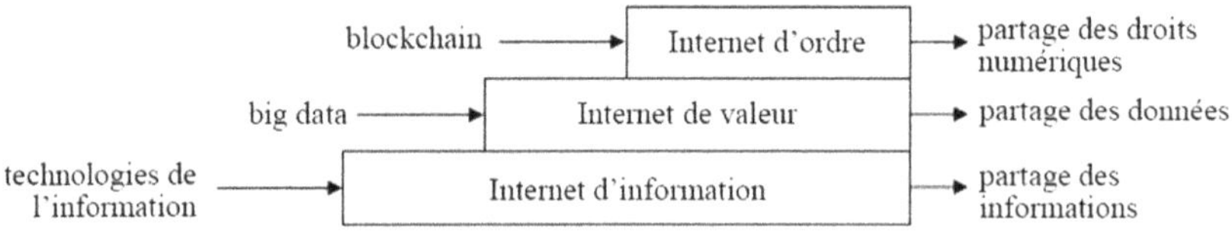

Figure 1-3 Schéma gradient évolutif des différents états d'Internet (d'information, de valeur et d'ordre)

dans le but de se prémunir du surgissement d'un désordre incontrôlable et de se doter d'une forme d'ordre propice à leur subsistance. Cette aspiration à la fondation d'un modèle régulé de la vie sociale n'est en aucun cas le fait d'un effort non-naturel, de la légèreté ou de l'arbitraire. »[49] Le besoin d'ordre de l'humanité est profondément implanté au sein des structures naturelles et sociales, la coexistence des hommes étant exactement la composante majeure de cette structure.

Hayek estime qu'il existe dans la société un ordre artificiel et un ordre spontané. « Nous nommons « ordre artificiel » un ordre ou arrangement exogène, que l'on peut nommer également ordre construit [...] D'un autre côté, nous nommons « ordre de croissance » un ordre auto-générant ou endogène qu'il convient de nommer en anglais ordre spontané. »[50] La formation et le développement de l'ordre de l'espace numérique présentent également ce qu'Hayek nomme ordre artificiel et ordre spontané, « tout comme la « main invisible » d'Adam Smith pour le marché libre, peut être considérée comme un ordre spontané, tandis que la « main visible » de l'intervention de l'État relève de l'ordre artificiel. »[51] Cependant, l'ère du numérique est emplie d'incertitudes, « à chaque instant, chaque seconde, se joue un drame contemporain, dans lequel l'ordre d'Internet subit en permanence nos menaces et destructions conscientes ou inconscientes »[52], si bien que l'ordre spontané de l'espace numérique est souvent en état de perte de contrôle, perte d'efficacité et de désordre, or, l'ordre supplétif devant compléter l'ordre spontané en déshérence, n'a pas encore été établi voire est encore en situation de désordre.

Les différentes étapes du développement des sociétés humaines nécessitent l'établissement d'un ordre correspondant. David Weinberger dans *The Power of New Digital Order*, évoque de manière originale

49 Edgar Bodenheimer, *Op. cit.*, p. 228

50 L'Anglais Friedrich von Hayek : « *Droit, législation et liberté (tome I)* ,» traduit en chinois par Deng Zhenglai, Zhang Shoudong et Li Jingbing ; Zhongguo dabaike quanshu chubanshe ; 2000 ; p. 55

51 Que Tianshu : « *Entre le virtuel et le réel, élimination et contrôle du risque collectif du cyberspace* ,» publié dans <*Tianjin xingzheng xueyuan xuebao*> N°3 de 2014

52 Wei Guangfeng : « *l'ordre du réseau* ,» publié dans <*Henan daxue xuebao* (édition des sciences sociales) > N°6 de 2000

l'existence de trois niveaux d'ordre. Il place au premier niveau l'ordre réel, soit notre ordre conventionnel, l'arrangement des entités physiques au sein de l'univers matériel. Le deuxième niveau concerne l'ordre rationnel soit l'attribution de places correspondantes et fixes aux informations sur les choses, d'après une grille de lecture préétablie. Il s'agit d'un ordre artificiel et virtuel formé à partir d'un prélèvement d'informations sur le monde et les choses physiques au gré de nos besoins, puis le reclassement de ces informations d'après une grille de lecture préétablie. C'est à partir de ce deuxième niveau d'ordre que nous réalisons le premier niveau d'ordre, et les relions de manière efficace. Le troisième niveau concerne l'ordre numérique, soit un ordre chaotique, le désordre. Il est dépourvu de grille de lecture préétablie, dépasse toutes les typologies, et est réarrangé en fonction des besoins à chaque utilisation de données, formant un nouvel ordre provisoire établi en fonction de la satisfaction des besoins particuliers[53].

2. Les droits numériques au cœur de la coexistence des hommes

Les droits numériques sont le fondement de l'établissement de l'ordre. Les droits que nous octroie le numérique impulsent la formation de l'ordre, mais leur complexité se retrouve dans les difficultés de cette transition. Ce passage du numérique aux droits numériques, est le préalable indispensable à l'avènement de la civilisation du numérique. Les droits numériques sont le plus grand dénominateur commun de la réalisation de la valeur du partage des données, comprenant à la fois les droits numériques axés sur la personne humaine et la souveraineté numérique axée sur l'État. Nous entrons actuellement dans une toute nouvelle ère basée sur la notion de partage, « l'ère du droit d'usage » que Kevin Kelly, penseur emblématique de la Silicon Valley, décrit dans la plus grande clarté : « Je peux payer pour eux [biens et services] mais je ne peux pas les posséder [...] en une certaine mesure le droit d'usage a remplacé le droit de propriété. »[54] Il en est de

53 L'Américain David Weinberger: « *Everything Is Miscellaneous: The Power of New Digital Order* ,» traduit en chinois par Li Yanming; Shanxi Renmin chubanshe; 2017; p. 4

54 L'Américain Kevin Kelly : « *The Technium* ,» traduit en chinois par Zhang Xingzhou et Yuqian ; Dianzi gongye chubanshe ; 2012 ; p. 111

même pour les données, mais leur utilisation sans limite ni distinction détruira la coexistence régulée des hommes.

Les droits numériques sont l'énergie vitale de l'ordre numérique. Jadis, les intérêts individuels étaient un constant objet de pressions et d'exploitation, la petite paysannerie vivrière n'étant guère en mesure de produire le concept « d'épanouissement personnel. » Aux temps modernes, l'humanité a commencé à s'émanciper du carcan traditionnel et de la négation des droits individuels. Dans la théorie du système, lorsque les éléments et individualités d'un système se sclérosent, l'esprit de corps commence à se disloquer progressivement. Parmi les deux modes de régulation juridique de la société (soit les droits et les devoirs), les droits numériques sont la garantie de l'initiative individuelle. Ainsi, la force vitale de l'ordre provient des droits. Tout comme lorsque l'on fait la queue pour acheter un billet, il apparaît trois types de cas : un policier maintien l'ordre avec sa matraque, l'ordre est parfait mais tous reçoivent des coups, les personnes moralement disposées à faire la queue comme les autres ; dans le deuxième cas, il apparaît parmi la queue, une pression liée à la tentation de certaines personnes de doubler leurs prédécesseurs, non seulement l'ordre est assuré mais en plus, la queue est fermement défendue; pour le dernier cas, le désordre règne, chaque personne jouant des coudes pour la première place, ne laissant plus que les yeux pour pleurer aux femmes, faibles et vieillards. Sans nul doute, le deuxième cas représente la situation idéale, et correspond exactement à une situation d'extension des droits et de cohésion sociale[55]. Même si l'exemple susmentionné est un modèle hypothétique formulé à partir d'une situation de la vie quotidienne, il représente bien ce qui se joue dans l'encadrement juridique et légal de la société : c'est le soutien des droits qui permet de réaliser l'ordre. À l'ère du numérique, la prise en compte des intérêts du sujet-émetteur de données est une question fondamentale et perpétuelle, c'est la raison pour laquelle, promouvoir et garantir les droits et intérêts du sujet-émetteur est la source vitale intarissable de l'ordre numérique.

Les oppositions entre droits numériques et ordre numérique. Premièrement, la confusion des droits s'oppose à la précision de l'ordre. L'ordre repose sur l'élimination des imprécisions, et représente la

55 Xie Pengcheng : « *droits et ordre* ,» publié dans <*Zhengzhi yu falü*> N°6 de 1992

coordination parfaite entre droits officiels et droits réels. Parce que le caractère confus des droits numériques est en opposition frontale avec le caractère défini de l'ordre numérique, un effort de législation sur les droits numériques est devenu indispensable. Deuxièmement, la conflictualité des droits s'oppose à l'unicité de l'ordre. La diversité et conflictualité des intérêts détermine la diversité et conflictualité des droits, or, la diversité et la conflictualité sont des facteurs de destruction potentiels de l'ordre. Si les conflits dans le domaine des droits troublaient l'unicité, l'ordre ne pourrait se rétablir. Plus le niveau de civilisation est avancé, plus l'exigence d'unicité des droits est grande. Dans les sociétés agricoles, cette unicité ne s'appliquait guère qu'au droit d'exister, dans la civilisation industrielle, celle-ci s'est étendue à la liberté individuelle et au droit de propriété, entre autres domaines. Si, à l'avènement de la civilisation du numérique, nous ne pouvons pas garantir l'unicité des droits dont l'époque a besoin, l'ordre numérique aura du mal à s'établir et à se maintenir. Enfin, le déséquilibre des droits s'oppose à l'équilibre de l'ordre. Les droits du numériques ayant, dans la coexistence des hommes, un caractère nécessairement déséquilibré, l'ordre numérique incarne, par nature, le maintien dans la discontinuité. L'ordre est le maintien par l'équilibre d'un contenu (les droits numériques) lui-même en déséquilibre. Sans équilibre, il n'y aurait pas d'ordre, et la pérennité des intérêts numériques fondamentalement déséquilibrés serait difficile à réaliser.

3. Le partage, avenir de la coexistence de l'humanité

La recomposition est un phénomène inévitable. Comme nous l'avons dit précédemment, la recomposition est un réarrangement d'éléments existants pour correspondre à de nouveaux usages, une intégration de ressources internes et externes permettant la production de valeur nouvelle. La recomposition actuelle a créée une rupture sans précédent à l'égard des notions traditionnelles de propriété privée et droit de posséder. À l'ère de la recomposition, *big computing*, *big data*, et *big intelligence* peuvent devenir notre « sens numérique, » sixième sens qui nous permettra de comprendre le monde dans sa complexité. La réflexion au sujet des droits numériques connaît un développement sans précédent, la circulation et le partage des données en instantané ayant créé un univers numérisé, et la puissance du numérique influençant nos rapports sociaux. Avec des influences réciproques d'une telle puissance, c'est effectivement l'ensemble des relations sociales qui reçoivent le sceau du numérique, ce qui annonce des changements sans précédent dans les modes de développement, de distribution des richesses et de maintien de l'ordre. La promotion des droits numériques permet de faire sortir le numérique de son état de chaos pour progresser vers plus de clarté, en cela réside leur intérêt fondamental.

La recomposition des valeurs et de l'ordre, comme préalable indispensable au développement de la société, porte sur la définition des règles et normes de comportement au sein de tous les domaines de la société, sur l'expansion et l'élévation de l'univers spirituel et moral, et découle du double déterminisme des valeurs humaines et des règles sociales. « Tout nouvel ordre intègre l'ensemble des ordres anciens, sans rien omettre. Cependant, le nouvel ordre est le produit d'une création, les nouveaux modes de comportement amenés par de nouveaux phénomènes nécessitent un nouveau degré de compréhension et d'explication. »[56] Actuellement, nous sommes à la veille d'une immense transition sans précédent. Elle ressemble cette fois-ci à une tempête, bouleversant tous les écosystèmes passés, et présentant une rupture dans l'existence et l'évolution de la société. La promotion des droits numériques est le produit de cette transition civilisationnelle, et fera passer l'humanité de l'ordre de la civilisation industrielle vers celui de la civilisation numérique.

La donnée est un type de ressource partagée donc les droits numériques sont, par nature, un droit sur le partage. Après les civilisations agricoles et industrielles, les droits numériques poussent les hommes à fonder un tout nouvel écosystème ordonné, soit l'ordre numérique, ainsi qu'un tout nouvel écosystème civilisationnel, soit la civilisation numérique. L'ordre numérique est un ordre de partage, la civilisation numérique est une civilisation de partage. La civilisation du partage a trois caractéristiques essentielles : pre mièrement, elle est un nouveau modèle de société dont la forme émerge au sein des sociétés humaines du 21e siècle; deuxièmement, elle est le type de

56 L'Anglais Peter Russell: « *The global brain awakens, our next evolutionary leap,* » traduit en chinois par Zhang Wenyuan et Jia Xiaoguang; Heilongjiang renmin chubanshe; 2004; p. 38

civilisation le plus dynamique et innovant ; troisièmement, tout en étant fortement marquée par l'informatisation, la numérisation et les applications de l'intelligence artificielle, elle est l'état civilisationnel actuel de nos sociétés dont le mode de production dominant est un mode de production intelligent et à grande échelle. La civilisation humaine, d'essence, est un processus de développement intégratif, l'intégration étant la possibilité d'assimiler de nouveaux savoirs, de trouver un consensus dans le conflit des valeurs, pour, ensemble, impulser le développement et le progrès de la civilisation du partage. Le 21e siècle sera le siècle de la civilisation du partage, marcher vers le partage, l'aboutissement universel du développement de la civilisation humaine.

Bibliographie

Feng Fanyan: « L'ordre de valeurs comme fondement de la civilisation, éclairage phénoménologique des systèmes de valeurs chez Max Scheler, » publié dans <Zhexue dongtai> N°5 de 2016

Gao Fuping: « Fonctions du système des droits réels, analyse du point de vue social, » publié le 25 juin 2004 sur le site web: http://www.doc88.com/p-7836112823656.html

Hu Kaizhong: « Cadre juridique de la recomposition » publié dans <Faxue> N°12 de 2014

L'Américain Alvin Toffler: « Future shock, » traduit en chinois par Huang Mingjian; Zhongxin chuban jituan; 2018

L'Américain Benjamin Gomes-Casseres: « Remix strategy, » traduit en chionois par Xu Fei, Song Bo et Ren Zhengliang; Zhongguo renmin daxue chubanshe; 2017

L'Américain Cesar Hidalgo : « Why information grows » traduit en chionois par Fumuyishe ; Zhongxin chubanshe ; 2015

L'Américain David Weinberger: « Everything Is Miscellaneous: The Power of New Digital Order, » traduit en chinois par Li Yanming; Shanxi Renmin chubanshe; 2017

L'Américain Edgar Bodenheimer: « Jurisprudence: The Philosophy and Method of the Law, » traduit en chinois par Deng Zhenglai; Zhongguo zhengfa daxue chubanshe; 2004

L'Américain Joseph Aloïs Schumpeter: « The Theory of Economic Development,» traduit en chinois par He Wei et Yi Jiaxiang; Shangwu Yinshuguan; 1991

L'Américain Kevin Kelly: « The Technium, » traduit en chinois par Zhang Xingzhou et Yuqian; Dianzi gongye chubanshe; 2012

L'Américan Kevin Kelly: « The inevitable, » traduit en chinois par Zhou Feng, Dong Li et Jin Yang; Dianzi gongye chubanshe; 2016

L'Anglais Friedrich von Hayek: « Droit, législation et liberté (tome I), » traduit en chinois par Deng Zhenglai, Zhang Shoudong et Li Jingbing; Zhongguo dabaike quanshu chubanshe; 2000

L'Anglais Peter Russell: « The global brain awakens, our next evolutionary leap,» traduit en chinois par Zhang Wenyuan et Jia Xiaoguang; Heilongjiang renmin chubanshe; 2004

L'Israelien Yuval Noah Harari: « Une brève histoire de l'avenir», traduit en chinois par Lin Junhon; Zhongxin chuban jituan; 2017

Laboratoire clé de la stratégie en big data: « Blocs de données 2.0: révolution normative à l'ère du big data ;» Zhongxin chubanshe; 2016

Les Américains Nicolas christakis et James Fowler: « Big connection, » traduit en chinois par Jian Xue; Zhongguo renmin daxue chubanshe; 2013

Les Anglais Viktor Mayer-Schönberger et Kenneth Cukier: « BIG DATA: A Revolution That Will Transform How We Live, Work, and Thin,» traduit en chinois par Zhou Tao; Zhejiang renmin chubanshe; 2013

Li Guojie: « Partage des données: prémisse de la modernisation du système de gouvernance nationale à l'ère du Big Data,» publié dans <Zhongguo xinxihua zhoubao> N°32 de 2014

Liu Zhongjing: « L'ordre est le mot clé de la civilisation,» publié dans <Zhongguo chuban chuanmei shangbao> N°10 du 9 octobre 2015

Que Tianshu: « Entre le virtuel et le réel, élimination et contrôle du risque collectif du cyberspace, » publié dans <Tianjin xingzheng xueyuan xuebao> N°3 de 2014

Wei Guangfeng: « l'ordre du réseau, » publié dans <Henan daxue xuebao (édition des sciences sociales) > N°6 de 2000

Wen Tingxiao et Liu Xuan: « Révélation du < nouveau discours sur l'ordre > de David Weinberger au sujet des structures cognitives, » publié dans <Tushuguan> N°3 de 2013

Xie Pengcheng: « droits et ordre, » publié dans <Zhengzhi yu falü> N°6 de 1992

Zhang Kangzhi et Zhang Qianyou: « Sur l'ordre des sociétés complexes, » publié dans <Xuehai> N°1 de 2010

Zhang Shuguang: « Valeurs et reconstruction de l'ordre ;» Renmin chubanshe; 2016

Zhang Wenxian: « Philoshophie du droit;» Gaodeng jiaoyu chubanshe, Beijing daxue chubanshe; 2011

Zhen Yefu: « La confiance et l'ordre social, » publié dans <Xueshujie> N°4 de 2001
Zhou Yuehui: « Le nouvel état de l'économie marqué par la transition du moteur de la croissance, » publié dans <Xingzheng guanli gaige> N°8 de 2015

CHAPITRE II

Droits de l'homme, droits réels et droits numériques

L'humanité est en train de réaliser ses « trois grandes transitions » en passant de l'économie de ressources à l'économie numérique, de la gestion centralisée à la gestion multiple, de la civilisation industrielle à la civilisation numérique. Le système des droits numériques sur lequel débouche cette époque de changements intenses, correspond à la recomposition du système de droits et d'intérêt. Dans l'univers numérique, les droits numériques, en même temps qu'ils permettent de libérer la valeur des données, sont les droits fondamentaux de l'humanité. Les données sont désormais une nouvelle forme de ressource, au même titre que la terre, le capital et l'énergie, mais aussi une nouvelle technologie, un nouveau mode d'organisation et un nouveau droit. Les droits numériques sont par nature, très différents des droits de l'homme et droits réels. En effet, les divergences concernant les sujet, objet et contenu des droits déterminent le fait que les droits numériques ne peuvent être directement formés sur le modèle des droits réels. La promotion des droits numériques permet non seulement un perfectionnement des droits de l'homme mais également une extension des droits de la propriété. Ils deviendront le droit et le principe d'ordre le plus important pour les sociétés futures de la civilisation numérique.

Première partie: L'homme et ses droits

Les droits de l'homme sont le produit d'un long développement historique de l'humanité. Ils puisent leur source dans la nature de l'homme, sa personnalité, sa dignité et ses valeurs. Leur développement a suivi un processus progressif pour devenir ce concept ouvert et évolutif. Une conception restrictive des droits de l'homme conduirait à mettre un terme à son développement. À l'ère du *big data*, tandis qu'absolument tout est « connecté, » tout est quantifiable, chaque être humain peut vivre en tant qu' « homme numérique. » La diffusion de cette notion d' « *homo numericus* » en même temps qu'elle ouvre une nouvelle voie à la réflexion législative, lance de nouveaux défis à la protection des droits de l'homme.

I. Fondement philosophique des droits de l'homme

Les « droits de l'homme » sont une notion universellement employée et qui reçoit l'attention de tous, sous toutes les latitudes. Ce que l'on nomme « droits de l'homme, » désigne l'ensemble des droits dont l'homme doit pouvoir jouir pour son existence et son épanouissement. Les droits de l'homme sont universels, il suffit d'être un être humain pour pouvoir s'en prévaloir[1]. Les droits de l'homme, un des grands acquis de la philosophie moderne et contemporaine, de leur germination à leur affirmation en tant que concept, ont traversé plus de 2000 ans d'histoire, au point que leur émergence progressive semble résumer l'histoire du développement de la civilisation humaine. On peut notamment citer la pensée politique et législative gréco-romaine, puis la Renaissance, la Réforme religieuse, le discours sur la loi naturelle, ainsi que les révolutions bourgeoises. Durant ces étapes, le discours sur les droits naturels, les droits légaux, les droits sociaux, les droits moraux et sur l'origine de la nature humaine, sont les cinq grandes orientations théoriques qui ont forgé le fondement philosophique des droits de l'homme.

1 D'après l'article deux de la *Déclaration universelle des droits de l'homme* : « Chacun peut se prévaloir de tous les droits et de toutes les libertés proclamés dans la présente Déclaration, sans aucune distinction, notamment de race, de couleur, de sexe, de langue, de religion, d'opinion politique ou de toute autre opinion, d'origine nationale ou sociale, de fortune, de naissance ou de toute autre situation. »

1. Le discours sur les droits naturels

Le discours sur les droits naturels est le principe transcendant[2] auquel se réfère la *Déclaration des droits de l'Homme et du Citoyen*, soit le discours classique sur l'origine des droits de l'homme. Ce discours occupe la place principale parmi les cinq grandes orientations théoriques, et est celui dont l'influence est la plus grande et la mieux répandue. Le discours sur la nature, né en Grèce antique à l'époque du déclin des Cités-États, a été redécouvert et promu durant la Renaissance et la Réforme pour former progressivement l'actuelle théorie sur les droits naturels. Des penseurs tels que Grotius, Hobbes, Locke et Rousseau y ont largement contribué, la plus forte influence sur les générations futures revenant sans doute à John Locke. Dans son *Two Treatise of Government*[3] (*Les deux Traités du gouvernement civil*), il estime qu'avant d'entrer en l'état de civilisation, l'homme vivait à l'état de nature, guère soumis qu'aux lois de la nature elle-même. La loi de la nature a octroyé à l'humanité des droits naturels, des droits innés qui comprennent les droits de la personne, droit de la propriété, droit à l'égalité, à la liberté, à l'autodéfense et à l'autodétermination[4].

2 La transcendance est une approche philosophique qui reconnait aux concepts forgés par l'intelligence humaine une existence autonome non soumise aux vicissitudes du temps et à la versatilité des hommes. Cette posture accorde une forte capacité à l'intelligence humaine puisque l'approche transcendantale tend à considérer que les expériences humaines sont en très grande partie déterminées par la pensée des hommes et leurs concepts, et peut aller jusqu'à considérer que chaque élément de l'univers ne sont qu'un élément de l'unique axe de la pensée humaine.

3 En 1688, après la Glorieuse révolution, John Locke publie ses célèbres *Deux Traités du gouvernement civil*. Il y récuse notamment l'absolutisme de Hobbes et Filmer. Le propos démontre que de l'état de nature aux évolutions de la société, les droits naturels que sont la liberté et la propriété n'ont jamais été supprimés ; la construction de l'État s'est faite sur la base d'un pacte entre les hommes, ceux-ci s'engageant à lui obéir ; Le pouvoir que le dirigeant exerce sur les citoyens n'est donc pas absolu mais répond à des conditions, si bien que, lorsque le peuple perd la confiance morale en son gouvernement, il a le droit de le renverser pour en établir un nouveau sur un nouveau pacte capable d'en susciter le respect.

4 Bai Guimei (Rédacteur en chef) : « *Doctrine légale des droits de l'homme* » ; Beijing daxue chubanshe ; 2015 ; p. 6

Les hommes ont le droit de mobiliser et disposer de leur personne et biens au gré de leur volonté, chacun ne devant dépendre de personne. Cet état de nature présente une immense lacune, soit le fait que les droits naturels dont jouit l'humanité ne lui soient nullement garantis, ce qui la plonge régulièrement dans un état critique et de crainte. Pour sortir de cet état de dénuement, les hommes ont fondé la société politique par le biais d'un pacte passé entre eux, un pacte faisant de la société un arbitre muni de la force du droit pour éclairer ses jugements et ses sanctions. C'est ainsi que sont apparus l'État, le gouvernement et la loi[5]. L'objet et le but de l'Etat est de protéger le droit de vivre, le droit à la sécurité, à la liberté et à l'égalité, le droit de la propriété et le droit au bonheur des citoyens. Ces droits ne sont pas un don, mais une sorte de droits naturels, droits innés. Locke a proposé même une série de principes tels que principe de souveraineté populaire, principe de l'état de droit et principe de décentralisation en vue de la protection des droits de l'homme. Il a aussi analysé et justifié l'état naturel, loi naturelle et droits naturels et fait développer les notions de loi naturelle et de droits naturels au plus haut niveau. Son discours est aussi devenu la principale source d'aspiration de certaines décalrations de droits et de constitutions.

2. Le discours sur les droits légaux

Dans l'histoire du développement des droits de l'homme en Occident, le discours sur les droits légaux, appelés aussi « droits octroyés par la loi »[6] a donné la réplique à celui sur les droits naturels. Du XIXe siècle à la fin de la Seconde Guerre mondiale, il a remplacé le discours sur les droits naturels comme fondement théorique dominant. On trouve parmi ses tenants les plus représentatifs, Bentham, Hart, Dicey, Mill, Austin, Raz, Kelsen et McCormick. Ils sont les représentants historiques du prescriptivisme ou utilitarisme légal. La théorie des droits légaux estime que le système des normes officielles et officieuses forge les droits humains, insistant sur le fait que ceux-ci ne sont pas spontanés mais bien le fruit

5 Bai Guimei, *Op. cit.*, p. 6

6 Li Buyun : « *L'origine des droits de l'homme* ,» publié dans <*Zhengfa luntan*> N°2 de 2004

d'un système, octroyés par la loi. Elle récuse le caractère théorique de la loi et des droits de l'homme considérant que la théorie est par nature un paradigme subjectif, chaque individu pouvant formuler sa propre théorie, et que de ce fait, elle est peu capable de distinguer objectivement le bien du mal, le vrai du faux. Le discours sur les droits légaux estime que le caractère « inné » des droits de l'homme, ainsi que la notion d' « état de nature » auxquels se réfèrent les tenants des droits naturels sont fictifs, que leur « loi de la nature » relève du mystère et n'a donc en cela rien de scientifique[7]. Bentham estime par exemple que « loi naturelle, » « état de nature » et « pacte originel » sont directement issus de l'imagination humaine, de la fiction, ne sont que pures contrefaçons de la réalité du développement historique.

Pour Bentham, il n'y a pas de droits innés, il n'y a que des droits autorisés par la loi[8]. La loi, c'est la somme des ordres prononcés ou approuvés par le détenteur de la souveraineté[9] : « Le droit est le produit de la loi, et de la loi seule, sans loi, pas de droit. »[10] Tandis que la loi définit la responsabilité et les devoirs du citoyen, elle lui accorde aussi les droits correspondants. Basé sur les principes de l'utilitarisme, le discours de Bentham sur les droits légaux, suggère que les droits de l'homme sont conduits par l'intérêt. Aux principes de « liberté, propriété, sécurité et droit à l'insurrection » de la *Déclaration des droits de l'Homme et du Citoyen*, Bentham préfère les principes de « sécurité, subsistance, prospérité et égalité » basés sur des droits « définis par la loi. » Il estime que l'objectif de la société est de permettre à la majorité d'atteindre le plus grand état de bonheur possible, or, plus une société parviendra à assurer la réalisation de la sécurité, la subsistance, la prospérité et l'égalité, plus elle verra son niveau général de bonheur augmenter rapidement.[11]

7 Li Buyun, *Ibid.*
8 Bai Guimei, *Op. cit.*, p. 7
9 Wang Guanghui (Rédacteur en chef) : « *Doctrine légale des droits de l'homme* » ; Qinghua daxue chubanshe ; 2015 ; p. 42
10 Shen Zongling et Huang Nanseng ; « *Discours occidental sur les droits de l'homme (tome 2)* » ; Sichuan renmin chubanshe ; 1994 ; p. 122
11 Bai Guimei, *Op. cit.*, p. 7

3. Le discours sur les droits sociaux

Le discours sur les droits sociaux est vis-à-vis de ceux des droits naturels et des droits légaux, encore un autre grand courant de pensée sur les droits de l'homme. Ses tenants les plus représentatifs sont les penseurs présocialistes Saint-Simon, Fourier et Owen, mais comptent aussi des penseurs en sociologie du droit comme Marx et Weber, ou encore des positivistes juridiques tels que Duguit et Pound[12]. Le discours sur les droits sociaux a pour caractéristique principale de considérer la loi comme un type de norme sociale, produit de la culture et de la structure d'une société donnée. Pour ce courant, l'homme est un « animal social, » de ce fait aussi, un « animal politique » car il ne pourrait survivre isolément des autres et passe son existence au sein d'un réseau de relations sociales, réseau qui, à l'échelle collective, peut produire un sentiment d'appartenance, voire un esprit de corps. Par conséquent, l'intérêt personnel peut potentiellement être entravé par l'intérêt d'autrui ou celui de l'organisation sociale, de même que chacun pourrait nuire à l'intérêt personnel d'autrui ou à l'intérêt collectif de l'organisation sociale. C'est de cet état de fait que débouche la question des droits de l'homme. Le discours sur les droits sociaux nie l'idée d'une rationalité interne dont seraient dotés les « droits innés, » et ne reconnaît pas l'existence de l' « égalité naturelle » ni de la « liberté naturelle, » ne pense pas non plus que les droits de l'homme puisent leur origine de « la nature de l'homme » ou du « caractère et [de] la dignité de l'homme. »[13]

Après la Seconde Guerre mondiale, le discours sur les droits sociaux a largement triomphé dans le monde entier. Avec l'émergence des États du *welfare*, l'exigence de justice sociale, la réaffirmation de la dignité humaine, la nécessité de faire face au risque de rupture sociale, et l'interventionnisme de l'État en matière économique et sociale, la notion de droits sociaux devint un terme de droit approprié, symbolisant les revendications légitimes de l'ensemble de la population et notamment des plus faibles[14]. Les droits

12 Wang Guanghui, *Op. cit.*, p. 46

13 Li Buyun, *Op. cit.*

14 Wang Guanghui (Rédacteur en chef) : « *Doctrine légale des droits de l'homme* » ; Qinghua daxue chubanshe ; 2015 ; p. 51

sociaux ne sauraient se limiter à de la charité ou de l'humanisme mais sont plutôt une analyse des fondements de la structure sociale. Certains droits, tels que le droit de vivre, le droit à la sécurité, à la liberté et à l'égalité, sont apparus dès l'existence même de l'humanité, mais d'autres, comme le droit de voter, d'être élu ou le droit de grève, sont le produit d'un processus historique particulier. Les premiers désignent les droits idéaux tandis que les seconds se rapportent à des droits concrets. S'il est important de distinguer l'un et l'autre, on peut également les considérer comme un tout. Le discours sur les droits sociaux estime que les droits de l'homme doivent suivre l'évolution de la culture et structure sociales pour pouvoir renforcer la cohésion et l'harmonie sociales, ainsi que de garantir la demande de dignité sociale. L'ordre légal des sociétés humaines a toujours été en évolution constante, tout comme la recherche des droits de l'homme est un processus en adaptation constante. Le travail législatif doit recourir aux acquis des autres champs disciplinaires de la recherche pour pouvoir continuellement compléter et perfectionner sa conception des droits de l'homme, pour pouvoir former une conception adaptée aux circonstances historiques réelles, et pour réguler les conflit d'intérêt du champ social.

4. Le discours sur l'origine de la nature humaine

Dans le domaine légal, le discours sur l'origine de la nature humaine a beaucoup contribué à l'émergence de la question des droits de l'homme. Ces dernières années, un grand nombre de chercheurs, en Chine et dans le monde, ont mené des études précises et approfondies sur le sujet. Parmi ceux-ci, on peut nommer le chercheur chinois Li Buyun comme l'un des principaux représentants. Il estime que « les droits de l'homme tirent leur origine de la nature humaine. Cette nature comprend deux aspects, l'appartenance de l'homme à la société et l'appartenance de l'homme à la nature. » L'appartenance à la société désigne le fait que l'homme vivant dans un réseau de relations sociales, sa morale, sa pensée, son intérêt et son comportement sont tous déterminés par les caractéristiques du réseau social auquel il appartient. C'est exactement ce qu'affirme le marxisme en estimant que « l'homme est l'animal social le plus digne de ce nom, car il est non seulement grégaire mais aussi, parce que le corps social est le seul espace où il puisse pleinement jouir de son autonomie. »[15] Les droits de l'homme sont un type de lien social, les liens intéressés et moraux qui unissent les hommes entre eux au sein du réseau, c'est aussi le mode de distribution, recherche et jouissance des intérêts soutenu et approuvé par l'ensemble conceptuel centré autour de la notion de justice qui encadre la vie sociale[16]. L'appartenance de l'homme à la nature, soit la nature humaine, comprend trois éléments fondamentaux qui sont l'instinct, la morale, et la raison. L'instinct concerne précisément, la vie, la distribution des richesses et la liberté, et insiste sur la protection de la vie humaine contre les abus, de la sécurité personnelle contre les nuisances, de la liberté individuelle contre les violations, de la liberté de penser contre les interdits, la garantie du minimum vital, et le droit de rechercher son bonheur. La morale concerne principalement l'égalité, la fraternité et la justice, elle insiste sur le fait que l'homme est un animal supérieur en proie à l'aspiration à certaines conceptions morales. La raison comprend la capacité de compréhension rationnelle, les concepts et l'intelligence rationnelle, elle insiste sur la possibilité de l'homme, par le recours à la raison, de connaître les lois du monde et de le modifier en fonction de cette connaissance. En bref, l'appartenance de l'homme à la nature est le fondement interne de la naissance des droits de l'homme, tandis que l'appartenance de l'homme à la société en est les conditions externes qui en définissent l'historicité.[17]

5. Le discours sur les droits moraux

« Les droits l'homme sont très largement perçus comme des droits moraux. »[18] Shen Zongling estime que dans leur sens original, les droits de l'homme se réfèrent à des valeurs et concepts moraux et sont en cela

15 Marx et Engels : « *Anthologie de Marx et Engels (tome 2)* » traduit en chinois par le Bureau central de compilation et de traduction ; Renmin chubanshe ; 2012 ; p. 87

16 Li Buyun, *Op. cit.*

17 Bai Guimei, *Op. cit.*, pp. 7–8

18 L'Américain Jack Donnelly : « *Theory and practice of universal human rights,* » traduit en chinois par Wang Puqu; Zhongguo shehui kexue chubanshe; 2001; p. 13

un type de droits et devoirs à portée morale[19]. Pour Xia Yong, les sociétés humaines sont des sociétés morales et l'homme est un animal moral. Les droits de l'homme désignant tout ce dont on doit pouvoir jouir en qualité d'homme, sont par essence des droits moraux, et non des droits innés ou légaux. Faisant partie du système moral, ils y sont donc étayés par des préceptes moraux. Trois principes interdépendants jouent un rôle majeur pour les fondements moraux des droits de l'homme : premièrement, l'homme doit pouvoir et être en capacité de jouir de droits qui ne reposent pas sur la loi positive et transcendent le cadre légal ; deuxièmement, ces droits doivent être conformes au principe d'égalité entre les hommes, une égalité de dignité et de valeur, et en vertu de cela, être accessibles à tous ; troisièmement, ces droits doivent être représentés à travers une forme de structure sociale comme des droits légalement reconnus. Ces trois principes qui forment le noyau dur des droits de l'homme, structurent le cadre du principe des droits de l'homme.[20]

Le caractère évolutif de l'histoire du concept des droits de l'homme peut s'expliquer par son contenu moral : premièrement, le concept des droits de l'homme exprime la reconnaissance profonde que s'adressent mutuellement les hommes ; deuxièmement, ce concept est fortement empreint d'esprit critique ; troisièmement, il conduit l'homme à opérer des distinctions et à formuler des revendications critiques vis-à-vis de la réalité, réclamer l'institutionnalisation des droits pour en assurer la jouissance effective à chacun, et désigne par conséquent une nouvelle forme de cohésion sociale[21]. En tant que droits moraux, les droits de l'homme ne sont pas octroyés par l'État, le gouvernement ou la loi, ils ne dérivent pas non plus d'un don naturel mais du caractère moral de la pensée des hommes. Comme fondement des droits de l'homme, la nature humaine n'est guère plus qu'une hypothèse morale. Comme le proposa Maine dans *La loi ancienne*, le concept de la loi naturelle est une manière d'ajouter à l'univers physique un univers moral. En tant qu'ensemble, l'humanité se

19 Shen Zongling : « *Quelle est la portée des droits de l'homme ?* ,» publié dans <*Zhongguo faxue*> N°5 de 1991

20 Xia Yong : « *L'origine du concept des droits de l'homme* » (édition corrigée) ; Zhongguo zhengfa daxue chubanshe ; 2001 ; p. 232

21 Xia Yong, *Ibid.* pp. 222–223

distingue des autres ensembles notamment en percevant dans ce monde matériel, un univers spirituel, moral, théorique, idéologique et conceptuel.[22]

Reconnaître la bienveillance comme l'origine des droits de l'homme en est un concept plus abouti. Cela revient à considérer que les droits de l'homme sont basés sur le sentiment d'identification, la compassion et l'amour pour autrui. La compassion est un des sentiments moraux les plus primaires, « lorsque l'humanité ne s'était pas encore dotée d'un système moral institué, lorsqu'elle était encore démunie du sentiment de devoir moral, l'homme primitif connaissait déjà le sentiment de compassion envers son prochain, du moins envers un membre de son clan. C'est ce sentiment qui permet la cohésion du groupe et que nous appelons aujourd'hui le rôle de la morale sociale »[23] Par la compassion, l'homme ressent la douleur d'autrui et en souhaite l'atténuation et la disparition, par l'amour, il ressent le bonheur d'autrui et en souhaite la perpétuation et l'accroissement[24]. L'identification qui relie les hommes entre eux par le sentiment d'appartenance à la même espèce ou du moins au même clan, crée un sentiment de fraternité, la pensée simple d'une forme d'affection mutuelle et qu' « il ne faut pas faire subir à autrui ce que l'on ne voudrait pas subir soi-même. » Ainsi la bienveillance et notamment la compassion, constitue le fondement le plus originel des droits de l'homme[25].

II. Le concept des droits de l'homme

En 1979, Karel Vasak, juriste français qui fut directeur de la division des droits de l'homme et de la paix à l'UNESCO, proposa pour la première fois, dans son discours inaugural de la 10e Conférence de la Société internationale pour la recherche sur les droit de l'homme, le concept des

22 Bai Guimei, *Op. cit.*, p. 8

23 He Huaihong : « *La compassion* ,» publié le 14 août 2014 sur le site web : http://www.cssn.cn/zhx/zx_11x/201505/t20150518_1939077.shtml

24 Zhang Hengshan, « *Les fondements moraux des droits de l'homme* ,» publié dans <*Faxue yanjiu*> N°6 de 1997

25 Bai Guimei, *Op. cit.*, pp. 8–9

« trois générations de droits de l'homme »[26]. D'après Vasak, le monde, depuis les temps modernes, a connu trois mouvements révolutionnaires qui ont donné naissance à trois générations de droits de l'homme[27], soit d'abord, le droit à la liberté, puis, les droits sociaux, et enfin, les droits de l'homme collectifs. Ces trois générations qui font écho aux trois termes de la devise de la Révolution française que sont « Liberté, » « Égalité » et « Fraternité, » décrivent les différents besoins du monde en matière de droits de l'homme durant trois périodes distinctes. C'est pour cette raison que certains chercheurs y font référence en évoquant directement les droits de l'homme du « premier monde, » du « deuxième monde » et du « troisième monde » (cf. Tableau 2-1).

1. La première génération de droits de l'homme

La première génération de droits de l'homme désigne ce que l'on appelle habituellement « droit à la liberté. » Ils font de la « liberté » leur contenu principal, ont pour objectif fondamental la réalisation de l'« individualisme, » avec pour socle intellectuel, la pensée libérale classique[28]. Née durant la Révolution française de 1789, la première génération de droits de l'homme s'inscrit dans le mouvement de libération initié aux Etats-Unis, au Royaume-Uni et en France. Elle comprend également l'individualisme libéral, et préconise la non-ingérence de l'État en matière économique et sociale[29]. D'un point de vue idéologique, la première génération comprend les théories des droits innés[30],

26 Le concept des « trois générations » trouve leur reflet et soutien dans trois documents internationaux: le *Pacte international relatif aux droits civils et politiques* (1966), le *Pacte international relatif aux droits économiques, sociaux et culturels* (1966) et la *Déclaration sur le droit au développement* (1986).

27 Qi Yanping : « *Évolution du concept de droits de l'homme* » ; Shandong daxue chubanshe ; 2015 ; p. 64

28 Wang Guanghui, *Op. cit.*, p. 121

29 *Ibid.* p. 123

30 La théorie des droits de l'homme innés tire son origine de nombreux penseurs de l'antiquité et trouve sa confirmation dans la *Déclaration d'Indépendance* américaine et *La Déclaration des droits de l'Homme et du Citoyen* française.

des droits naturels[31], de la volonté[32], de la finalité[33], de l'utilité[34] et de la sacralité[35].

À l'égard des fondements de la société qu'elle a jetés, la première génération est au croisement de plusieurs facteurs d'évolution. Elle s'est formée dans sa lutte contre l'État absolu, proclamant notamment le fait qu'en vertu des droits politiques, l'État ne devait intervenir abusivement dans la liberté et les droits individuels, lui attribuant le devoir négatif d'inaction, d'où l'appellation de « droits de l'homme négatifs » (garantis par l'inaction de l'État). En d'autres termes, les droits de l'homme sont proposés dans la seule optique du fonctionnement élémentaire de la société, et ont pour modalité la limitation (champ et ampleur) des pouvoirs du gouvernement par l'affirmation des droits individuels. La fonction principale de l'État revient au maintien de la sécurité, à la création d'un environnement souple propice à la libre concurrence, en s'abstenant de toute ingérence dans la vie économique et sociale. L'acception « moins un gouvernement en fait, meilleur il est » donne une idée assez précise de ce positionnement.

31 La théorie des droits de l'homme naturels ou théorie des droits naturels, ou encore des droits instinctifs, estime que les droits de l'homme sont des droits naturels qui correspondent aux droits évidents dont dispose instinctivement l'homme à l'état de nature. Ses représentants principaux sont Aristote et Cicéron.

32 La théorie de la volonté des droits de l'homme ou théories de la motivation interne, considère que l'homme dispose d'une valeur intrinsèque, et que le respect de la dignité de la personne humaine provient de l'aspiration de l'homme à la liberté et à la raison. On trouve parmi les représentants de cette théorie Hegel et Fichte.

33 La théorie de la finalité des droits de l'homme considère l'homme lui-même comme la finalité et que tous les hommes ont des droits. Ses représentants sont Kant et certains juristes néo-kantistes.

34 La théorie utilitariste des droits de l'homme ou la théorie des droits de l'homme intéressés, considère que les hommes se dotant de droits par intérêt, l'adoption des droits de l'homme est une adoption intéressée. Cette théorie a largement été développée par Bentham, le père fondateur de l'utilitarisme. Elle est combattue par les tenants de la théorie de la volonté, Hegel réfutant la possibilité de réduire la nature des droits au besoin et à l'intérêt.

35 La théorie de la sacralité des droits de l'homme désigne le discours des religions (notamment du christianisme) sur les droits humains depuis l'empire romain. Ses tenants parmi lesquels figurent Aurelius et Ratzinger, estiment que l'homme en tant que créature de Dieu dispose de droits.

Tableau 2-1 Aperçu du concept des trois générations[a]

Étape de développement	**Résumé**	**Points essentiels**
Première génération	Apparue durant la Révolution française de 1789, avec pour principale manifestation, la reconnaissance légale de la liberté individuelle, reflétant l'aspiration à la liberté apparue durant l'âge d'or des XVIIe et XVIIIe siècles, cette première étape pose les bases du développement des droits civiques et politiques.	Emancipation de l'individu contre l'intervention de l'État; cantonnement de l'État à un devoir négatif d'inaction ; ceux que l'on désigne par « droits de l'homme négatifs » concernent notamment le droit de la personne, et le droit de la propriété.
Deuxième génération	Née au début du XXe siècle après la Révolution d'Octobre, avec pour manifestation principale la réclamation auprès de l'État de la fourniture de conditions économiques et sociales de base permettant la réalisation effective des libertés individuelles, reflétant la pensée sociale et le concept d'État du *welfare* mûris durant le XIXe siècle, cette étape concerne notamment les droits économiques, sociaux et culturels.	L'État a le devoir positif d'agir pour la réalisation des droits de l'homme ; ceux que l'on désigne par « droits de l'homme positifs » concernent notamment les droits économiques, sociaux et culturels.

Tableau 2-1 continued

Étape de développement	Résumé	Points essentiels
Troisième génération	Produite des mouvements d'émancipation des peuples colonisés durant les années 1950–60, luttant pour l'éveil des peuples et l'indépendance des nations, cette dernière étape reflète les revendications du Tiers Monde dans l'après-guerre pour la redistribution des ressources mondiales, et l'engagement dans la lutte contre les crises et graves problèmes de subsistance des populations concernées.	La solidarité; les droits appelés « droits solidaires » ou « droits unitaires » recouvrent précisément les droits collectifs soit droits à l'autodétermination, au développement, à l'égalité et à un environnement sain …
[a] *Ibid.* pp. 64–65		

Les revendications de la première génération concernent principalement le droit à la vie, les libertés individuelles, les libertés de culte et de croyance, d'expression et d'édition, de rassemblement et d'association, de mouvement et de résidence, la liberté contre la détention arbitraire et contre l'obstruction de la communication, mais aussi les droits politiques tels que le droit de vote, et également une prévention appuyée contre toute violation du droit de la propriété[36]. Reflet de la pensée libérale de l'âge d'or des XVIIe et XVIIIe siècles, le point essentiel de la première génération concerne la défense des libertés individuelles sous la forme du droit, ce qui permit de poser le socle des droits civiques et politiques[37]. Cependant, cette théorie des droits négatifs, suite à l'évolution historique, et notamment face à l'influence débordante du capitalisme dans tous les domaines de la société, a connu un grand basculement à l'égard de la conception des fonctions

36 Wang Guanghui, *Op. cit.*, p. 123
37 Qi Yanping, *Op. cit.*, p. 64

gouvernementales et des attentes des citoyens envers leur gouvernement, c'est pour ça qu'elle reçut de nombreux ajouts et compléments à cet égard[38].

2. La deuxième génération des droits de l'homme

La deuxième génération est apparue au début du XXe siècle après la Révolution d'Octobre, et concerne les droits que nous avons l'habitude de désigner par « droits sociaux. » Il s'agit, à partir de l'intervention positive de l'État dans l'économie et la société, de garantir les droits des hommes en matière sociale et économique[39]. Cette deuxième génération tire son origine de la critique réformiste du capitalisme par le socialisme. Les droits à la liberté de la première génération se sont développés durant deux siècles. Dans la seconde moitié du XIXe siècle et notamment à la charnière entre les XIXe et XXe siècles, le capitalisme, fort de la puissance de l'industrialisation, a déferlé sur l'ensemble du globe, transformant profondément les civilisations humaines et leur mode de vie. Suite à l'épanouissement du capitalisme ainsi qu'au renforcement constant de la concentration capitalistique, la paupérisation, le chômage, les crises de subsistances et l'inflation, entre autres retombées négatives, ont fortement impacté le fonctionnement des sociétés. Le droit de la propriété et la liberté de contrat qui sont les piliers de toutes les libertés fondamentales sur lesquelles reposent des sociétés capitalistes, ont grandement avantagé la bourgeoisie aux dépens des intérêts du prolétariat[40].

Sans la moindre protection dans ce nouveau rapport de force, droits et libertés perdent tout sens et utilité. La pauvreté et le chômage ne venant nullement de la fainéantise individuelle, mais bien de la structure économique et sociale du capitalisme, nécessitent pour y remédier l'intervention de la société voire de l'État[41]. Alors, émergea progressivement

38 Wang Guanghui, *Op. cit.*, p. 123

39 Xu Chongde (Rédacteur en chef) : « *Droit constitutionnel* » ; Zhongguo renmin daxue chubanshe ; 2009 ; p. 196

40 Wang Guanghui, *Op. cit.*, p. 124

41 Le Japonais Oosuka : « *The right of Life* ,» traduit en chinois par Lin Hao ; Falü chubanhse ; 2001 ; pp. 12–13

un discours socialiste considérant que le capitalisme devait être réformé et que l'ensemble des injustices induites devait être corrigé. En termes de droits, ce mouvement réclame l'ingérence nécessaire de l'État dans l'exploitation capitalistique pour assurer l'équité de la production et de la distribution des richesses, ainsi que permettre une amélioration des conditions de vie des travailleurs[42].

Le point essentiel de cette deuxième génération de droits est de réclamer à l'État la fourniture des conditions sociales et économiques de base qui permettent la réalisation des libertés individuelles, la finalité étant que l'État endosse un devoir positif dans la réalisation des droits de l'homme, désormais désignés comme des « droits positifs »[43]. La deuxième génération apporte son soutien théorique aux droits du travail et à la subsistance comme droits sociaux de base. Elle est caractérisée par la transition de la défense des droits individuels vers celle des droits collectifs et de classe, pour un contenu plus économique, social et culturel. Tout en conservant les acquis de la première génération, elle renforce le panel des droits par de nouvelles revendications concernant notamment les droits du travail, au repos, à l'accès aux soins médicaux, à l'éducation, au maintien des conditions de vie acceptables et à la solidarité des travailleurs[44].

3. La troisième génération de droits de l'homme

La troisième génération, souvent appelée droits de « la solidarité sociale, » produite des mouvements d'émancipation des peuples colonisés durant les années 1950–60, luttant pour l'éveil des peuples et l'indépendance des nations, reflète les revendications du Tiers Monde dans l'après-guerre pour la redistribution des ressources mondiales, et l'engagement dans la lutte contre les crises et graves problèmes de subsistance des populations concernées[45]. La troisième génération explore ainsi les « droits de la solidarité » collective ayant trait aux conditions d'existence de l'humanité, comme notamment les droits à la paix, au développement,

42 Wang Guanghui, *Op. cit.*, p. 124
43 Qi Yanping, *Op. cit.*, p. 64
44 Wang Guanghui, *Op. cit.*, p. 124
45 Qi Yanping, *Op. cit.*, p. 64

à un environnement sain, à l'autodétermination des peuples, et à la préservation du patrimoine culturel universel. Puisque la réalisation de ces droits ne peut que passer par « l'effort collectif de l'ensemble des acteurs sociaux, dont l'individu, l'État, les organismes publics et privés ainsi que la communauté internationale, » ils sont aussi considérés comme des droits collectifs[46].

La troisième génération diffère grandement des deux premières par l'échelle de son sujet-cible. En effet, les deux premières générations se situent au niveau national, dans les relations entre les individus et l'État, les groupes humains et l'État, tandis que les revendications de la troisième génération se situent au niveau international, dans les relations entre nations, entre États, voire dans la relation de chacun des États avec tous les autres ou la communauté internationale dans son ensemble[47]. La troisième génération met l'accent sur la solidarité si bien que les droits qui lui correspondent sont parfois appelés « droits solidaires » ou « droits unitaires. » Ce sont des droits de nature collective qui dépassent la notion traditionnelle des « droits de l'homme individuels » car désormais compris dans le sens de la justice du groupe voire de la société. La troisième génération inclut divers points de vue nouveaux tels que la perspective critique multiculturelle des droits de l'homme[48], les droits de l'homme dans l'optique des valeurs asiatiques[49],

46 Wang Guanghui : « *Doctrine du droit constitutionnel comparé* » ; Wuhan daxue chubanshe ; 2010 ; p. 89

47 Wang Guanghui, *Op. cit.*, p. 131

48 La perspective critique multiculturelle des droits de l'homme est apparue dans les années 1970. Sur la base du « multiculturalisme , » elle se concentre sur l'utilisation des ressources culturelles, les présupposés philosophiques et les fondements matériels et procéduraux des droits de l'homme. Elle compte parmi ses représentants Suppio, Habermas, Yasuaki Oonuma, et Shikihara.

49 L'optique des valeurs asiatiques insiste sur la contribution potentielle des valeurs asiatiques traditionnelles au développement des droits de l'homme. Elle entend lutter contre le monopole du droit de parole dont jouit l'Occident dans le domaine des droits de l'homme puis cherche des moyens d'émancipation au sein des traditions culturelles asiatiques. L'optique asiatique compte parmi ses représentants le Singapourien Lee Kuan-Yew, le Malaisien Mahathir, le Sud-Coréen Cui Zhongku, les Japonais Kochu Nobuo, Nobuyuki Yasuda et Keifu Suzuki.

l'optique confucéenne[50], individualiste[51], holiste[52], absolue[53] et relative[54].

Par ailleurs, la troisième génération insiste sur le fait que, placés au sein de différentes traditions culturelles, les droits de l'homme peuvent revêtir des acceptions différentes. Par exemple, dans les années 1980, Lee Kuan-Yew et Mahathir ont défendu l'idée de « droits de l'homme aux valeurs asiatiques » différant des conceptions occidentales en la matière. De même, dans des conditions économiques et sociales différentes, le concept des droits de l'homme peut prendre des colorations différentes. Le développement est toujours majoritairement perçu comme le fondement de tous les droits ; sans développement suffisant, impossible de se prévaloir du moindre droit. Bien que théoriquement, les pays du Tiers Monde reconnaissent que les droits civiques et politiques doivent être traités à égalité avec les droits économiques et sociaux, dans la pratique, le manque de ressources, le retard pris dans les traitements médicaux, l'absence d'accès général à l'éducation ainsi que les conséquences négatives de la spoliation passée du colonialisme les contraignent d'accorder la priorité aux droits économiques et sociaux sur les droits civiques et politiques, sans quoi, pour le peuple dont les conditions d'existence de base ne sont pas encore assurées, des droits politiques et civiques, même les plus perfectionnés, seraient tout à fait superfétatoires[55].

50 Théorie sur les droits de l'homme établie à partir des préceptes moraux et philosophiques traditionnels du confucianisme. Elle a pour représentants principaux, les chercheurs chinois Cheng Zhongying et Du Gangjian.

51 L'optique individualiste s'appuie sur la perspective des droits individuels et a pour représentants principaux, Rawls, Dworkin, et Nosyk.

52 L'optique holiste s'oppose à l'optique individualiste en donnant primauté au caractère collectif des droits de l'homme. Elle a pour représentants principaux, McIntyre, Walsh, Ethioni, Zernike, Granton et Bailey.

53 L'optique absolue estime que les droits de l'homme sont innés, naturels, inaliénables, sans conditions et invariables. Elle compte parmi ses principaux représentants Breck, Douglas, McClelling, Rostow et Black.

54 L'optique relative estime au contraire que les droits de l'homme sont sociaux, moraux, dispensable, conditionnés et variables. Elle compte parmi ses principaux représentants, Brandeis, Dewey et Hook, Bodenheimer et Schwarz.

55 Wang Guanghui, *Op. cit.*, p. 131

III. Le développement des droits de l'homme

« À une étape donnée du développement de la pensée humaine, il y a toujours un élément fondamental qui fait office de pierre d'achoppement pour les schismes et syncrétismes idéologiques. Les droits de l'homme sont cet élément fondamental qui a permis depuis les temps modernes de développer et élever la réflexion humaine. »[56] Réévaluer le système de pensée, les relations sociales et le dispositif normatif à l'aune de cet élément fondamental, permet de remodeler l'univers spirituel de l'humanité, son mode d'existence sociale, ainsi que ses motivations et orientations civilisationnelles. Sur la longue distance historique, le développement des droits de l'homme se révèle être un processus progressif, et les droits de l'homme, un concept ouvert et évolutif, si bien que s'attacher à une conception figée conduirait à freiner leur évolution. Au contraire, observer le développement et l'évolution des droits de l'homme à travers une grille de lecture tolérante et ouverte est une attitude scientifique et réaliste.

1. Les limites des droits de l'homme

Les trois générations de droits de l'homme se sont succédées les unes aux autres au gré d'une évolution historique particulière, en déposant sur les degrés du progrès humain, les concepts emblématiques de « liberté, » « égalité » et « développement. » Durant l'évolution des concepts et des systèmes, le respect de la liberté et de la dignité de l'être humain a connu une ascension historique, la civilisation matérielle et spirituelle de l'humanité obtenant des acquis conséquents. Cependant, les trois générations sont toutes marquées par les limites de leur contexte historique. Il s'agit tout d'abord de leur partialité. En effet, les trois générations ont chacune été déterminées par un contexte, une mission et une structure historiques particuliers, la quête des droits de l'homme à différentes époques correspondant à différents besoins et différentes priorités. En outre, les différentes nations ne sont pas travaillées par les mêmes préoccupations. L'ensemble de ces particularismes ont eu tendance

56 Qi Yanping, *Op. cit.*, p. 160

à priver les trois générations d'une réflexion plus globale sur la situation générale. Le deuxième défaut concerne la posture restitutive de la revendication des droits de l'homme. Au sujet de l'origine des droits, les droits de l'homme se revendiquent de la posture logique traditionnelle qui estime que « les droits existent de manière inhérente, leur revendication ne fait que les restituer. » Enfin, il s'agit de leur conflictualité. Dans leur effort argumentatif, les trois générations se sont construites sur la confrontation intense entre l'individu, l'État et la société. Les droits à la liberté sont nés dans la lutte entre oppresseurs et oppressés, les droits à la subsistance ont été établis dans le rapport de force entre dominants et dominés, les droits au développement ont triomphé dans l'affrontement entre nations opprimées et colonisateurs, entre pays sous-développés et pays développés. En pratique, les trois générations de droits de l'homme se sont frayé un chemin dans une lutte à feu et à sang. Pour le dire simplement, « les trois générations de droits de l'homme se sont concentrées sur un segment de l'humanité et non sur l'humanité dans sa totalité ; sur la réparation des torts et non sur la nouveauté; sur la lutte et non sur l'harmonie. »[57]

2. Le triomphe des droits de l'homme

En tant que combinaison de concepts théoriques, systèmes et pratiques[58], les droits de l'homme ont connu un processus les conduisant de la naissance à la dérivation puis à la restauration. La formidable diversité des contextes historiques et culturels étroitement liés aux droits de l'homme, conjuguée à la grande variété du concept des droits de l'homme qui peut diverger en fonction des différents systèmes de valeurs et différentes postures académiques, a donné lieu à une très grande complexité théorique et expérimentale[59]. Aussi Le mode le plus simple d'aborder les droits de

57 Xu Xianming : « *Le droit à l'harmonie ; la quatrième génération des droits de l'homme* ,» publié dans <*Renquan*> *N°2 de* 2006

58 Qi Yanping : « *L'universalité des droits de l'homme* ,» publié dans <*Faxue luntan*> N°3 de 2002

59 Zhao Zongliang : « *Discussion au sujet des relations entre droits de l'homme et souveraineté ainsi que des solutions envisageables* ,» publié dans <*Nanmenggu nonye daxue xuebao (édition des sciences sociales)*> N°4 de 2008

l'homme est d'opérer une analyse et réflexion à trois niveaux distincts : la pensée, la norme et la pratique. En tant que pensée, les droits de l'homme sont axés sur la fourniture d' une série de principes fondateurs comprenant l'origine de l'égalité des hommes (les droits innés), les relations individu-gouvernement (limitation du pouvoir), la frontière entre le groupe et l'individu (principe de liberté), la prévention contre les abus de pouvoir (séparation des pouvoirs), la finalité économique (survivalisme), et les fonctions modernes de l'État (sécurité sociale)[60]. En tant que norme, les droits de l'homme désignent la transformation de la pensée des droits de l'homme en norme des droits de l'homme par le biais de la conception du législateur[61]. En tant que pratique, les droits de l'homme désignent les droits de l'homme en tant que pensée et les droits de l'homme en tant que système stabilisé, dont jouissent et mettent en pratique les hommes dans la vie réelle. Du point de vue de l'histoire longue, les droits de l'homme ont obtenu de grandes réalisations aux niveaux de la pensée, de la norme et de la pratique. La protection des droits de l'homme a acquis reconnaissance et respect universels dans le monde entier (cf. Tableau 2-2).

3. L'extension des droits de l'homme

Le développement des nouvelles technologies de l'information telles qu'Internet, *clouding*, intelligence artificielle, *blockchain* et communication quantique, fait entrer l'humanité dans l'ère du *big data*, une époque centrée autour de la donnée. La donnée est en train de modifier radicalement les modes de production des sociétés humaines, en formant un « espace numérique » illimité qui a grandement repoussé les limites du champ d'action de l'humanité. Tandis que la capacité de collecte, stockage et analyse des données bat tous les records, le *big data* suscite également tout un cortège de problématiques théoriques et juridiques, remodèle notre dispositif juridique vieux de 1000 ans, modifie les relations légales entre citoyens, et fait naître toute une

60 Xu Xianming : « *Système et typologie des droits de l'homme* ,» publié dans <*Zhongguo shehui kexue*> N°6 de 2000

61 D'un point de vue fonctionnel, la norme des droits de l'homme comprend les deux catégories distinctes de la déclaration et du secours.

Tableau 2-2 Quelques systèmes de protection des droits de l'homme

Date	Nom	Contenu principal	Portée générale
1215	*Magna carta*	Garantit à l'Église la liberté de choisir ses membres, à la noblesse et aux chevaliers, l'hérédité de leur possessions territoriales sans que le monarque n'y prélève aucun droit abusif de possession ni de succession ; que le monarque ne peut, sans le consentement du « Grand Conseil du Roi » composé de la noblesse, du clergé et des chevaliers, prélever sur ses vassaux directs des frais d'expédition et de défense ; abroge le droit du monarque d'intervenir dans les jugements de la cour féodale ; stipule que sans un jugement prononcé par une cour du rang de noblesse concerné, le roi ne peut arrêter ni emprisonner arbitrairement un homme libre, ni confisquer ses biens.	Marque le début d'une institutionnalisation des droits de l'homme
1628	*Pétition des droits*	Exige du roi qu'il obtienne le consentement du parlement avant de pouvoir prélever impôts et obligations auprès de ses sujets ; qu'il ne puisse procéder à aucune arrestation ni dépossession sans l'accord de la loi du royaume ou d'une cour de justice ; qu'il ne puisse arrêter arbitrairement ses sujets au nom de la loi martiale ; ne doive occuper de force la demeure de ses sujets ni y établir des troupes, etc.	Consolide les fondations de l'institutionnalisation des droits de l'homme
1679	*Habeas corpus*	Toute personne arrêtée doit être envoyée devant cour pour examen de la légalité ou non de sa détention; toute personne si elle est détenue doit pouvoir, par elle-même ou par une tierce personne, faire vérifier la légalité de sa détention auprès d'une cour et en obtenir un prompt arbitrage.	

Date	Nom	Contenu principal	Portée générale
1689	*Déclaration des droits*	Limite le pouvoir et les prérogatives réelles du monarque; garantit au parlement ses pouvoirs législatifs, fiscaux, judiciaires et militaires.	
1776	*Déclaration d'Indépendance des États-Unis d'Amérique*	Explique l'esprit des institutions politiques, à savoir l'existence de droits naturels et l'origine populaire du pouvoir ; que les crimes innombrables de l'oppression britannique ont contraint les peuples colonisés d'Amérique du Nord à l'insurrection par les armes et à lutter pour la légitimité et la justice de leur indépendance ; déclare l'indépendance des États-Unis d'Amérique.	Opportunité et dynamique sans précédent pour l'institutionnalisation des droits de l'homme
1789	*Déclaration des droits* (États-Unis)	Dresse l'inventaire des droits et libertés non clairement définis dans le corps de la constitution, comme les libertés de culte, d'expression, d'information, d'association, le droit de détention et de port d'armes, de ne pas faire l'objet de fouilles et détentions abusives ni de subir fouilles et saisies sans un mandat dûment établi, ainsi que le monopole du grand jury populaire dans la prononciation de la peine capitale ou dans le jugement d'un crime infamant, garantit un procès rapide et ouvert par un jury juste, interdit le double procès.	Modèle de législation moderne sur les droits de l'homme

(continued on next page)

Tableau 2-2 continued

Date	Nom	Contenu principal	Portée générale
1945	*Charte des Nations unies*	Exprime la détermination à libérer l'humanité des malheurs de la guerre, définit les orientations, principes, droits, devoirs et champs d'action des principaux organismes de l'Organisation des Nations unies. La Charte stipule que l'ONU a pour mission de protéger la sécurité internationale et la paix dans le monde, d'empêcher les agressions, d'encourager le développement des relations d'amitié entre nations basées sur le respect des principes d'égalité des droits et d'autodétermination des peuples, et de promouvoir la coopération internationale ; elle stipule également que l'ONU et ses États membres doivent respecter les principes de souveraineté et d'égalité entre États, de résolution pacifique des différends, d'absence d'usage de pressions et menaces militaires dans les relations internationales, enfin que l'ONU ne doit pas s'ingérer dans les affaires de politique intérieure.	Développement normatif pour une couverture mondiale des droits de l'homme

Date	Nom	Contenu principal	Portée générale
1948	*Déclaration universelle des droits de l'homme*	Hérite et absorbe des concepts généraux de liberté, égalité et droits de l'homme parmi l'héritage culturel de l'humanité et notamment les expériences occidentales modernes législatives et pratiques ; reflète les préoccupations et aspirations majoritaires dans le monde au lendemain de la Seconde Guerre mondiale pour la lutte et la défense des droits de l'homme ; à l'égard des dispositions légales existant dans les pays occidentaux, consiste en un renforcement et une extension de la notion des droits de l'homme.	
1966	*Pacte international relatif aux droits économiques, sociaux et culturels*	Précise les droits économiques, sociaux et culturels de l'humanité, dont le droit au travail, à l'association et à la défense syndicale, au repos, à l'égalité salariale, à la protection sociale, à l'obtention de conditions minimales de vie, à la protection contre la faim, à la santé physique et morale, à l'éducation, à la participation à la vie culturelle, à la protection spéciale des femmes et des enfants.	
1966	*Pacte international relatif aux droits civils et politiques*	Le droit à la vie, à la protection contre la cruauté, contre l'esclavage et l'exploitation, à la liberté et la sécurité personnelles, à la liberté de mouvement, à l'égalité des hommes devant la loi, au respect de la vie privée, à la liberté de culte, à la liberté de parole, au rassemblement pacifique et à la liberté d'association, à la participation aux affaires publiques, à la protection des minorités, à la famille, au mariage et à l'enfant, etc.	

panoplie de moyens de contrôle juridique pour la société[62]. Au sujet des droits de l'homme, le *big data* en même temps qu'il leur fournit de nouveaux moyens de protection, représente également un nouveau défi et de nouvelles difficultés.

Le *big data* peut en effet représenter une violation des droits de l'homme au sujet des points suivants: tout d'abord, sa grande capacité de collecte des données augmente les possibilités de violation, car il peut conserver et numériser jusqu'à la moindre trace de toutes nos acticités, nous donnant ainsi une identité d' « homme numérique, » ce qui peut présenter une violation de nos libertés individuelles. Par ailleurs, les prédictions et déductions permises par le *big data* ne reposent pas sur des liens logiques de cause à effet mais sur des mises en corrélation. Ce procédé peut permettre de déduire à partir de ce que l'on connaît déjà, des informations problématiques dont on ne souhaite la diffusion. La mise en corrélation permet en effet de dresser le profil numérique de la personnalité, et de faire surgir des informations problématiques ou confidentielles parmi des informations qui ne l'étaient pas au départ. Ces nouvelles informations non-intuitives et imprévisibles peuvent aisément présenter des cas de violations des droits de la personne. D'autre part, à l'ère du *big data*, les technologies visant à l'extension des sens humains sont en plein développement. Les technologies « outre-le-mur » permettent d'obtenir des informations que l'on ne pouvait obtenir auparavant que par une intrusion physique dans les espaces privés. Ces intrusions à distance désormais permises représentent de graves violations du droit des personnes concernées. Enfin, à l'ère du *big data*, les conséquences des violations connaissent aussi une extension. Le stockage permanent des données au sein de l'espace numérique, et la grande facilité de leur transfert et exploration, détruisent tout espoir d'oubli et entraînent une atteinte aux droits de l'homme sur le long terme, ne faisant en cela qu'aggraver la capacité de nuisance du *big data*.

Du point de vue des droits, le défi que représente le *big data* tourne essentiellement autour des axes suivants : premièrement, la

62 Zheng Ge : «*Les droits de l'homme entre innovation et protection, comment la loi peut relever le défi de la révolution technologique du big data,*» publié dans <*Tansuo yu zhengming*> N°7 de 2016

difficulté à définir et à découvrir les cas de violations des droits de l'homme, étant donné la variété des modes de collecte et d'utilisation des données ainsi que le caractère intangible des procédés de violation employés. Deuxièmement, la valeur des données pose le problème d'une définition des normes de respect des droits de l'homme qui nécessite de prendre en compte une grande diversité d'intérêts rendant l'équilibre des arbitrages difficile à réaliser. Troisièmement, les liens entre droits de l'homme et données sont particulièrement imprévisibles, ce qui représente une difficulté majeure du travail législatif. Quatrièmement, les dommages commis par des violations de droits de l'homme présentent une grande variété de situations. Ils ne se limitent pas à la diffamation, mais comprennent aussi des dommages économiques, des iniquités de traitement et des atteintes à la personne, avec, en outre, des préjudices moraux extrêmement aggravés. Cinquièmement, les relations de causes à effets qui déterminent les cas et comportements de violations sont en général singulièrement difficiles à établir. Tout cela contribue à augmenter la potentialité des violations des droits de l'homme, plaçant la protection des droits de l'homme à l'ère du *big data* dans une situation particulièrement épineuse[63].

Deuxième partie: La chose et les droits réels

La civilisation industrielle a produit un système plus juste, plus efficace et plus complet que celui de la civilisation agricole, l'état de droit émergeant peu à peu, en même temps que l'industrie. En écho, la loi sur les droits réels stipule la possession absolue du sujet privé sur l'objet matériel. La loi sur les droits réels est ainsi un acquis considérable de la civilisation industrielle.

63 Xu Ming, « La crise de la vie privée et sa protection juridique à l'ère du *big data*,» publié dans <*Zhongguo Faxue* > N°1 de 2017.

I. La valeur des biens

1. La valeur des hommes et la valeur des biens

Il est bien connu que l'idée et le concept de la valeur ont été évoqués pour la première fois dans le paradigme des sciences économiques, avec notamment la valeur d'usage qui désigne la capacité d'un bien donné à satisfaire un besoin de la vie physique. Avec, depuis la fin des sociétés primitives, le développement des capacités productives, les connaissances humaines n'ont cessé de progresser. En tant que sujet, les hommes ont élargi la notion de « valeur » à l'homme lui-même, forgeant ainsi la notion de « valeur de l'homme. » Si un homme en tant qu'objet peut satisfaire le besoin d'un homme en tant que sujet, ce dernier reconnaîtra de la valeur en l'humanité du premier, une utilité que nous pouvons nommer « valeur de l'homme »[64]. Marx estime que la « valeur de l'homme » désigne la valeur du travail et précise qu'elle est similaire à celle des marchandises, et la valeur de l'ouvrier en tant que marchandise désigne « la valeur de sa force de travail »[65]. Par conséquent, Marx considère également l'homme comme un objet de valeur qui a du sens et un intérêt aux yeux des autres hommes. L'existence et l'épanouissement de l'homme nécessitent son propre travail pour son maintien et sa procréation, ce qui indique que l'homme, pour satisfaire ses besoins et désirs, est également détenteur d'une valeur pour soi-même, à son propre usage[66]. Par ailleurs la satisfaction des nombreux besoins d'un homme nécessite le travail et la création d'autrui, tandis qu'autrui produit de la valeur pour satisfaire ses propres besoins. En somme, la valeur des hommes désigne l'ensemble des relations interconnectées qui relient entre eux les hommes, tantôt sujets tantôt objets.

En général, le bien en tant qu'objet, s'il peut satisfaire un besoin de l'homme en tant que sujet, est perçu comme ayant une valeur pour l'homme. La valeur du bien est la relation particulière qui lie homme en tant que sujet

64 Miao Yaohui : « *Étude sur la valeur humaine dans la pensée marxiste* ,» Université du Liaoning, 2016, p. 56

65 Marx et Engels : « *Anthologie de Marx et Engels (tome 2)* » traduit en chinois par le Bureau central de compilation et de traduction; Renmin chubanshe ; 2012 ; p. 164

66 Miao Yaohui, *Op. cit.*, p. 56

et la satisfaction de son besoin, soit l'intérêt que représente pour l'homme un objet ou un phénomène[67]. Il est à noter que Marx lui-même estime que « La « valeur, » ce concept répandu, est née de la relation que les hommes entretiennent avec les objets extérieur dont ils se servent pour satisfaire leurs besoins. » Ainsi, d'un point de vue philosophique, la valeur d'un bien est en réalité l'utilité que l'homme en retire, elle se mesure à l'aune des besoins humains. Ainsi, toute chose n'a de valeur que si elle satisfait un besoin, sa valeur et son intérêt ne se réalise qu'à travers l'homme et son activité. Le bien ne peut qu'être objet, ne peut que satisfaire les besoins de l'homme-sujet, tandis que l'homme peut aussi bien être sujet qu'objet, sa valeur s'exprimant dans la capacité de l'homme-objet de satisfaire les besoins de l'homme-sujet.

À en juger de ce qui vient d'être dit, la valeur de l'homme réside dans sa valeur et son intérêt pour les autres hommes, dans le besoin de l'homme vis-à-vis de l'homme, tandis que la valeur du bien est attribuée, anticipée et soumise au jugement de l'homme. Par conséquent, la valeur de l'homme et celle de la chose sont étroitement liées, la première est supérieure à la deuxième tout en reposant sur celle-ci. Dans le lien qui associe activité humaine et valeur de l'homme lui-même, l'homme est à la fois la fin et le moyen. L'homme, pour pouvoir subsister, créer de la valeur et réaliser sa valeur, doit nécessairement disposer de certains matériaux de la vie physique, obtenir et jouir d'une certaine valeur matérielle. Plus fondamentalement, la valeur matérielle est non seulement la base de la subsistance et de l'épanouissement de l'homme, mais aussi l'incarnation de la valeur créée et réalisée par l'homme. « Sans le produit d'une certaine valeur matérielle, la création et la réalisation de la valeur humaine ne seraient que des mots creux. »[68] Il est à noter que dans le paradigme des sciences économiques, « l'appréciation du matériel se juge dans son rapport à la dépréciation de l'humain, » la réalisation d'un rapport positif nécessitant la disposition d'externalités systémiques appropriées[69].

67 Zhu Zhiyong et Lü Huiping : « *La croissance simultanée de la valeur des hommes et des biens, sur les modalités d'une réflexion éventuelle axée sur la notion de < l'homme pour fondement >* ,» publié dans <*Shehui kexue zhanxian*> N°4 de 2005

68 Wang Yuliang : « *Sur la valeur humaine* ,» publié dans <*Lirun daokan*> N°4 de 2009

69 Zhu Zhiyong, *Op. cit.*

2. L'origine des droits réels

Dès le XVIIe siècle, les juristes allemands ont commencé à discuter de la différence entre la chose et la propriété, se concentrant dès lors sur les droits sur la chose. Marx estime que « le fondement réel de la propriété privée est la possession, c'est un fait. » Avant la fondation des États, les hommes primitifs vivaient à l'état de nature[70], cette période correspond à l'époque de l'utopie. La profusion des biens et la limite des désirs humains permettaient aux hommes de jouir de la liberté et de la paix, chacun veillant à sa subsistance sans nuire à autrui. Suite au développement des sociétés humaines et à l'accumulation des expériences, pour s'assurer sécurité et intérêt, les hommes ont quitté leur autarcie solitaire pour fonder des collectivités, adoptant inconsciemment des concepts de droits et de devoirs mutuels dans l'idée vague d'en tirer bénéfice. Les premiers progrès des sociétés humaines ont permis aux hommes de ne plus errer sur les arbres ou dans les grottes mais de construire leurs demeures, de fonder des familles et d'adopter le principe de propriété. On peut considérer que la possession de biens par des foyers fut le produit nécessaire du développement de la force productive des sociétés. Même si la propriété d'alors était encore instable et dépourvue de fondements légaux, elle présentait déjà une possession de biens au service de la structure familiale.

Cependant, la possession des biens pendant l'époque des premières sociétés ne correspondait pas encore à la propriété : quiconque, s'il voulait

70 L'état de nature désigne généralement l'état dans lequel vivait l'humanité avant la fondation de sociétés organisées. La pensée politique occidentale du XVIIIe siècle s'est divisée en deux branches : le libéralisme basé sur l'empirisme des lumières écossaises, fondées par David Hume, Adam Smith et Adam Ferguson ; le courant démocratique imprégné de cartésianisme, avec John Locke et Jean-Jacques Rousseau pour représentants. Locke part de l'état de nature comme point de départ, analyse ses déficiences et forme la théorie libérale dans laquelle la propriété privée est inviolable et les droits naturels de l'individu. À partir du même point de départ, Rousseau décrit l'homme à l'état de nature et son évolution vers l'avènement de la civilisation, et propose le concept du « contrat social .» La différence entre la pensée politique de Locke et Rousseau vient du fait que leurs hypothèses de départ ne sont pas exactement similaires, en d'autres termes, leurs théories sur l'état de nature présentent d'importantes différences.

continuer à faire sien un bien en particulier, devait en permanence l'occuper. Il lui était en effet impossible de faire sien un objet ou un espace délimité sans détention directe à moins qu'il ne puisse s'assurer que, même sans elle, il puisse se faire valoir d'une possession à un autre niveau de sens. Si au tout début, la possession satisfaisait à elle seule les besoins matériels de l'humanité, des progrès en l'art de produire ont appris aux hommes que la possession pouvait présenter des aspects incertains peu propices à la pérennité de la production, et que, si quelqu'un voulait s'y adonner avec continuité, il lui fallait occuper en permanence la terre et les moyens de productions, une occupation permanente qui puisse recevoir l'assentiment d'autrui. C'est ainsi que s'est peu à peu dessiné le système de la propriété. Il est à noter qu'avec le progrès des capacités productives, le monde a vu apparaître une division du travail à très grande échelle, ce qui a entraîné avec le système de la propriété privée, un immense bouleversement des sociétés humaines, y favorisant grandement la profusion matérielle. En somme, l'apparition de la propriété a eu une portée considérable sur l'avancée du développement des sociétés humaines.

Au fur et à mesure du développement des capacités productives, le monde des hommes a commencé à s'unir sous forme d'unités politiques. Il s'agit de la naissance des États. La naissance des États et la naissance de la loi sont deux phénomènes corrélés dans le même développement historique, comme deux jumeaux historiques[71]. On peut estimer que lorsque les hommes ont sur la chose un réel attribut de possession, alors c'est parce que cette attribution privée et exclusive est garantie par la loi, une attribution qui prend dès lors un caractère légal. En d'autres termes, ce dont dispose le possesseur sur la chose possédée est un droit reconnu par la loi. Dès lors, apparaît pour la première fois une conception légale des droits réels. Parallèlement, au fur et à mesure des progrès humains et du développement de l'économie, et avec l'émergence des transactions, la seule possession personnelle des biens ne suffit plus à satisfaire les besoins des hommes, les marchandises nécessitant plus de mobilité pour acquérir une plus grande valeur. Par conséquent, le concept de droits réels a connu

71 Chen Huabin : « *L'origine des droits réels et les conceptions légales des droits romains et germains* ,» publié le 31 août 2002 sur www.iolaw.org.cn

de nouveaux progrès avec l'émergence progressive des droits réels garantis en guise de sûreté et de l'usufruit.

3. Caractéristique et portée légales de la chose

Légalement, la chose (*res*) désigne un objet matériel extérieur au corps de l'homme, qui peut satisfaire les besoins des sociétés humaines, et être dominépar son détenteur réel[72]. Cette définition atteste le fait que, dans le droit civil, la chose appartient au matériel, mais ce qui fait chose en termes physiques et philosophiques, ne peut nécessairement devenir chose légale. Par exemple, le soleil, la lune et les étoiles ne sont pas des choses en termes de loi. Sous un autre aspect, la chose, en tant qu'objet légal, en droit civil, relève d'une très large acception. La loi reconnaît comme chose ou *res*, Tout objet naturel ou production humaine qui existe en dehors du corps de l'homme, qui peut satisfaire un besoin donné de l'humanité, et qui peut être contrôlé par un détenteur[73]. De ce point de vue, l'acception légale de la *res*, s'est constamment étendue au fur et à mesure des modifications et conquêtes de l'homme sur la nature. Par conséquent, la chose en droit civil, ne peut qu'exister en dehors du corps de l'homme ni ne peut le désigner, elle doit nécessairement être utilisable, disposer d'une valeur propre et d'une valeur d'usage, car c'est uniquement par sa capacité à satisfaire les besoins vitaux et productifs des hommes, qu'elle peut être possédée et échangée par un sujet.

La chose en droit civil a non seulement un attribut naturel mais également un attribut légal qui s'exprime à travers les caractéristiques suivantes. Premièrement, elle doit s'incarner dans un corps matériel. Ce que l'on désigne corps matériel est quelque chose qui dispose d'une forme définie sensible à la perception des hommes. L'acception du corps des choses s'est également étendue au fur et à mesure de la maîtrise de l'univers naturel par les hommes. Par exemple les énergies naturelles que sont électricité, son, lumière et chaleur, n'étaient originellement guère conçues comme des choses, tandis que de nos jours, leur valeur matérielle est admise. La

72 Wei Zhenying (Rédacteur en chef) : « *Droit civil* » (6e édition) ; Beijing daxue chubanshe, Gaodeng jiaoyu chubanshe ; 2016 ; p. 122

73 *Ibid.* p. 122

res en droit civil doit nécessairement s'incarner en un corps matériel et c'est uniquement par cette existence physique qu'elle peut légalement être considérée comme chose. Cependant, dans certains cas, le droit lui-même peut être considéré comme chose, comme par exemple, dans la mise en gage d'un bail agricole, le droit d'usage de la terre relève du droit réel.

Deuxièmement, la chose doit être extérieure au corps de l'homme. Ce que la loi désigne comme chose, est caractérisée par son impersonnalité. Depuis l'abolition de l'esclavage par les sociétés humaines, l'homme ne peut plus être objet de droit. Dans le code civil actuel, l'homme est sujet de droit et ne peut être objet de droit, si bien qu'il ne peut être chose en termes légaux. Cette exclusion concerne non seulement la personne humaine mais aussi chacune des parties du corps humain qu'elle en soit ou non détachée. Le commerce des organes humains ne peut être protégé par la loi, ni ne peut faire objet de contrainte légale.

Troisièmement, la chose doit pouvoir satisfaire un besoin social. La chose en droit civil doit être pourvue d'une certaine valeur d'usage et être capable de satisfaire un certain besoin social. Une chose dépourvue de valeur d'usage ne peut être considérée comme étant une chose en termes de droit. Les besoins de la société peuvent être divisés en besoins physiques et besoins spirituels. La chose pourvue de valeur économique et de valeur d'usage, capable de satisfaire un besoin matériel de l'humanité peut être reconnue comme chose en droit civil ; la chose pourvue de valeur spirituelle, valeur affective ou culturelle, et capable de satisfaire un besoin spirituel de l'humanité, peut également être reconnue comme chose en droit civil.

Quatrièmement, la chose doit pouvoir être effectivement contrôlée par l'homme ou soumise à sa volonté. La chose en droit civil, est possédée par le sujet et peut être objet de transaction. Si elle ne peut être effectivement contrôlée et soumise à la volonté humaine, et donc ne peut être possédée par un sujet donné, elle ne peut faire objet de transaction. Par conséquent, une chose en termes de physique, si elle ne peut être effectivement contrôlée ni soumise à la volonté humaine, ne peut être considérée comme chose en droit civil. Par exemple, l'électricité, la chaleur, la lumière et l'air, avant de pouvoir être soumis à la volonté humaine, n'étaient pas considérés comme des choses ; en revanche, ils l'ont été à partir du moment où les hommes ont été capables d'y exercer un contrôle effectif et de les soumettre à leur volonté. Ainsi, l'acception de la chose en droit civil n'a cessé de s'élargir au fur et à mesure du progrès du contrôle de la nature par l'humanité.

Il convient d'expliquer que la notion de chose s'applique ordinairement aux corps physiques, tels que la terre, le bâtiment et tous types d'objets. Ces derniers temps, l'explication théorique au sujet des corps physiques estime qu'ils n'ont pas nécessairement une forme déterminée ni un volume fixe et que solides, liquides ou gaz, sont tous composés de corps physiques[74]. Quant aux différentes sources d'énergie, telles que la lumière, la chaleur, l'électricité ou les lignes aériennes, les possibilités techniques de contrôle qui permettent leur utilisation généralisée au sein des activités industrielles et commerciales ainsi que de la vie quotidienne, leur permettent d'être considérées comme choses en droit civil. Tout d'abord, la chose est pourvue d'une réalité objective, ce qui présente un point de divergence entre la chose et la propriété virtuelle. La propriété virtuelle peut être objet de droit civil et recevoir protection légale. Cependant, la propriété virtuelle est pourvue d'un caractère virtuel et non d'une réalité objective. Par ailleurs, la chose doit être autonome. La loi sur les droits réels a recours au concept de la propriété exclusive (« un seul possesseur par objet »), en cela, la chose en droit doit être autonome. Ce qui lors des transactions ne peut servir de matériau autonome pour la vie ou la production de l'humanité, ne peut être considérée comme chose en droit.

En droit civil, la chose est pourvue d'un statut important car elle concerne la très grande majorité des objets en droit ayant trait aux affaires civiles. Certains liens légaux sont directement liés à la chose comme objet, tels que le droit de propriété ; et les liens légaux qui portent sur le comportement comme objet, sont intimement liés à la chose, telle que l'escompte du droit de créance, la chose permettant en une très grande mesure de déterminer la validité des liens légaux en matière civile. La validité ou non des liens légaux, outre le sujet et le contenu desdits liens, est déterminée à l'aune de la conformité légale de la chose ciblée[75]. Par exemple, en loi chinoise, la terre ne peut être objet de propriété, les biens interdits à la circulation ne peuvent être objets de commerce, ainsi que les

74 Wei Zhenying, *Op. cit.*, p. 122
75 *Ibid.*, p. 124

consommables ne peuvent être objets de prêt ni de location. En outre, la chose exerce également une forte influence sur la procédure légale et peut déterminer, en certaines circonstances, la juridiction compétente pour l'affaire concernée.

II. La nature du droit réel

1. Définition et typologie du droit réel

Le pouvoir exercé par le droit réel sur la chose est par essence le reflet des rapports humains. Dans la *Loi sur le droit réel* promulguée par la Chine en 2007, le 3e alinéa du 2e article stipule précisément que « ce que la loi désigne comme droit réel, est la jouissance du pouvoir direct et du droit de disposition sur une chose donnée par un ayant droit. » Il s'agit-là d'une définition légale du concept de droit réel, qui incarne en apparence le pouvoir de l'homme sur la chose mais qui reflète en réalité les rapports entre les hommes. Premièrement, en nature, bien que le droit réel soit un droit pour l'homme d'exercer un pouvoir direct sur une « chose donnée, » le droit réel n'est pas en essence un rapport de l'homme avec la chose mais la relation légale des hommes entre eux. Deuxièmement, le droit réel est la jouissance du droit de propriété de l'homme sur une « chose donnée, » le droit réel est en nature un droit de propriété, mais il n'en est qu'un type parmi d'autres, un droit sur la chose parmi les divers droits de propriété, distinct des droits *in personam* comme le droit de créance. Troisièmement, le droit réel est principalement un droit à exercer son pouvoir sur un corps physique constitué, soit la possibilité pour le détenteur du droit réel d'exercer son pouvoir au gré de son entière volonté, sans intrusion ni assistance d'une tierce personne. Les modifications permises par la *Loi sur le droit réel*, touchent principalement l'attribution du droit de la propriété et du droit d'usage sur les corps physiques constitués.

D'après les dispositions de la *Loi sur le droit réel*, ledit droit se décline en trois catégories : droit de propriété, usufruit et sûreté réelle. Premièrement, le droit de propriété désigne les droits de possession, d'usage, de profit et de disposition de son ayant droit sur le bien immobilier ou mobilier, conformément à la législation[76]. Le droit de propriété est la base du droit réel, le système de la propriété lui insufflant son esprit. Chacun peut occuper, utiliser, bénéficier et disposer du bien qu'il a en sa possession ainsi que se prémunir contre les ingérences d'autrui contrevenantes à sa volonté. Le droit de propriété est le droit le plus achevé et le plus complet des droits réels. Deuxièmement, le droit de propriété est un droit sur sa propre propriété (*jus in re propria*) tandis que l'usufruit est un droit sur la propriété d'autrui (*jus in re aliena*) (limitée au droit réel). Ce que l'on nomme usufruit désigne le droit de possession, d'usage, de profit et de disposition exercé sur le bien d'autrui par une personne non-propriétaire dudit bien[77]. Parmi les situations d'usufruit prévues par la *Loi sur le droit réel*, se trouvent le droit de gestion de bail agricole, le droit d'usage de la terre pour construction, le droit d'usage de la terre pour résidence ainsi que les servitudes. Troisièmement, les droits réels en guise de sûreté désignent pour leur détenteur, un droit de priorité pour compensation dans la satisfaction de ses réclamations conformément à la législation en vigueur en cas de non recouvrement de dette dans les délais impartis ou dans le cas d'une situation conforme à l'application du droit de sûreté en vertu de dispositions contractuelles préétablies[78]. Les sûretés réelles ont pour objectif d'assurer à leur détenteur la réalisation de son droit de créance. Elles comprennent principalement l'hypothèque, la mise en gage et le droit de rétention.

2. Caractéristiques fondamentales du droit réel

Dans *Du Contrat Social*, Rousseau déclare au sujet de l'homme que « Sa première loi est de veiller à sa propre conservation, ses premiers soins sont ceux qu'il se doit à lui-même. » Le premier besoin de l'humanité est donc le besoin de subsistance, un besoin dont la première manifestation se trouve dans l'attention portée à ses propres biens. Cependant, droit réel et droit de propriété recouvrent des conceptions différentes, chacun ayant ses propres contenus et dénotations. On estime généralement que le droit

76 Cf. l'article 39 de la *Loi sur le droit réel de la République populaire de Chine*

77 Wang Liming : « *Le droit civil* (6e édition) » ; Zhongguo renmin daxue chubanshe ; 2014 ; p. 154

78 Cf. l'article 170 de la *Loi sur le droit réel de la République populaire de Chine*

de propriété concerne tout droit qui a pour cible la valeur de la propriété et comprend donc droit réel, droit de créance, droit de la propriété intellectuelle et droit de succession. Ainsi, le droit réel n'est qu'un type de droit de propriété. Le droit réel est le droit par un sujet d'exercer un contrôle direct sur un bien donné, soit le pouvoir direct de l'homme sur la chose, opposable à toute tierce personne extérieure au sujet[79].

Le droit réel, en tant que catégorie du droit, peut, du point de vue de son origine et de sa nature, être considéré comme un authentique « droit privé » caractérisé par son essence privée et indépendante, « privé » signifiant que le sujet de la chose est une ou plusieurs personnes, à l'exclusion de toute tierce personne. Par conséquent, le sujet de la chose peut y exercer sa domination au gré de sa volonté, sans limitation exerçable par l'intention d'autrui, poursuivant et jouissant de son intérêt personnel plein et entier. Cependant, le droit réel ayant pour objectif principal de se défaire de la rareté de la chose, et étant donné le caractère illimité des désirs humains entraînant l'émergence de problèmes au sein des rapports d'intérêts entre les hommes, le droit réel n'est pas un droit absolu.

Les liens en droit réel en tant que liens légaux, relèvent de caractéristiques différentes des autres liens légaux en matière de propriété. Premièrement, le sujet de droit réel est un ayant droit défini. En Occident, les lois sur le droit réel étant construites autour du principe de la propriété privée et étant dépourvue de questions liées à la distinction de sujet entre propriété de l'État et propriété collective, alors, les notions de personnes réelle et morale peuvent fondamentalement recouvrir celle du sujet de droit réel. Cependant en Chine, le droit de propriété comprenant propriété de l'État, propriété collective et propriété privée, sa *Loi sur le droit réel* désigne le sujet de droit réel comme l'« ayant droit. » L'ayant droit en matière de droit réel est déterminé. Deuxièmement, l'objet de droit réel est un corps physique déterminé. À la différence des liens de droit de propriété tels que le droit de propriété intellectuelle, le droit réel ne peut avoir comme objet un bien intangible ou une création de l'intelligence et s'applique principalement aux corps physiques constitués. Troisièmement, le droit réel est en nature

79 Xie Zaiquan : « *Sur le droit réel en droit civil (volume I)* » ; Zhongguo zhengfa daxue chubanshe ; 2011 ; p. 8

un droit de domination, le sujet de droit réel jouissant d'un pouvoir direct exercé sur la chose, sans aucune ingérence d'une tierce personne. Ce pouvoir direct désigne la possibilité pour l'ayant droit d'exercer son propre droit sans l'assistance d'une tierce personne[80]. L'ayant droit en droit réel peut jouir de possession et d'utilisation au gré de sa volonté, conformément à la législation, sans possibilité d'ingérence de l'intention d'une tierce personne ni du comportement de tout autre obligé. Quatrièmement, le droit réel est un droit exclusif. Il suffit d'en remplir les conditions valides d'application pour que le droit réel soit effectivement établi et mis en pratique, et même si l'ayant droit n'exerce que partiellement possession et contrôle sur la chose, il doit pouvoir jouir de la propriété ou autre droit réel sur ladite chose.

3. Les effets du droit réel

La notion d'effets du droit réel provient du droit romain, et concerne principalement la garantie pour l'ayant droit d'exercer un pouvoir direct sur la chose ciblée et de jouir pleinement de son bénéfice sans subir aucune violation extérieure. Les effets du droit réel, désignent la capacité de l'ayant droit à exercer un pouvoir direct et exclusif sur la chose concernée[81]. La majorité des juristes de Chine continentale estiment que les effets du droit réel peuvent être décrits comme effet d'exclusion, de priorité et d'exécution opposable. Premièrement, l'effet d'exclusion du droit réel. D'après l'article 2 de la *Loi sur le droit réel*, le droit réel dispose d'un caractère d'exclusivité, à savoir qu'il exclut toute ingérence de la part d'une tierce personne. Plus simplement, pour une même chose ciblée, ne peuvent être fondés deux droits réels aux contenus susmentionnés par nécessaire incompatibilité. On estime en général que l'effet exclusif du droit réel se manifeste sous deux aspects, à savoir l'exclusion de l'ingérence du pouvoir public et l'exclusion de l'ingérence de droit privé. Le pouvoir public ne doit enfreindre les droits privés dont fait partie le droit réel ; le sujet de droit privé ne doit enfreindre le droit réel. Le sujet de droit a le droit de faire cesser les violations de son propre fait et de

80 Wang Liming, *Op. cit.*, p. 152

81 Cui Wenxing : « *Sur le droit réel en droit civil* » ; Zhongguo fazhi chubanshe ; 2017 ; p. 6

protéger son intérêt légal. Le pouvoir est utilisé par la personne morale pour la protection de l'intérêt public dans le cadre des limites légales, des procédures définies et de son champ d'action. L'exclusivité n'est pas un attribut naturel du droit réel mais une disposition disposée, renforcée et maintenue par force de loi, et qui fixe la frontière entre pouvoir public et droit privé[82]. Par ailleurs, le droit réel appartient au droit de domination, marqué par l'exercice d'un pouvoir direct, c'est la raison pour laquelle, c'est uniquement en excluant toute ingérence de l'intention d'autrui qu'il peut effectivement se réaliser pleinement.

Deuxièmement, l'effet de priorité du droit réel. On estime généralement que l'effet de priorité du droit réel ne désigne pas uniquement sa priorité sur le droit de créance, mais également la priorité réciproque des droits réels entre eux[83]. L'origine de cet effet de priorité dont dispose le droit réel provient de son caractère absolu et *in rem*, l'ayant droit pouvant exercer un pouvoir direct sur la chose ciblée à l'exclusion de toute ingérence d'autrui. Pour une seule et même chose ciblée, n'est pas autorisée la coexistence de plusieurs droits réels au contenu similaire, le premier de ses droits disposant d'un caractère de priorité sur tous les autres. Parmi le droit de propriété et les autres droits réels, les autres droits sur la chose doivent se cantonner à un champ de pouvoir délimité, le droit réel exerçant son effet de priorité. Par ailleurs, le droit de créance étant revendicatif et *in personam*, il n'est pas marqué par un caractère de priorité mais d'égalité. Par conséquent, lorsque la chose ciblée l'est en même temps par un droit réel et un droit de créance, l'exécution du droit réel est prioritaire sur celle du droit de créance, ce qui comprend principalement les priorités des droits de propriété, d'usufruit et de sûreté réelle. Cependant, il existe des exceptions au principe de priorité du droit réel sur le droit de créance, comme par exemple les cas de revente de bail sans affectation de validité contractuelle ou d'inscription à l'avance d'une clause spécifique de priorité en faveur du créancier.

Troisièmement, l'effet exécutif opposable du droit réel. L'effet exécutif opposable désigne le fait qu'une fois le droit réel établi, quel que soit le détenteur effectif de la chose ciblée, l'ayant droit doit pouvoir y exercer son

82 Cui Wenxing, *Op. cit.*, p. 6

83 Liang Huixing (Rédacteur en chef) : « *Étude de la loi chinoise sur le droit réel* » ; Falü chubanshe ; 1998 ; p. 78

droit de domination directe[84]. Ainsi toute personne extérieure à l'ayant droit a le devoir de ne pas faire obstacle à l'exécution de son droit, quiconque s'est emparé illégalement de la propriété d'autrui a pour devoir de lui rendre, le propriétaire d'un bien a le droit de poursuivre son occupation effective et de réclamer sa restitution en l'état. Par exemple, l'article 867 du *Code civil* taïwanais se fait particulièrement explicite au sujet de cette disposition : « Après que le propriétaire d'un bien immobilier a contracté une hypothèque, et s'il remet ce bien à autrui, le droit d'hypothèque n'en est nullement affecté. » Si le détenteur d'une hypothèque n'obtient satisfaction à hauteur de son droit de créance, il peut opposer son droit sur l'immobilier concerné et réclamer à la cour la mise aux enchères du bien hypothéqué. Il faut cependant préciser que l'effet exécutif opposable du droit réel n'est pas absolu, le régime dit de l'acquisition de bonne foi consistant en une limitation de cet effet.

III. Droits réels et civilisation Industrielle

1. L'évolution des civilisations humaines

La civilisation est le reflet de la capacité productive des sociétés. « La civilisation est la synthèse de tous les acquis des progrès obtenus par l'homme dans sa modification de la nature, de la société et de soi-même. »[85] Certains

84 Une partie de la doctrine estime que l'effet exécutif opposable du droit réel peut être compris dans son effet de priorité (Zheng Yubo, *Droit réel en droit civil* [en chinois], p. 31). Cf. le 171e « éclaircissement » de la Cour de Justice (cour suprême de Taïwan): « le droit d'hypothèque ne peut être affecté par le transfert de la propriété sur le bien hypothéqué de son propriétaire à autrui, l'opposabilité de son droit doit pouvoir être exécutée même en cas de mise aux enchères par la cour. Après que la mise aux enchères du bien hypothéqué a été réclamée à la cour par son créancier ordinaire, si le montant de la somme obtenue ne permet de couvrir l'ensemble de la compensation à laquelle il a droit, et qu'il perd là l'unique chance d'obtenir compensation, alors, le droit d'hypothèque ne perd sa validité et peut être opposable et exécuté auprès de l'acquéreur final de la mise aux enchères. »

85 Sun Jinyi et Gan Zhigeng : « *Sur la civilisation - Formation, développement et perspective des civilisations humaines* » ; Heilongjiang renmin chubanshe ; 2007 ; p. 12

chercheurs estiment que « la civilisation désigne la synthèse des richesses matérielles et spirituelles obtenues par la modification du monde, et la marque de l'ouverture de l'humanité et du progrès social. »[86] D'autres considèrent que l'essence de la civilisation réside dans le développement des capacités propres de l'humanité, « se débarrassant [progressivement] de toute spontanéité » pour devenir « homme à part entière, » soit un éloignement constant du règne animal pour s'affirmer en permanence dans l'humanité jusqu'à l'avènement d'une société entièrement dépourvue d'animalité et totalement humaine[87]. L'histoire l'atteste, la civilisation est le produit de l'humanité, elle a laissé des traces de son passage derrière chaque occupation humaine. Le plus grand moteur du progrès de la civilisation, c'est l'homme. Mais, d'un point de vue général, il s'agit d'une évolution du bas vers le haut, de la simplicité vers la diversité. Une rétrospective sur l'évolution des sociétés humaines, en suivant pour perspective d'analyse le développement du mode de production matérielle, permet de constater que l'humanité a connu l'un après l'autre trois stades de civilisation, celui de la chasse, de l'agriculture puis de l'industrie. Dans cette acception, « civilisation » est un modèle culturel qui comprend les cultures matérielle, institutionnelle et idéologique, trois éléments interdépendants et unis dans un même développement. À la diversité de leur degré de développement répond la diversité des états de civilisation (Cf. le Tableau 2-3).

Après la moitié du XVIIIe siècle, le Royaume-Uni et quelques autres pays occidentaux ont commencé à avoir un large recours à la houille et au pétrole entre autres énergies non-renouvelables, la multiplication des machines à vapeur étant la marque de la révolution industrielle faisant entrer l'humanité dans la civilisation industrielle pour une prospérité sans précédent. En parcourant l'histoire de l'industrialisation, on peut voir clairement apparaître trois étapes successives de la révolution industrielle : tout d'abord, l' « âge de la vapeur » du décollage industriel qui marque le passage de la civilisation agricole à la civilisation industrielle ; ensuite, la révolution industrielle est

86 Li Xinshi : « *Le concept de civilisation dans le marxisme* ,» publié dans <*Kaifeng daxue xuebao*> *N°1 de*, 2002

87 Wu Ying : « *Le concept de civilisation chez Marx* ,» publié dans <*Shandong shehui kexue*> N°6 de 2009

Tableau 2-3 Évolution du Mode de production et des ressources dominantes[a]

	Ère de la chasse	**Ère agricole**	**Ère industrielle**
Caractéristiques principales	Cueillette de baies, pêche et chasse	Culture et élevage	Extraction minière et production mécanique
Mode de production	Objet du travail: plantes et animaux sauvages Méthode de travail: cueillette, chasse et pêche Produit du travail: baies, fruits, gibier et pêche	Objet du travail: terre et prairie Méthode de travail: culture, élevage et production artisanale Produit du travail: vivres, bétail et objets artisanaux	Objet du travail: minerai Méthode de travail: extraction, fonte et production Produit du travail: matériaux naturels et chimiques, énergie et produits manufacturés, source d'énergie, énergie physique et base spatiale
Outils et ressources	Outils de pierre et d'os; force humaine	Outils métalliques ; bois de chauffe et force animale	Machines programmées; ressources minérales

[a] Hang Minqing : « *La nouvelle industrialisation : une nouvelle civilisation et une nouvelle perspective de développement,* » publié dans <*Zhexue yanjiu*> *N°8 de* 2005

entrée dans l'« âge électrique, » faisant de l'électricité, le chemin de fer, la chimie et l'automobile les marqueurs importants de la maturité industrielle, le pétrole s'affirmant comme la nouvelle énergie montante ; enfin, après la Seconde Guerre mondiale, la révolution industrielle est entrée dans sa troisième phase de l'« âge de l'information » qui a vu l'accélération de la circulation de l'information et des ressources à l'échelle mondiale. Ces trois étapes ont entraîné des révolutions dans les domaines économiques, politiques et culturels, ainsi que profondément influencé les modes de vie et de pensée de l'humanité. Aujourd'hui, une quatrième révolution industrielle basée sur le développement de nouvelles ressources a déjà fait ses premiers pas. Elle s'incarne dans une série d'avancées technologiques qui comprend plus précisément Internet, l'Internet des objets, le *big data*, le *clouding*, l'intelligence artificielle, la réalité virtuelle ainsi que les biotechnologies. On peut en déduire que cette quatrième révolution apportera nécessairement aux hommes une influence et une portée plus large et plus profonde que les trois révolutions précédentes.

2. L'ordre dans l'attribution des droits réels

L'ordre au sein de la vie des sociétés humaines revêt une importance considérable. Il est le préalable à la normalité de ses activités, le besoin commun fondamental de l'humanité à toutes les époques, et la première valeur de la loi dans tout régime politique. L'histoire atteste que, en général, le mode de vie le plus ordonné l'emporte sur le plus chaotique[88]. Les normes légales étant marquées par leur caractère fondamental d'universalité et de continuité, le régime légal a fourni aux affaires des hommes un certain degré de prévisibilité, et dès lors, permis aux sociétés ordonnées de s'extraire du hasard et de l'arbitraire. Par ailleurs, les éléments d'ordre de la loi se sont toujours concentrés sur la résolution des questions concernant l'adoption de règles et normes de comportement par une société ou une communauté données. L'objectif de cette régulation est d'offrir modalité et structure aux activités humaines, nombreuses et foisonnantes, et par là-même, de prévenir toute incidence de phénomènes

88 Sun Yan : « *Réflexions au sujet des problèmes fondamentaux de la loi sur le droit réel en Chine d'aujourd'hui* ,» Université de Jilin, 2011, p. 11

chaotiques incontrôlables. Selon cette compréhension, l'ordre a toujours concerné la forme et non le fond[89]. Par conséquent, le maintien de l'ordre consiste en la sécurité et la stabilité de la société, jouant ainsi un rôle fondamental. Avec l'élévation de l'utilisation des ressources énergétiques, celles-ci deviennent proportionnellement plus rares. Dans le contexte de cette raréfaction relative, les relations interhumaines sont facilement en proie aux conflits et différends. Cela implique que la gestion des États doit recourir à la forme du système légal pour appuyer et fournir protection.

La dépendance des hommes au matériel, entraîne un besoin d'obtention et de garantie, tandis que la rareté des ressources a fondé la nécessité de garantir les besoins matériels par le cadre légal de l'État de droit[90]. Or, ces ressources matérielles une fois garanties par la loi devenant des biens, apparaît la loi sur les biens ou la loi sur les droits réels[91]. Cela signifie qu'une possession stable et solidement fondée nécessite la reconnaissance d'autrui. Le droit n'est pas un lien entre l'homme et la chose mais entre les hommes entre eux, et en cela, est avant tout un lien social, qui comme toute position valide, nécessite son approbation et respect par autrui. C'est ainsi que les hommes, s'appuyant sur l'autorité de la loi, se contrôlent eux-mêmes et

89 L'Américain Edgar Bodenheimer : « *Jurisprudence: The Philosophy and Method of the Law* ,» traduit en chinois par Deng Zhenglai ; Zhongguo zhengfa daxue chubanshe; 2004; p. 251

90 Sun Yan, *Op. cit.*, p. 11

91 D'après les analyses de Zhang Wenxian au sujet de l'ébauche de la loi sur le droit réel, « la chose comprend les biens « meubles » et « immeubles ,» la chose renvoyant au concept de « bien ,» ce que l'on nomme « droit réel » n'est autre que « droit sur les biens » (ou droit sur la propriété) comprenant droit sur les biens meubles et droit sur les biens immeubles. En ce sens, le droit réel est un droit sur les biens ou sur la propriété, et ces deux concepts sont équivalents. » ; « Depuis le XXe siècle et notamment les années 1950, les sciences économiques occidentales de la propriété privée ont complètement modifié les concepts de « droit réel » et « droit sur les biens .» La plupart de ces économistes ont pris pour point de départ la contradiction entre rareté des ressources et reconnaissance des droits sur les biens pour définir les droits de la propriété. La chose n'est plus ce simple « objet » mais un bien économique, un facteur de production et une ressource matérielle. » Cf. Zhang Wenxian, « De quelle loi sur le droit réel avons-nous besoin ? -- Réflexion sur la philosophie de la loi sur le droit réel » [en chinois], conférence donnée le 25 avril 2006 à l'Université de la politique et du droit de Chine.

mutuellement pour le respect des droits d'autrui, créant ainsi une limite entre droit et notion de justice.

Pour conclure, la loi a un rôle fondamental dans le maintien de l'ordre social, ce qui, en une très grande mesure, s'incarne à travers la délimitation des propriétés, le droit réel étant le produit des liens de possession disposés par la loi sur le droit réel. Par conséquent, l'ordre est la fonction la plus élémentaire que cherche à remplir la loi sur le droit réel. La loi sur le droit réel peut non seulement satisfaire le besoin d'ordre des sociétés politiques constituées mais aussi leur garantir un usage régulé des ressources. Elle ne cesse de s'adapter à la complexification des sociétés pour mieux répondre à l'émergence de nouveaux besoins[92]. La loi sur le droit réel œuvre principalement à établir une régulation légale sur les choses et autres ressources limitées[93]. Or, pour l'individu, la loi sur le droit réel est d'une valeur la plus directe et la plus importante pour la garantie des droits sur la propriété.

3. La civilisation industrielle et la « loi matérielle »

La civilisation comme la somme des modifications de l'univers matériel et spirituel de l'humanité, est le symbole du progrès des sociétés humaines, et a la loi pour jumelle. Du point de vue de l'évolution historique, la civilisation humaine a connu les sociétés nomades, sédentaires, industrielles puis informatisées. La civilisation industrielle a produit un système plus juste, plus efficace et plus complet que celui de la civilisation agricole, l'État de droit naissant et se développant avec elle. La « loi humaine » comme garant des droits privés dans la civilisation agricole a peu à peu laissé place à la « loi matérielle » dans la civilisation industrielle, la loi opérant le passage « de l'identité au contrat. » En 2007, l'entrée en vigueur de la *Loi sur le droit réel* a marqué l'entrée de la Chine dans une nouvelle ère du droit réel. Dans le système légal chinois, la *Loi sur le droit réel* en tant que texte de droit civil, est une précision du système de la propriété tel qu'il est inscrit dans le cadre de la constitution. Du point de vue de la doctrine, l'objectif du système légal est d'approuver et garantir les droits. Dans

92 Sun Yan, *Op. cit.*, p. 11

93 Wang Zejian : « *Les droits réels en droit civil (tome 1)* » ; Zhongguo zhengfa daxue chubanshe ; 2001 ; p. 14

le vocabulaire ordinaire, la « chose » ou *res* désigne principalement la propriété individuelle, tandis que le « droit » se rapporte notamment à la liberté de disposer de sa propriété par le propriétaire, sans avoir à y subir l'ingérence d'autrui. En écho au système légal de la civilisation industrielle, la *Loi sur le droit réel* défend le droit de propriété absolue du sujet privé sur le corps physique constitué, et est un produit important de la civilisation industrielle.

Le passage d'une civilisation à une autre nécessite un processus long et complexe à l'intérieur duquel la civilisation ancienne porte nécessairement les germes de celle qui va la remplacer[94]. Aujourd'hui, l'humanité se trouve à nouveau à une de ces rares périodes de transition historique qui voient surgir des bouleversements au sein de tous les champs comme science, capacité productive, politique, économie et société. Sous l'impulsion puissante de la révolution de l'information, sociétés réelle et virtuelle coexistent, se reflètent l'une sur l'autre, tandis que l'humanité par le biais d'Internet est en train de composer un nouvel ordre - l'ordre numérique qui va donner naissance à une nouvelle civilisation - la civilisation du numérique. Cependant, les principes de droit réel en usage tentent de combler les frustrations des ayants droits numériques par l'encadrement des droits et l'interdiction des abus. Or, ces nouvelles dispositions peinent à dépasser le cadre du droit réel et à ne pas constamment retomber dans des réflexes habituels. Parallèlement à cela, étant donné la contradiction qui oppose le caractère public, privé et partagé du droit numérique, au droit réel, autonome et attributif, la protection des droits réels en matière numérique semble déséquilibrée et conservatrice, en cela, incapable de satisfaire les nouveaux besoins de l'humanité et nécessitant de réformer de toute urgence sa structuration autour des intérêts sur les corps physiques constitués. La loi sur le droit réel se montrant limitée au sujet de la protection des droits numériques, face au renforcement de la civilisation numérique, la réforme des usages et la rénovation des concepts sont en train de devenir inéluctables.

94 Li Zhongyuan : « *Dépasser la civilisation industrielle pour initier le renouveau de la civilisation humaine* ,» publié dans <*Jingji wenti*> *N°8 de* 2012

Troisième partie: La donnée et les droits numériques

À l'ère de la civilisation numérique, l'humanité commence à redécouvrir les liens entre l'homme et la donnée, et à mesurer les problèmes juridiques de l'« *homo numericus.* » À l'ère du *big data*, la donnée est devenue un facteur de production, une ressource pour l'innovation, un mode d'organisation et un type de droit. L'utilisation de la donnée est devenue un facteur important de la croissance, tandis que la protection de ce pouvoir est devenue un point essentiel de la civilisation numérique. Tout comme les droits de l'homme et les droits réels, nous avons des droits numériques. Leur conception deviendra la force principale de la recomposition de l'ordre de la civilisation numérique ainsi que son socle légal. Les droits numériques dépassent le cadre doctrinal traditionnel en termes de personnalité, vie privée, droit réel, droit de créance, droit de la propriété intellectuelle qui demeure limité sur la question de la protection des données. Ils vont s'affirmer dans le vocabulaire du *big data* comme les nouveaux droits et intérêts, des droits et intérêts qui comprennent au minimum souveraineté numérique, droits numériques individuels et droit au partage numérique.

I. Postulat de l' « homo numericus »

1. L'homo œconomicus, l' « homme social » et l' « homme numérique »

La notion d'*homo œconomicus* est un postulat des sciences économiques occidentales au sujet du comportement économique individuel. Il est décrit pour la première fois en 1776 par Adam Smith dans *Recherches sur la nature et les causes de la richesse des nations*. Celui-ci estime en effet que les actions des hommes tirent leur origine de motivations d'ordre économique, et que l'ensemble de leurs comportements visent à la satisfaction maximale de leur propre profit. La poursuite de son intérêt personnel par chaque individu contribue à augmenter le profit de la société tout entière. Dans cet « ordre naturel, » la poursuite par l'individu de son intérêt propre permet souvent, tandis qu'il est entièrement engagé à la réalisation de cette intention première, de mieux satisfaire les besoins de la société[95]. L'*homo œconomicus* en question n'est pas uniquement égoïste : en réalisant de manière optimale son objectif d'*homo œconomicus*, il peut également, au final, réaliser l'intérêt optimal de la société dans son ensemble[96]. L'égoïsme fonde la nature première de cet *homo œconomicus*, l'intérêt forme la motivation fondamentale qui le pousse à s'engager dans les activités productives. La notion d'*homo œconomicus* représente la première tentative d'intégrer systématiquement et distinctement les motivations et comportements individuels (au service d'intérêts personnels) au sein du cadre analytique des sciences économiques, appliquant à l'analyse des liens entre intérêts individuel et collectif, la rigueur et la précision de la démonstration économique, tandis que la question était jusque-là restée l'apanage des considérations morales et philosophiques[97].

L' « homme social. » Cependant, les scientifiques du comportement estiment qu'outre les comportements économiques à visée matérielle, l'homme est encore travaillé par bien d'autres motivations telles que la responsabilité, l'orgueil, l'honneur, la compassion, l'amour de ses proches, ou encore tout simplement, l'habitude[98]. L'action n'observe pas nécessairement les principes d'intérêt ou d'optimum, et peut parfois relever de l'altruisme, ce que ne peut expliquer le postulat de l'*homo œconomicus*. La notion d' « homme social, » apparue pour la première fois durant les expériences Hawthorne dirigées par Elton Mayo[99], est un des postulats

95 Zang Deshun : « *De Polanyi à Granovetter: démenti et victoire de l' <homo socialis> contre l'hypothèse de l' <homo œconomicus >,* » publié dans <*Zhengfu guanli yu gaige*> N°6 de 2009.

96 Yang Jing : « *Controverse et critique de l'hypothèse de l'homo œconomicus* ,» publié dans <*Shanghai jingji yanjiu*> N°6 de 2006

97 Zang Deshun, *Op. cit.*

98 Zhang Jianyun et Mao Wenlong : « *Logique de <homo œconomicus> et de <homo socialis> et leur portée à notre époque* ,» publié dans <*Jingji yanjiu daokan*> N°6 de 2009

99 Les expériences Hawthorne portant sur le mouvement des relations humaines au sein d'un groupe ont été une étape décisive dans le développement de la psychologie du management, De 1924 à 1932, Elton Mayo (1880–1949), professeur à l'université de Harvard, a dirigé au sein de l'usine Western Electric de Cicero (banlieue de Chicago) plus connue sous le nom de Hawthorne Works, une série d'expériences.

formulés par les sciences du management occidentales contemporaines pour appréhender la nature humaine. Dans cette expérience, l'homme se révèle un « animal social » qui ne mène pas son existence de manière solitaire, mais en interaction avec un certain réseau et sous la contrainte du groupe auquel il appartient. La quête de l'homme n'est pas uniquement matérielle, il recherche aussi dans les interactions humaines, attachement, sens moral, sentiments d'appartenance et d'honneur. Cette notion de l' « homme social » est un bon supplétif pour expliquer ce que l'abstraction *homo œconomicus* ne peut traiter : l'homme dans sa totalité ainsi que l'existence de situations non-optimales ni réalisatrices du meilleur profit[100]. Le postulat de l' « homme social » permet d'expliquer les nombreux mouvements altruistes issus du sens de la responsabilité ou de la morale, ainsi que la redistribution étatique (opérée par le biais de tous types de prélèvements fiscaux) qui puise son origine dans l'exigence de justice sociale. Ce passage de l'*homo œconomicus* à la notion de l' « homme social » fut un tournant décisif non seulement pour les sciences économiques, mais aussi pour l'ensemble des sciences sociales, poussant les premières vers une nouvelle expansion par le biais de l'interdisciplinarité.

L'« homme numérique » ou « *homo numericus.* » La loi de la civilisation numérique ne peut prendre le même postulat d'humanité que celle de la civilisation industrielle. L'*homo œconomicus*, émanation de l'individualisme philosophique et de la tendance à l'égoïsme des comportements correspondait parfaitement à l'ère de la révolution industrielle[101]. La notion de civilisation numérique s'est construite par comparaison avec celle de la civilisation industrielle. À l'égard de cette dernière, il s'agit d'un degré de civilisation supérieur. Il y a plus de 2 500 ans, le philosophe grec antique Pythagore concevait l'idée que « tout est nombre, » soit que le nombre était l'essence du monde, dominait la société des hommes ainsi que toute la nature. De nos jours, la micro-informatique

---

Celles-ci ont permis de démontrer que l'ouvrier n'était pas qu'un *homo œconomicus* motivé par l'argent mais que son comportement était grandement déterminé par ses interactions avec les autres.

100 Zhang Jianyun et Mao Wenlong, *Op. cit.*

101 Wu Xianjing : « *Manifestation légale de la civilisation écologique* ,» publié dans <*Nanjing gongye daxue xuebao* (édition des sciences sociales)> N°9 de 2015

représentée par les *smartphones* et autres équipements portables, mesure et enregistre à tout instant l'ensemble du monde physique sous forme de *bits*, au point que l'humanité est enfin réellement entrée dans l'ère du *big data* où « tout est nombre et le nombre est tout. » L'« *homo numericus* » correspond non seulement à la numérisation de l'homme mais également au fait que l'ensemble de son environnement a aussi été numérisé, existe et interagit sous forme numérique. L' « homme numérique » en tant que toute nouvelle personnalité légale existe nécessairement dans le contexte de la civilisation numérique. L'ordre légal reconfiguré par les concepts de civilisation numérique et d'« homme numérique, » transcende la distinction traditionnelle entre le bien et le mal, et s'affranchit des entraves traditionnelles de l'efficacité structurelle limitée. On peut dire que par rapport aux postulats humains du cadre légal traditionnel, la suggestion de l'« *homo numericus* » est la mieux à même de répondre aux besoins théoriques et pratiques de la civilisation numérique.

2. L'altruisme au cœur du postulat de l'homme numérique

L'altruisme est une des manifestations de la morale universelle. Il fait théoriquement référence à un mode de comportement dans lequel l'individu place l'intérêt collectif en premier et est prêt à sacrifier son intérêt personnel[102]. Dès le XIXe siècle, le philosophe positiviste français Auguste Comte, propose le concept d' « altruisme » pour décrire les comportements sociaux marqués par le désintéressement. Il estime que « l'*altruisme* est une aspiration ou un penchant à vivre pour autrui, un penchant contraire à l'égoïsme. » Par conséquent, l'altruisme met l'accent sur l'intérêt d'autrui et promeut un esprit de sacrifice dans lequel le bonheur de l'autre est favorisé aux dépens du sien. De nos jours, ce terme est généralement admis comme l'aide spontanée offerte à autrui sans rien attendre en retour[103]. Le croisement entre théorie des jeux et théorie de l'évolution atteste que, dans un environnement concurrentiel, un groupe

102 Wikipedia, « Altruisme ,» sur www.baike.com/wiki/
103 Han Kai : « *Etude sur l'égoïsme, altruisme et leur lien avec le sentiment de bonheur* ,» thèse de maîtrise, Université de Huhan, 2017, p. 8

humain marqué par l'altruisme l'emportera toujours sur un groupe d'individus égoïstes.

La civilisation numérique et l'épanouissement de l'humanité. L'altruisme de la culture numérique est le courant culturel dominant de la civilisation numérique. Il fournit puissance et énergie au développement de la société dans son ensemble. La fonction de l'« homme numérique » est de permettre à l'humanité de se doter d'un large espace numérique commun et partagé, sa valeur usuelle déterminant sa nature spécifiquement altruiste. Si l'altruisme de l' « *homo numericus* » peut apporter à l'humanité plus d'avantages et de facilités, l'humanité poussée par la quête d'intérêt, favorisera l'émergence de toujours plus de comportements altruistes. Une fois que l'ayant droit originel en matière numérique aura obtenu son fondement légal nécessaire, l'altruisme fera entrer l'utilisation des données dans une nouvelle époque. Dans le processus d'application et de généralisation du *big data*, la nature altruiste de l' « homme numérique » peut servir d'accélérateur qualitatif.

Dans *La descendance de l'homme*, Darwin écrivait : « si au sein d'une tribu, un grand nombre se trouve toujours disposé à l'aide mutuelle et au sacrifice de soit pour l'intérêt collectif, cette tribu l'emportera sur toutes les autres. »[104] La nature altruiste de l' « homme numérique » peut également contribuer à favoriser la coopération commune de l'humanité. Cela est dû au fait que, sur la base de cet altruisme, tout commence d'un petit groupe de personnes qui tirent profit de leur collaboration, puis par là-même, attirent à eux toujours plus de participants. Le comportement altruiste est ainsi parti d'une coopération fortuite pour devenir un lien légal spécifique, assurant à l'humanité d'en tirer un profit durable. Pour ce faire, l'État, sur la base de la promotion du bonheur social et du progrès de l'humanité, doit élaborer un système de protection des « comportements altruistes, » soit la reconnaissance de droits formellement altruistes. Ce type de propriété légale est le besoin de développement de la société humaine, en même temps qu'il est le reflet juridique de la fonctionnalité altruiste de l' « *homo numericus.* »

104 L'Anglais Charles Darwin : « *La descendance de l'homm* ,» traduit en chinois par Fan Guangdan et Hu Shouwen ; Shangwu yinshuguan ; 1997 ; p. 201

3. La protection des droits de l'homme numérique

La loi et le développement s'opposent en une éternelle contradiction[105]. La loi, synthèse des expériences passées, peut rarement prédire les tendances du développement à venir. Limité au cadre philosophique et cognitif du XIXe siècle, le droit n'a été conféré qu'aux personnes physiques et morales, ignorant les autres formes de personnes et d'organisations[106]. L'« *homo numericus* » en tant que toute nouvelle problématique de l'ère du *big data*, nécessite la création de nouveaux droits et de nouveaux liens légaux, tels que droit numérique, pouvoir numérique et souveraineté numérique. Ce qui s'entend ici par droit numérique, n'est pas un système de droit autonome mais un droit intentionnel consacré à réduire le fossé qui oppose espace numérique et système législatif actuel. Une fois ce droit intentionnel détaché du système des droits garantis, les démêlés et défaillances numériques induits et les nouveaux modes de gestion des données trouveront une correspondance légale, pour de nouveaux types de démêlés juridiques. Par conséquent, lorsqu'apparaîtront de nouveaux liens légaux, les liens légaux traditionnels s'érigeront en obstacle indépassable, et nécessiteront la fondation d'un nouveau régime de droits.

Avant que la donnée soit collectée pour former du *big data*, le sujet numérique originel exerce plein pouvoir sur celle-ci, mais à partir du moment où elle est agrégée au *big data*, ce pouvoir est mis en concurrence et restreint par celui qui le contrôle. Parmi les « trois paradoxes du *big data*, » concept proposé par le chercheur américain Neil M. Richards, le « paradoxe du pouvoir » désigne la puissance de bouleversement du *big data* sur la société qui se paie en retour par l'abandon des droits individuels au profit du monopole exercé par quelques grandes puissances (qu'il s'agisse d'opérateurs ou de gouvernements), l'intérêt du *big data* allant naturellement vers les structures capables d'exercer leur contrôle sur les données personnelles. Par conséquent, l'instauration d'un nouveau système légal numérique, distinct

105 Long Weiqiu : « *Étude sur le défi de la loi sur la création intellectuelle et ses mesures fondamentales* ,» publié dans <*Faxue pinglun*> N°6 de 2016

106 Liu Zhaocheng : « *La structure des capacités partielles du droit* ,» publié dans <*Faxue yanjiu* > N°5 de 2012

du système actuel, est indispensable pour permettre la protection des droits du sujet numérique originel.

Collecte, analyse et utilisation des données se pratiquent depuis déjà fort longtemps, mais les usages traditionnels de la donnée n'apportaient une telle modification et insécurité à la vie sociale. Or, issue d'Internet, du *clouding* et autres nouveaux procédés technologiques, l'émergence du *big data*, en même temps qu'elle renforce les capacités d'autogestion de la société, représente une menace sans précédent pour la vie sociale. Le système légal, l'éthique et les normes sociales actuels, n'ont plus la capacité de garantir certaines valeurs sociales comme la sécurité et le respect de la vie privée. Un rapport de force violemment asymétrique oppose celui qui contrôle la donnée, à l'individu ordinaire incapable d'exercer son pouvoir sur ses données personnelles[107]. Selon la vision de Michael Mann, « l'humanité livre une lutte sans repos, à dessein et rationnelle pour l'accroissement de sa jouissance des bonnes choses de la vie, et pour ce faire, est capable de choisir les moyens appropriés à son objectif. »[108] Sans aucun doute, l'adoption circonspecte par l'homme d'un système de droits (et de pouvoirs) fait partie de ces « moyens appropriés » pour jouir des « bonnes choses » de la vie. Par conséquent, à notre époque où l'utilisation du *big data* se généralise, l'humanité, pour mieux jouir de ses avantages, doit également adopter, pour chaque élément de l'écosystème du *big data*, un droit correspondant, formant ainsi un nouveau système légal basé sur les droits et pouvoirs numériques.

II. L'empowerment numérique

Pour conférer une nature légale aux données, il faut partir du problème de la détermination de leur appartenance, or, déterminer l'appartenance des données revient à définir les liens légaux correspondants, ce qui est

107 Xiao Dongmei et Wen Yuheng : « *Généalogie des droits numériques* ,» publié dans <*Xiangtan daxue xuebao* (édition des sciences sociales et de la philosophie) > N°6 de 2015

108 Michael Mann: « *The Sources of Social Power (Vol. I)* ,» traduit en chinois par Liu Beicheng et Li Shaojun ; Shanghai renmin chubanshe ; 2002, pp. 5–6

la clé de voûte de tout commencement de régulation, ainsi que l'élément fondamental d'un bon usage et d'un transfert efficace des données[109]. À l'ère du *big data*, la donnée est un capital, un moyen de production et plus encore, une ressource indispensable. Avec l'*empowerment* de la donnée, la puissance de la société suit une transition qui l'a fait passer de la violence, la fortune et le savoir vers la donnée[110], celle-ci s'affirmant comme un nouvel objet de pouvoir.

1. La donnée comme nouvel objet de pouvoir

L'explosion de la donnée est en train de déclencher la création d'un nouveau type de rapports de pouvoir. WeChat, Weibo, les medias indépendants, les réseaux sociaux et les sites de vente en ligne sont devenus le nouveau point focal de l'attention sociale. Nous sommes à une époque où la donnée est devenue un élément fondamental qui a modifié nos modes de connaissance, de coopération et de communication. Dans la future société numérique, tout sera « en ligne » et quantifiable, tous les êtres humains existeront, se connecteront, créeront de la valeur et impulseront l'avenir sous forme de données. En même temps que l'époque a évolué et que les sciences et les technologies ont progressé, la donnée a été augmentée d'un nouveau contenu et de nouvelles extensions.

109 Ji Leilei : « Étude sur l'*empowerment* de la protection par les créateurs de la donnée ,» publié dans <*Tushuguan jianshe*> N°1 de 2018

110 En 1990, dans *Powershift*, Alvin Toffler estime que le pouvoir en tant que capacité de contrôle d'autrui, s'exprime depuis des temps immémoriaux à travers la violence, la richesse et le savoir. Dans la civilisation marquée par le troisième facteur de pouvoir, le savoir est devenu le symbole de la puissance ; qui le possède, possède le pouvoir. Cependant, savoir, violence et richesse ne sont pas exactement pareils. Les deux dernières sont exclusives, l'exercice de la violence ou la richesse, est l'apanage d'une personne ou d'un groupe de personnes, les autres individus ou groupes d'individus en étant privés ; cependant, le savoir est dépourvu de ce caractère exclusif, un même savoir peut être partagé par plusieurs. En cela, « le savoir est la source de pouvoir la plus démocratique .» Qui possède le droit de contrôle et de diffusion du savoir, dispose de la capacité d'initiative. À l'ère du numérique, tous les « centres numériques » sont en une certaine mesure, des « centres de pouvoir ,» qui possèdent le droit à la parole.

La donnée est un nouvel objet de pouvoir. Ce n'est pas un nouveau pétrole, mais bien un type de ressource absolument nouveau et sans précédent. Le développement fulgurant des technologies de l'Internet, est en train de rendre notre univers productif de plus en plus transparent, connecté et numérisé. Notamment, grâce au *big data* et à l'Internet des objets, chacun d'entre nous peut devenir « homme numérique » car non seulement, chacune de nos activités est « mise à nu, » mais en plus, même nos comportements futurs peuvent être prévus et anticipés par analyse de données, la vie privée individuelle n'ayant désormais plus aucun lieu où s'abriter. Dans l'univers transparent de la donnée, la régulation légale nous laissera une réserve biologique pour la protection de notre vie privée.

L'homme est inséré au sein d'Internet en tant qu'objet, comme un point de collecte et de transfert constants de données en *clouding*, ce qui déclenche ainsi la numérisation de l'homme[111]. Les habitudes de pensée et de vie des hommes, leur mode d'existence et de comportement, peuvent être exprimés sous forme de données. Interactions et expressions numériques entre êtres humains sont également possibles sous forme d'ouverture, de partage et de transaction. À l'ère de l'*homo numericus*, les sources de données pleines et complètes ne cessent d'optimiser les modes de communication et de connaissance mutuelle entre les hommes, les connexions inter-objets et interhumaines permettant à tous les êtres humains d'exister sous forme numérique et de procéder à des connexions pour créer de la valeur. En tant qu'être naturel ou social, l'homme tout au long de sa vie, est producteur et gestionnaire de données. L'existence d'un pouvoir étatique est le préalable à la protection des intérêts des hommes. La garantie d'une utilisation raisonnable des données de l'« homme numérique » nécessite la fondation d'un nouveau pouvoir numérique, un pouvoir capable de garantir à l'« homme numérique » la protection de ses données et de sa vie privée, ainsi que la défense contre « l'expansion naturelle du pouvoir » dont la sclérose pourrait affecter la sécurité et l'efficacité du transfert et de l'utilisation des données.

111 Hou Hong : « *contexte historique, orientation des valeurs et connotations philosophiques du big data* ,» publié le 26/06/2016 sur www.cbdio.com

2. La nature légale de la donnée

L'absence de définition de l'attribut légal de la donnée entraîne la confusion du numérique dans la distinction de ses différents attributs, ce qui constitue une entrave au développement et à l'exploitation de la donnée, un obstacle incontournable au développement sain et durable du secteur numérique[112]. La norme ISO définit la donnée comme étant des nombres, lettres, sons, images et vidéos portant sur les comportements et activités des hommes, qui, après encodage, peuvent être considérés comme de la donnée[113]. La donnée en tant que nouvelle forme de capital, peut être objet de transactions marchandes sur tout type de plateformes ou centres d'échanges[114], l'attribution de ce capital étant d'ores et déjà manifeste. « La donnée est créée à partir de l'agrégation de données personnelles, or, les données personnelles sont un élément de la personnalité. »[115] Par conséquent, la donnée est considérée comme dotée d'un caractère personnel.

Les différentes origines de la donnée permettent de distinguer donnée dérivée et donnée enregistrée. Les données dérivées provenant principalement des informations personnelles, leur agrégation ne peut se faire sans l'agrégation d'informations personnelles. Les informations personnelles, formées lors du processus de développement individuel,

112 Ji Leilei, *Op. cit.*

113 La définition exacte de la norme ISO est: « la donnée est une forme particulière de représentation des réalités, concepts ou instructions, qui permet de procéder à la communication, commutation et au traitement par le biais d'une intervention manuel ou d'un dispositif automatique. »

114 Depuis février 2014, ont été fondés en Chine plus de 10 plateformes et centres de transaction en *big data*, dont la Plateforme de transaction en *big data* de Haidian à Zhongguancun, l'Institut des transactions en *big data* de Guiyang, l'Institut des transactions en *big data* du Changjiang, le Centre de transaction en *big data* de Donghu à Wuhan, l'Institut des transactions en *big data* de Xuzhou, le Centre de transaction en *big data* du Hebei, le Centre de transaction numérique de Harbin, le Centre de transaction en *big data* du Jiangsu, le Centre de transaction en *big data* de Shanghai, l'Institut des transactions en *big data* du Changjiang au Hubei, l'Institut des transactions en *big data* de la nouvelle zone de Xixian au Shaanxi et le Centre de transaction en *big data* du Zhejiang.

115 Ji Leilei, *Op. cit.*

permettent de percevoir l'agrégation des données personnelles, et incarnent les intérêts personnels du sujet d'information. L'article 109 des *Principes généraux du code civil de la République populaire de Chine* précise que « la loi protège la liberté individuelle des personnes physiques et le respect de la personnalité, » posant par là un socle juridique véritable. En effet, la base de la protection légale que nécessitent les données personnelles, est un droit à l'autodétermination, or, le socle juridique de ce droit à l'autodétermination est justement le respect de la personnalité et de la liberté individuelle[116]. L'homme est homme, justement parce qu'il peut exercer à l'égard de la formation et du développement de sa personnalité un pouvoir d'autodétermination à l'exclusion d'autrui, or, la collecte, le traitement ou l'exploitation des informations personnelles sont directement liés au respect de la personnalité et à la liberté individuelle. C'est-à-dire que les données dérivées, tout comme la propriété, ont un caractère exclusif et autonome, l'individu jouissant du profit plein et entier de ses données personnelles.

La donnée enregistrée provient de l'utilisation d'Internet par le sujet numérique qui, par le biais des serveurs des pages consultées, reçoit cookies et autres données de marquage[117]. Ce type de données enregistrées n'identifie pas la personnalité d'un sujet en particulier, il n'a donc pas de caractère personnel, et en conséquence, aucune qualité de confidentialité. Dans son utilisation, le producteur de la donnée n'affecte en rien la vie privée du sujet qui, tout en bénéficiant des facilités de l'application numérique, a un certain devoir de tolérance à l'égard de ce type d'utilisation[118]. Par conséquent, le caractère impersonnel des données enregistrées approfondit en une certaine mesure la nature de l'attribut légal numérique. En bref, la nature légale des données dérivées relève de l'intérêt de la personnalité tandis que celle des données enregistrées (ou de marquage) relève de la propriété.

116 *Ibid.*

117 *Ibid.*

118 Tao Ying : « *nouveau cadre réglementaire et usage raisonné des informations personnelles dans le processus d'informatisation de l'Internet chinois* ,» publié dans <*Shandong daxue xuebao* (édition des sciences sociales et de la philosophie)> N°2 de 2016

3. Droit et pouvoir de la donnée

Le pouvoir est une notion politique tandis que le droit appartient à l'univers des études juridiques. « D'un côté, le pouvoir, sur la base légale du droit, a pour objectif la réalisation du droit légal, le droit par sa qualité légale régulant en retour la forme, le procédé, le contenu ainsi que toutes les phases de l'exercice du pouvoir. de l'autre côté, la réalisation de certains droits prévus par la loi nécessite l'exercice d'un certain pouvoir. »[119] D'un point de vue dialectique, la donnée, à la fois récit du pouvoir et paradigme du droit, ne cesse de créer, remodeler et soutenir de nouveaux liens politiques, économiques et sociaux, conformément à la logique et à la méthodologie du pouvoir et du droit.

Le pouvoir numérique est un pouvoir moderne de nature binaire : à la fois dominant et dominé par la raison[120]. Tout d'abord, la donnée est l'intégration informative du pouvoir contemporain ainsi que sa transposition informatique. L'information, c'est le pouvoir, chacun en a pris conscience. Or, le pouvoir numérique est un pouvoir qui fait de l'information son rouage principal, « l'information devient corps du pouvoir dans la distribution des ressources »[121] ce qui annonce une révolution des structures de pouvoir et l'insertion inconsciente (ou semi-consciente) du numérique au sein du système des pouvoirs sociaux actuel. Par ailleurs, le pouvoir numérique est la recomposition des valeurs du pouvoir contemporain. Si

119 Chang Haitao : « *Brève analyse des rapports entre pouvoir et droit* ,» publié dans <*Qingnian yu shehui*> N°22 de 2014

120 À l'ère du *big data*, le pouvoir numérique suit deux types de logique: la logique proactive et la logique structurelle. La logique proactive se manifeste par sa dimension de rôle, de cible et de technique ; la logique structurelle se manifeste par sa dimension de corrélation, de principe et de disposition. Ces deux types de logiques sont à l'origine d'une force endogène, source de tensions sociales qui entraînent des troubles et différends liés aux risques qui s'infiltrent dans les domaines publics et privés. Face à cela, il nous faut fonder et former une culture commune du pouvoir numérique et une conception du traitement des données qui soient rationnelles et circonspectes.

121 Les Américains Erik Brynjolfsson et Andrew Mcafee : « *The Second Machine Age : Work, Progress, and Prosperity in a Time of Brilliant Technologies* ,» traduit en chinois par Jiang Yongjun ; Zhongxin chubanshe ; 2014 ; pp. 20–30

l'on estime que l'insertion des informations numériques au sein du pouvoir contemporain lui confère la possibilité d'être objet d'estimations et de transactions, c'est comme si le pouvoir avait été transformé en capital. Dans ce cas, la recomposition des valeurs signifie la numérisation de la convertibilité pouvoir-capital, en d'autres termes, l'insertion de la donnée sous forme de *big data* au sein du système de pouvoir « a redéfini toute la logique de permutation capitalistique »[122]. Enfin, le pouvoir numérique est l'évolution théorique du pouvoir contemporain. Le pouvoir numérique est le déclencheur de la révolution de l'agenda cognitif qui correspond au cadre civilisationnel et au langage central du système cognitif actuel. La lecture et la reconnaissance de ces données entraîneront la tendance induite du pouvoir contemporain, l'analyse et la prévision de sa transition ainsi que la restructuration de l'ensemble de ses composantes[123].

« Un droit civil est une potentialité garantie par l'État ; c'est en s'appuyant sur cette potentialité que le sujet de droit peut procéder à un certain comportement ou réclamer à autrui d'effectuer un certain comportement, pour la satisfaction de son propre intérêt et besoin. »[124] L'essence du droit reposant sur la libre volonté du sujet, l'objet étant une externalité objective au droit, la confirmation d'un droit se fait selon une modalité relativement rigide. Le droit numérique détermine la distribution des profits sur la valeur de la donnée ainsi que la délimitation des responsabilités concernant la qualité et la sécurité des données. Mais discuter de la question du droit numérique peut se faire à partir de l'objet de droit. D'après ce qu'en Chine, il est communément admis, les droits civils comprennent droit réel, droit de créance, droit de la propriété intellectuelle et droit de la personnalité, avec pour objets respectifs, la chose, le comportement, la création intellectuelle et les intérêts de la

122 Ethan Zuckerman: « *Rewire : Digital Cosmopolitans In The Age Of Connection*,» New York : W.W.Norton & Company, 2013

123 Lin Qifu et He Jingchao : « *Le pouvoir du big data : logique du pouvoir contemporain et réflexion sur ses expériences* ,» publié dans <*Dongbei daxue xuebao* (édition des sciences sociales) > N°5 de 2016

124 Tong Rou (Rédacteur en chef) : « *Le droit civil chinois, principes généraux*» ; Zhongguo renmin gong'an daxue chubanshe ; 1990 ; p. 66

personnalité[125]. Le caractère multidimensionnel et évolutif du *big data*, ne doit uniquement s'appliquer à la répartition univoque du droit de propriété des données primaires mais également refléter les problèmes légaux des structures évolutives et des sujets variés. Par conséquent, du point de vue de la donnée, les informations et la valeur dont elle est chargée, non seulement ont trait aux intérêts de la personnalité mais également, aux intérêts de la propriété privée. En bref, le droit numérique est un droit composite, la synthèse du droit de la personnalité numérique et du droit de la propriété numérique. Dans la civilisation numérique du futur, apparaîtra une nouvelle forme de droit capable de couvrir l'ensemble de l'état numérique, d'être efficacement appliquée et utilisée par et pour autrui, comprenant à la fois droit de la personnalité et droit de la propriété. Cette nouvelle forme de droit n'est autre que le droit numérique.

III. Droit du troisième type

1. Le droit numérique, synthèse des droits de la personnalité et de la propriété

L'ordre numérique devenant le premier ordre des sociétés du futur, la législation du numérique est l'aspiration collective, son institutionnalisation, une tendance irréversible, sa garantie constitutionnelle, une nécessité impérieuse de l'époque. Le droit numérique est caractérisé par « 4 nouveautés » : premièrement, il désigne un nouvel objet de droit ; deuxièmement, il incarne une nouvelle forme de droit ; troisièmement, il revêt un nouvel attribut légal ; quatrièmement, il fonde une nouvelle compétence juridique. Le droit numérique couvre des formes et des contenus de droit divers, une divergence d'attribut légal qui entraîne la variété des systèmes de protection (cf. Tableau 2-4).

125 Wen Shiyang : « *Réflexion législative sur l'objet de droit des principes généraux du droit civil, la chose pour point de départ* ,» publié dans <*Faxue*> N°4 de 2016

Tableau 2-4 Caractéristiques du droit numérique

Caractéristique	Résumé
Objet du droit numérique	La donnée n'est ni la « chose » (*res*) du droit civil (soit objet de droit immatériel), ni le « corps constitué » de la physique, ni non plus la « chose intangible » du droit de la propriété intellectuelle. La donnée existe en tant qu'objet autonome, extérieur au monde matériel et spirituel, car elle appartient au monde numérique. L'ayant droit numérique identifié pour sujet de droit comprend les cibles déterminées désignées par la donnée ainsi que ses agents de collecte, de stockage, de transfert et de traitement (soit personnes physiques, morales ou associations dépourvues de représentation légale), et, aux différents sujets de droit correspondent différentes limites légales. L'objet de droit numérique est un ensemble de données déterminé, la donnée étant elle-même l'assemblage d'une série de chiffres, codes, images et écrits. Une donnée (ou un code) isolée est sans valeur, c'est uniquement par sa recomposition sous forme d'assemblage, d'intégration et d'agrégation qu'elle peut produire de la valeur. Par conséquent, l'objet de droit numérique doit être un ensemble de données déterminé, régulé et pourvu de valeur.
Type du droit numérique	D'après la compréhension traditionnelle de la loi, les droits personnels se distinguent en deux types: droit de la personnalité et droit de la propriété. À l'ère du numérique, les hommes laissent des « traces » de leur passage, plus au moins profondes, au sein des divers écosystèmes numérisés. D'un côté, ces données sont des fragments de l'activité humaine, un véhicule important de la participation de l'individu à la vie sociale et un procédé majeur de l'extension de la personnalité, qui nécessitent le respect du sujet-émetteur de donnée en tant que personne, de son droit de jouir de sa liberté sans subir de violation, de révélation infamante, d'intrusion dans sa vie privée ni d'usage abusif de ses données ; de l'autre côté, ces données en tant que ressources sociales considérables, « la donnée a un prix, » peuvent apporter à leur sujet-émetteur des bénéfices d'ordre économique, ce qui rend nécessaire la reconnaissance d'un droit de propriété sur la donnée, faisant de celle-ci l'objet d'un droit composite, synthèse des droits de la personnalité et de la propriété.

(continued on next page)

Tableau 2-4 continued

Caractéristique	Résumé
Attribut du droit numérique	Le droit numérique est la synthèse du droit public et du droit privé. Il comprend à la fois, à l'échelon national, la souveraineté numérique qui a trait à l'institution du respect de l'État, et, à l'échelle individuelle, le droit numérique qui a trait à la manifestation du bonheur individuel. L'attribut légal du droit numérique ne peut être uniquement perçu à travers les notions de droit privé telles que les droits individuels, mais doit également s'élever à des notions de droit public telles que la défense de la sûreté de l'État. En somme, le droit numérique nécessite à la fois l'autonomie du droit privé et l'interventionnisme du droit public.
Compétence du droit numérique	Le droit réel relevant du monopole et de l'exclusivité du droit de la propriété, un seul bien ne peut appartenir à plusieurs détenteurs et chaque personne a le devoir de ne pas faire obstacle au droit de disposition absolu de l'ayant droit sur la chose. Le droit numérique ne peut plus être ce droit de possession exclusive mais un droit non-exclusif de partage se manifestant régulièrement sous la forme de « une seule donnée pour plusieurs ayants droit, » ce qui consiste en l'axe central et l'essence même du droit numérique. « Le droit numérique est par essence un droit au partage » est un important présupposé doctrinal, qui sera en mesure de réécrire les principes de la civilisation et de marquer l'histoire.

2. Distinction entre droits de l'homme, droits réels et droits numériques

Les droits de l'homme sont un marqueur de l'universalisme, le plus grand dénominateur commun à l'ensemble de l'humanité. Ce que l'on désigne par droits de l'homme, ce sont « les droits basés sur sa nature et son essence sociale dont l'homme jouit et doit pouvoir jouir »[126]. L'homme ainsi désigné, n'est pas l'*homo œconomicus*, le « bon père de famille » ni l' « homme dans la cité »[127] mais la personne physique dépourvue de tout qualificatif, un homme qui uniquement parce qu'il est homme, doit pouvoir jouir de ses droits. La manière dont les droits de l'homme sont apparus constitue la question philosophique essentielle. Parmi les doctrines de l'origine des droits de l'homme comptent notamment celles des droits coutumiers, des droits naturels, des droits légaux, de l'utilitarisme des droits de l'homme, de la nature humaine et des droits moraux[128]. Les droits de l'homme sont par essence des droits, « droits – droits de

126 Li Buyun, *Op. cit.*, p. 169

127 Tout d'abord, il ne s'agit pas de l'*homo œconomicus*, homme qui aurait pour objectif l'accroissement de son intérêt car si nous étions réellement tous de tels hommes, la garantie des droits de l'homme ne serait plus guère assurée. Par ailleurs, il ne s'agit pas de l'hypothèse du « bon père de famille ,» les droits de l'homme étant dépourvus de notion de moralité et surtout de son caractère hiérarchisée en divers degrés. Enfin, il ne s'agit pas de l' « homme dans la cité ,» en effet, bien que tous les hommes soient investis d'une nature politique, astreindre les droits de l'homme au combat politique ne reviendrait qu'à les limiter.

128 La doctrine des droits coutumiers, déduction empirique basée sur l'expérience de la *Magna Carta*, estime que les droits de l'homme ont d'abord été issus des droits coutumiers avant d'acquérir leur reconnaissance légale. La doctrine des droits naturels, démarche transcendantale qui a inspiré la *Déclaration des droits de l'Homme et du Citoyen*, estime que l'existence des droits naturels de l'homme précède leur existence légale, il s'agit du discours classique sur l'origine des droits de l'homme. La doctrine utilitariste des droits légaux estime que les droits de l'homme proviennent de règles formelles et informelles, la poursuite libre et égalitaire du bonheur et de l'aisance en étant la valeur et la vertu suprêmes. Le discours sur la nature humaine estime que celle-ci est la rencontre entre l'appartenance à la nature et l'appartenance à la société, l'appartenance à la nature étant la cause interne et le fondement des droits de l'homme, tandis que l'appartenance à la société en est la cause externe et les conditions. Le discours sur les droits moraux estime que les droits de l'homme participant de l'institution morale, leur maintien doit s'appuyer

l'homme – droits légaux –droits civils fondamentaux sont des concepts étroitement mêlés les uns aux autres. »[129] La notion et le contenu des droits de l'homme sont relativement larges, et couvrent un champ d'application bien plus étendu que celui des droits légaux ou des droits fondamentaux. Avec le développement en profondeur de la société économique, les dimensions des droits de l'homme n'ont cessé de se multiplier, contenus et extensions s'enrichissant et s'étendant en permanence.

La conceptualisation du droit réel a été un nouveau point de départ de la civilisation. L'institutionnalisation du droit réel est axée sur la notion du droit de la propriété, avec l'usufruit et les sûretés réelles comme les deux ailes d'un même système. Le droit réel est pour l'essentiel un droit de domination exercé sur un corps physique constitué, l'ayant droit pouvant occuper, utiliser, bénéficier et disposer de celui-ci au gré de sa volonté et sans avoir à subir l'intervention morale ni objective d'autrui. La reconnaissance du droit réel revient en fin de compte à reconnaître la valeur produite par l'individu ainsi que son droit à une certaine autonomie. Par conséquent, le droit réel, tout en étant un droit sur la chose, est également un droit de l'homme aussi spécifique que fondamental. La protection du droit réel a offert à l'humanité un nouveau point de départ à partir de l' « homme » offrant à la civilisation une nouvelle grille de lecture. C'est exactement dans ce nouveau contexte civilisationnel que la conception suivante a pu voir le jour : le droit réel tout en étant une composante majeure des droits de l'homme, en est également une garantie essentielle. En effet, l'intérêt général et collectif n'est réellement garanti que lorsque les droits de chaque individu le sont également. Pour les Chinois, la *Loi sur le droit réel* est non seulement une garantie de la propriété et des droits, mais plus encore, une transition des conceptions de la société et un remodelage de toute la civilisation politique et culturelle du pays[130](cf. Tableau 2-5).

---

sur les principes moraux, leur légitimité provenant des aspirations morales de l'humanité.

129 Lin Zhe : «*Quid des droits de l'homme ?* ,» publié le 1er mars 2014 sur le site web : http://www.china.com.cn/chinese/zhuanti/xxsb/545694.htm

130 Gao Xiang : « *Droit réel, le nouveau départ de la société* ,» publié dans le *Quotidien du Peuple* du 3 avril 2007

Tableau 2-5 Distinction entre droits de l'homme, droits réels et droits numériques

	Droits de l'homme	**Droits réels**	**Droits numériques**
Sujet	Individu ou collectivité	Personne définie	Ayant droit défini comprenant les cibles désignées par la donnée ainsi que ses agents de collecte, de stockage, de transfert et de traitement (soit personnes physiques, morales ou associations dépourvues de représentation légale)
Objet	Comprend le droit de jouissance sur la chose, le comportement, la création intellectuelle, l'information, etc.	Chose définie destinée à domination humaine; droit défini par la loi	Ensemble de données disposant d'une certaine régularité ou valeur; des exceptions pouvant être prévues par la loi
Contenu	Droits individuels et de la personnalité ; droits politiques et liberté ; droits économiques, sociaux et culturels; droits des groupes minoritaires, menacés ou spécifiques ; droit de la communauté internationale (ou groupes internationaux), etc.	Droit de la propriété; droits sur la propriété d'autrui (usufruit et sûretés réelles)	Droit de la propriété; usufruit ; droits numériques pour l'intérêt collectif ; droit au partage

La donnée est très différente de la *res* du droit civil. Par rapport à la domination exclusive exercée sur la chose, la domination exercée sur la donnée est objectivement dépourvue de ce caractère exclusif, une réalité qui vient de l'immatérialité et de la volatilité de la donnée, ce qui en cela, la rapproche grandement de la création intellectuelle. Mais si la donnée n'est pas chose (meuble ou immeuble), elle n'est pas non plus une création intellectuelle ou un droit. La donnée différant de l'objet réel marqué par son caractère de tangibilité, sa domination ne peut être exclusive ni consommable[131]. À la différence des modalités de possession et de domination exercées sur la *res*, le droit de la propriété véhiculé par la donnée se concrétise à travers plusieurs appartenances et contrôles, au point que le régime juridique appliqué aux objets tangibles est inapplicable au domaine numérique. On peut ainsi estimer que les droits numériques, bien qu'ils comprennent partiellement des similitudes avec d'autres régimes de droit existant, échappent à toute tradition juridique préétablie. Par conséquent, on ne peut y répondre par une extension de la loi sur le droit réel ou sur la propriété intellectuelle, mais bien par un processus législatif spécifique capable de s'inscrire dans les traditions législatives. Ainsi, outre le système actuel du droit de la propriété, il est nécessaire de fonder un nouveau type de droit applicable aux choses intangibles, un système légal axé sur la défense de la souveraineté numérique ainsi qu'un régime de droits de propriété autonome et distinct de la protection des choses tangibles.

Bibliographie

Bai Guimei (Rédacteur en chef): « Doctrine légale des droits de l'homme ;» Beijing daxue chubanshe; 2015

Chang Haitao: « Brève analyse des rapports entre pouvoir et droit, » publié dans <Qingnian yu shehui> N°22 de 2014

Cui Wenxing: « Sur le droit réel en droit civil ;» Zhongguo fazhi chubanshe; 2017

131 Li Aijun : « *Propriétés et caractéristiques juridiques du droit numérique* ,» publié dans <*Dongfang faxue*> N°3 de 2018

Dixième Congrès National Populaire: « Loi sur le droit réel de la République populaire de Chine ;» 16 mars 2007

Ethan Zuckerman: « Rewire: Digital Cosmopolitans In The Age Of Connection,» New York: W.W.Norton & Company, 2013

Han Kai: « Etude sur l'égoïsme, altruisme et leur lien avec le sentiment de bonheur, » thèse de maîtrise, Université de Huhan, 2017

He Huaihong: « La compassion, » publié le 14 août 2014 sur le site web: http://www.cssn.cn/zhx/zx_11x/201505/t20150518_1939077.shtml

Ji Leilei: « Étude sur l'empowerment de la protection par les créateurs de la donnée, » publié dans <Tushuguan jianshe> N°1 de 2018

L'Américain Alvin Toffler: « Powershift, » traduit en chinois par Huang Jingui; Zhongxin chuban jituan; 2018

L'Américain Edgar Bodenheimer: « Jurisprudence: The Philosophy and Method of the Law, » traduit en chinois par Deng Zhenglai; Zhongguo zhengfa daxue chubanshe; 2004

L'Américain Jack Donnelly: « Theory and practice of universal human rights,» traduit en chinois par Wang Puqu; Zhongguo shehui kexue chubanshe; 2001

L'Anglais Charles Darwin: « La descendance de l'homm, » traduit en chinois par Fan Guangdan et Hu Shouwen; Shangwu yinshuguan; 1997

Le Japonais Oosuka: « The right of Life, » traduit en chinois par Lin Hao; Falü chubanhse; 2001

Les Américains Erik Brynjolfsson et Andrew Mcafee: « The Second Machine Age: Work, Progress, and Prosperity in a Time of Brilliant Technologies, » traduit en chinois par Jiang Yongjun; Zhongxin chubanshe; 2014

Li Aijun: « Propriétés et caractéristiques juridiques du droit numérique, » publié dans <Dongfang faxue> N°3 de 2018

Li Buyun: « L'origine des droits de l'homme, » publié dans <Zhengfa luntan> N°2 de 2004

Li Buyun: « Recherche de jurisprudence ;» Hunan renmin chubanshe; 2003

Liang Huixing (Rédacteur en chef): « Étude de la loi chinoise sur le droit réel ;» Falü chubanshe; 1998

Lin Qifu et He Jingchao: « Le pouvoir du big data: logique du pouvoir contemporain et réflexion sur ses expériences, » publié dans <Dongbei daxue xuebao (édition des sciences sociales) > N°5 de 2016

Lin Zhe: « Quid des droits de l'homme?, » publié le 1er mars 2014 sur le site web: http://www.china.com.cn/chinese/zhuanti/xxsb/545694.htm

Liu Zhaocheng: « La structure des capacités partielles du droit, » publié dans <Faxue yanjiu > N°5 de 2012

Long Weiqiu: « Étude sur le défi de la loi sur la création intellectuelle et ses mesures fondamentales, » publié dans <Faxue pinglun> N°6 de 2016

Marx et Engels: « Anthologie de Marx et Engels (tome 2) » traduit en chinois par le Bureau central de compilation et de traduction; Renmin chubanshe; 2012
Qi Yanping: « Évolution du concept de droits de l'homme ;» Shandong daxue chubanshe; 2015
Shen Zongling: « Quelle est la portée des droits de l'homme?, » publié dans <Zhongguo faxue> N°5 de 1991
Shen Zongling et Huang Nanseng; « Discours occidental sur les droits de l'homme (tome 2) ;» Sichuan renmin chubanshe; 1994
Sun Jinyi et Gan Zhigeng: « Sur la civilisation - Formation, développement et perspective des civilisations humaines;» Heilongjiang renmin chubanshe; 2007
Tong Rou (Rédacteur en chef): « Le droit civil chinois, principes généraux;» Zhongguo renmin gong'an daxue chubanshe; 1990
Wang Guanghui (Rédacteur en chef): « Doctrine légale des droits de l'homme ;» Qinghua daxue chubanshe; 2015
Wang Guanghui: « Doctrine du droit constitutionnel comparé;» Wuhan daxue chubanshe; 2010
Wang Yuliang: « Sur la valeur humaine, » publié dans <Lirun daokan> N°4 de 2009
Wang Zejian: « Les droits réels en droit civil (tome 1) ;» Zhongguo zhengfa daxue chubanshe; 2001
Wei Zhenying (Rédacteur en chef): « Droit civil » (6e édition); Beijing daxue chubanshe, Gaodeng jiaoyu chubanshe; 2016
Wen Shiyang: « Réflexion législative sur l'objet de droit des principes généraux du droit civil, la chose pour point de départ, » publié dans <Faxue> N°4 de 2016
Wu Xianjing: « Manifestation légale de la civilisation écologique, » publié dans <Nanjing gongye daxue xuebao (édition des sciences sociales)> N°9 de 2015
Wu Ying: « Le concept de civilisation chez Marx, » publié dans <Shandong shehui kexue> N°6 de 2009
Xia Yong: « L'origine du concept des droits de l'homme » (édition corrigée); Zhongguo zhengfa daxue chubanshe; 2001
Xiao Dongmei et Wen Yuheng: « Généalogie des droits numériques, » publié dans <Xiangtan daxue xuebao (édition des sciences sociales et de la philosophie) > N°6 de 2015
Xie Zaiquan: « Sur le droit réel en droit civil (volume I);» Zhongguo zhengfa daxue chubanshe; 2011
Xu Chongde (Rédacteur en chef): « Droit constitutionnel ;» Zhongguo renmin daxue chubanshe; 2009
Xu Ming, « La crise de la vie privée et sa protection juridique à l'ère du big data,» publié dans <Zhongguo Faxue > N°1 de 2017
Xu Xianming: « Le droit à l'harmonie; la quatrième génération des droits de l'homme, » publié dans <Renquan> N°2 de 2006

Xu Xianming: « Système et typologie des droits de l'homme, » publié dans <Zhongguo shehui kexue> N°6 de 2000
Yang Jing: « Controverse et critique de l'hypothèse de l'homo œconomicus, » publié dans <Shanghai jingji yanjiu> N°6 de 2006
Zang Deshun: « De Polanyi à Granovetter: démenti et victoire de l' <homo socialis> contre l'hypothèse de l' <homo œconomicus >,» publié dans <Zhengfu guanli yu gaige> N°6 de 2009
Zhang Hengshan, « Les fondements moraux des droits de l'homme, » publié dans <Faxue yanjiu> N°6 de 1997
Zhant Jianyun et Mao Wenlong: « Logique de <homo œconomicus> et de <homo socialis> et leur portée à notre époque, » publié dans <Jingji yanjiu daokan> N°6 de 2009
Zheng Ge: «Les droits de l'homme entre innovation et protection, comment la loi peut relever le défi de la révolution technologique du big data,» publié dans <Tansuo yu zhengming> N°7 de 2016
Zhu Zhiyong et Lü Huiping: « La croissance simultanée de la valeur des hommes et des biens, sur les modalités d'une réflexion éventuelle axée sur la notion de < l'homme pour fondement >, » publié dans <Shehui kexue zhanxian> N°4 de 2005

CHAPITRE III

Le concept des droits numériques

La donnée en tant que ressource essentielle de nos sociétés contemporaines, a vu sa valeur pleinement confirmée. En même temps, l'ère du numérique a lancé aux législations traditionnelles tels que droits civils et réels, un défi sans précédent, les caractères de personnalité et de propriété de la donnée posant d'ores et déjà un problème juridique incontournable. Le monde de la justice a commencé à procéder à des débats au sujet du droit numérique et de son attribut légal formant tout un ensemble doctrinal qui comprend les discours sur les nouveaux droits de la personnalité, de la propriété intellectuelle et de la propriété numérique. Si ces doctrines et concepts sont chacun tout à fait fondés, aucun ne permet une explication complète de la particularité des droits sur la donnée. Nos recherches permettent d'estimer que les droits numériques font la synthèse des droits de la personnalité et de la propriété numériques. Le droit réel est par essence un droit de possession tandis que l'essence du droit numérique réside dans le partage. Avec le développement approfondi du *big data*, la conceptualisation d'une loi sur les droits numériques est la clé qui permettra à l'humanité de passer de l'ère du droit réel à celle du droit numérique.

Première partie: Quelques théories sur le droit numérique

Les débats sur les droits numériques sont un préalable indispensable à leur réalisation. Face aux menaces réelles apportée par le développement accéléré d'Internet et du *big data*, protéger les droits numériques par l'adoption d'une législation allant dans ce sens, semble particulièrement important et pressant. Dans le monde de la recherche, les débats vifs au sujet du droit numérique et de sa nature légale sont d'ores et déjà nombreux. Bien qu'ils n'aient jusqu'à présent débouché sur une explication unifiée, ils permettent de distinguer globalement quatre courants majeurs, à savoir les discours sur le nouveau droit de la personnalité, sur le droit de la propriété intellectuelle, sur le secret commercial et sur le droit de la propriété numérique.

I. Discours sur le nouveau droit de la personnalité

Le droit de la personnalité traditionnel désigne le fait que le sujet dispose légalement d'intérêts sur sa personnalité comme objet. C'est un droit dont l'objectif est la garantie de l'égalité et du respect de la personnalité ainsi que de la liberté individuelle. Il occupe une catégorie des droits civils traditionnels[1]. « Ce qui occupe le droit de la personnalité demeure dans le droit de l'ayant droit sur sa propre personnalité, ce qui signifie que nous-mêmes et notre propre personnalité étant inséparablement reliés, l'intérêt dont nous jouissons dans notre sociabilité, reçoit alors protection légale. Il s'agit par exemple de la vie, le corps, la liberté, la chasteté, la réputation, l'image, l'identité, la crédibilité, etc. »[2] La Chine dans sa *Constitution* et les *Principes généraux du Code civil* est également munie de dispositions relatives. Dans l'article 38 de la *Constitution de la République populaire de Chine*, il est mentionné que « Le respect de la personnalité des citoyens de la République populaire de Chine ne souffre d'aucune violation. Il est interdit de procéder à l'humiliation, la diffamation et la calomnie d'un citoyen par quelque moyen que ce soit. » Les *Principes généraux du Code civil de la République populaire de Chine* prévoient la protection du droit de la personnalité dont le droit à l'identité, à l'image, à la réputation et à la vie privée.

Le droit de la personnalité est un système de droit privé ouvert[3]. Avec le progrès de la technologie et le développement de la société, le

1 Hu Weiping : « *L'adoption d'une législation sur un nouveau droit de la personnalité* ,» publié dans <*Faxue luntan*> N°6 de 2011

2 Zheng Yubo : « *Principes généraux du droit civil* » ; Sanmin shuju ; 1988 ; p. 96

3 Wang Liming : « *réflexion et méditation sur mes droits de la personnalité* » publié dans <*Guangming ribao*> N°10 du 14 décembre 2015

champ d'application et le contenu du droit de la personnalité n'ont cessé de s'étendre. L'application généralisée et approfondie du *big data* dans le fonctionnement de l'économie, la vie sociale, l'administration étatique, la Défense et l'armée, rend l'importance de la donnée chaque jour plus manifeste, tout en nous lançant un nouveau défi au sujet de sa protection. Dans le traitement des données, l'extraction de certaines informations que le sujet voudrait garder confidentielles et l'apparition de son « profil numérique » que permet l'analyse corrélée, présentent une situation dans laquelle plus les données sont nombreuses plus l'image que l'on va se faire du sujet est précise. Dans la vie réelle, l'analyse clandestine des supports vidéo, contenus des réseaux sociaux, données des comptes personnels, de localisation et des consommations en ligne peut nuire aux intérêts privés de la personne, tels que son droit à la vie, à l'identité et tout autre contenu du droit de la personnalité.

La protection des données personnelles dépasse déjà largement le cadre traditionnel du droit de la personnalité. La protection traditionnelle des données personnelles se fait essentiellement par le recours à la protection de la vie privée, cependant, si les deux contenus sont en partie superposables (par exemple droit numérique et droit à la vie privée sont tous deux consacrés au respect et à la non violation de la personnalité du sujet-émetteur de donnée) ils présentent des différences essentielles : primo, le droit à la vie privée garantit une protection absolue des informations confidentielles contre toute révélation potentielle, tandis que la protection offerte par le droit numérique ne s'applique qu'aux processus de contrôle, d'usage, de jouissance et de partage de la donnée ; secundo, le droit à la vie privée se concentre sur la défense passive de la vie privée individuelle des citoyens, tandis que le droit numérique nécessite l'entraînement des données individuelles dans une participation active à tous types d'activités sociales ; tertio, le sujet ciblé par un objet de droit numérique individuel est de nature indéterminée, un peu à la manière d'un changement de numéro de téléphone ou d' adresse, la donnée désigne un sujet particulier en fonction de sa combinaison avec d'autres, phénomène qui n'a pas d'équivalent pour ce qui concerne les objets concrets de droit à la vie privée tels que l'identité, l'image, etc. Certains chercheurs dont Wang Liming se basent sur la possibilité d'identifier les informations personnelles et l'intérêt collectif de leur collecte, ou autre usage non-lucratif, pour affirmer qu'on ne peut les restreindre complètement au cadre du droit de la propriété[4]. Du point de vue de son contenu et de ses spécificités, le droit numérique personnel doit donc s'affirmer comme un droit de la personnalité d'un genre nouveau et autonome. Ce point de vue résulte des trois aspects que nous allons décrire ci-dessous.

Premièrement, la commercialisation du droit de la personnalité s'est généralisée. La conception traditionnelle du droit de la personnalité met en avant la défense des intérêts moraux, en ignorant généralement leur valeur commerciale. Or, dans le contexte de l'économie de marché, certains aspects ayant trait au droit de la personnalité prennent une coloration économique. Le perfectionnement du système d'appréciation de la valeur des intérêts de la personnalité, ainsi que l'attention du public accordée aux intérêts moraux, ont entraîné une croissance de la valeur commerciale de droits portant sur des attributs intangibles de la personnalité tels que l'identité et l'image que certaines célébrités acceptent de laisser être exploitées par autrui moyennant rémunération. Parallèlement à cela, le stockage, le transfert et l'utilisation des données personnelles au sein de l'espace numérique, se font de manière ouverte, instantanée et aisée, l'analyse corrélative des données fragmentaires permettant de former le profil de l'« homme numérique » et de l'utiliser à des fins commerciales. Ainsi, la commercialisation du droit de la personnalité est d'ores et déjà devenue un phénomène d'une portée considérable au sein de la société actuelle de l'économie de marché[5]. La généralisation de ce phénomène nous pousse à reconsidérer le droit de la personnalité sous un angle nouveau.

Deuxièmement, le système actuel de protection des données personnelles est débordé. Les informations personnelles sont originellement couvertes par le champ d'application de la protection de la vie privée, mais avec le développement des technologies de l'information et la commercialisation de ces données, le système de protection traditionnel se montre

4 Wang Liming : « *Le statut du droit sur les informations personnelles au sein de la loi sur le droit de la personnalité* ,» publié dans <*Suzhou daxue xuebao* (édition des sciences sociales et de la philosophie) > N°6 de 2012

5 Wang Liming : « *Sur la commercialisation du droit de la personnalité* ,» publié dans <*Falü kexue* (Xibei Zhengfa daxue xuebao) > N°4 de 2013

particulièrement inapte à protéger les données numérisées. La définition d'une propriété légale des droits sur les informations personnelles concerne le système de protection des informations personnelles et notamment, l'instauration d'une institution du pouvoir civil. Le 15 novembre 2017, Le Bureau des affaires civiles du Comité de travail législatif de l'Assemblée nationale populaire a promulgué le « Chapitre sur le droit de la personnalité du Code civil de la République populaire de Chine (canevas) » (projet à usage interne) dont une portée considérable pour le perfectionnement de la législation et la pratique juridictionnelle au sein du processus d'actualisation du système législatif national concernant les dispositions en matière d'informations personnelles.

Troisièmement, la législation sur le droit des données personnelles est d'une portée considérable. Le droit de propriété est au cœur du droit civil traditionnel. Mais à l'ère du *big data*, l'attention émergente du public à l'égard des questions du droit de la personnalité nécessite l'adoption d'un nouveau système de droit de la personnalité au sein des droits civils actuels de manière à s'adapter aux progrès de l'informatisation. Le droit sur les données personnelles fait la synthèse de la défense des intérêts moraux et économiques de la personnalité, ce qui signifie que le sujet numérique, tout en s'assurant que ses données ne subissent aucune violation, peut procéder à leur transfert auprès du marché des produits économiques pour réaliser leur commercialisation. Ainsi, en cas de violation de son intérêt pécuniaire, la perte subie par le sujet numérique peut être évaluée à l'aune du prix du marché[6].

II. Discours sur le droit de la propriété intellectuelle

Se basant sur le fait que la donnée soit duplicable (partageable) et réutilisable, certains chercheurs estiment qu'elle est étroitement liée à la protection de la propriété intellectuelle. Il est vrai que la doctrine la concernant, étant donné les limites dues au caractère intangible de son

6 Wu Tao : « *Les quatre grands courants du monde juridique au sujet du < droit et attribut du numérique>* ,» publié le 24 octobre 2016 sur le sit web : http://www.sohu.com/a/117048454_481893

objet, ne peut que difficilement offrir une protection complète à la donnée. Cependant, la donnée, transitant entre les mains de divers sujets numériques, ceux-ci procédant à des réintégrations successives, extractions et analyses, exploitations technologiques ou ajouts créatifs, formant ainsi de nouveaux ensembles de données ou bases de données personnelles, lui confèrent un certain caractère d'originalité et qui, en une certaine mesure, relève déjà de la propriété intellectuelle.

Les droits de la propriété de la donnée sont similaires à ceux de la propriété de l'information, or ces derniers sont l'extension du droit de la propriété intellectuelle[7]. Avec le développement et la généralisation des technologies de l'information, sont apparus un grand nombre de lois de protection du traitement et du transfert technologiques de l'information, tandis que la protection de l'information elle-même a en revanche été ignorée. Dans ses *Grandes lignes stratégiques sur le droit de la propriété intellectuelle* adoptées par le Japon en 2002, la propriété intellectuelle et de l'information est définie comme la propriété la plus importantedu XXIe siècle, les deux notions recouvrant des contenus similaires[8]. Durant la troisième vague de révolution technologique, l'information a remplacé la terre et la machine comme moyen de production principal, ce qui constitue un tournant révolutionnaire. Or, la protection de la propriété de l'information est essentiellement établie à partir de la loi sur la propriété intellectuelle traditionnelle.

Dans le domaine d'Internet, les violations de droit exclusif, droit de diffusion d'information en ligne, modèle économique et code source, sont monnaie courante. Dans le *Rapport spécial du* big data *sur la violation des droits de la propriété intellectuelle* publié par la Cour suprême en septembre 2017, il apparaît qu'entre 2015 et 2016, les violations de droits d'auteur représentaient 50,2 % de l'ensemble des affaires de propriété intellectuelle, dont les trois quarts appartenaient à des violations de droits de diffusion en ligne. Dans le *Rapport*, il est également précisé que la durée de procédure des cas d'usurpation d'exclusivité, de violation des brevets

7 Zhen Chengsi et Zhu Xiequn : « *L'information et le droit de la propriété intellectuelle* ,» publié dans <*Xinan keji daxue xuebao* (édition des sciences sociales et de la philosophie) > N°1 de 2006

8 *Ibid.*

d'invention et des droits d'auteur de logiciels informatiques, est supérieure à la durée moyenne des procédures. Il est également noté que la majorité des procédures concernant les cas de propriété intellectuelle débouchent sur des désistements. Durant la procédure, les divers cas de violation concernant le *big data*, font souvent paraître des problèmes liés à l'imprécision de l'identité du sujet des données primaires, ou encore au fait que, étant donné l'absence d'attribut légal clairement défini de la donnée, les ayant droit numériques ne savent sur quelle base obtenir réparation. En effet, dans le cadre légal actuel, la doctrine et la jurisprudence ne sont pas parvenues à proposer une réponse claire et précise.

De manière générale, ce que la loi protège doit s'incarner en un corps ou un contenu doté d'une forme extérieure perceptible[9]. Pour la défense des droits et intérêts numériques en lien avec le *big data*, nous disposons du droit d'auteur, du brevetage des modèles économiques ainsi que des modes d'analyse de données, du droit des marques, et du secret commercial. Pour différentes sources de droit et d'intérêt sur les données, le droit de la propriété intellectuelle par ses différents droits propose une panoplie de protections envisageables.

Le mode de protection des créations originales. L'ensemble du processus qui couvre la production et l'utilisation de la donnée a trait à quatre types de protection des droits et intérêts. Premièrement, le contenu d'une base de données produit par collecte, transfert, stockage et traitement numériques peut être protégé par recours au droit d'auteur. Deuxièmement, l'optimisation de la valeur de la donnée permise par l'analyse corrélative et l'extraction de données, de par sa valeur commerciale acquise, peut obtenir protection sous le régime du secret commercial. Troisièmement, les technologies ou méthodes élaborées au cours du traitement des données peuvent être protégées par un brevet. Quatrièmement, lorsque le produit des données prend la forme d'un logiciel, il peut être protégé par le droit d'auteur de logiciel.

Le mode de protection des créations non-originales. Durant les processus de collecte et de traitement, les données mon-originales

9 Li Xiaohui : « *Le droit de la propriété de l'information: extension et complément du droit de la propriété intellectuelle* ,» publié dans <*Dianzhi zhishi chanquan* > N°11 de 2013

constituent un apport réel. Pourtant, la conception traditionnelle de l'originalité des œuvres ne leur permet de bénéficier de la protection du droit d'auteur malgré la haute valeur ajoutée de ces créations obtenues à partir de sélection et réarrangement de données originales. Les droits voisins peuvent étendre leur protection aux objets qui ne sont pas directement couverts par le droit d'auteur, soit le travail des collecteurs et détenteurs de données. L'ère du *big data* correspond à une explosion de la donnée. Dans l'immensité de ce flux numérique, savoir sélectionner les données valables permet souvent de dégager une valeur ajoutée bien supérieure à celle de la création originale. Les ensembles de données obtenus après collecte, sélection et diffusion de données valides appartiennent en grande majorité à cette catégorie dite « non-originale. » Parallèlement à cela, la généralisation accélérée des technologies d'extraction de la donnée, de l'intelligence artificielle et des modèles économiques, leur donne un rôle chaque jour plus important dans tous les secteurs de l'économie de marché. L'ensemble de données en tant qu'objet spécifique ne peut être couvert par le droit d'auteur ou la loi de prévention contre la concurrence déloyale. En revanche, les droits voisins appliqués à la protection des droits et intérêts du *big data* peuvent tout à fait convenir aux besoins des créations numériques non-originales mais à forte valeur d'usage.

III. Discours sur le secret commercial

À l'ère du *big data*, les données du monde entier connaissent chaque jour une croissance exponentielle, tandis que leur facilité de diffusion rend leur obtention singulièrement aisée. De nos jours, où la numérisation connaît un développement sans précédent, le secret commercial, dans quasiment tous les secteurs, se présente sous forme numérique. Or, par comparaison avec l'environnement de l'Internet traditionnel, l'ère du *big data* rend le secret commercial très aisé à révéler. Par ailleurs, dans le cadre légal traditionnel, le problème de la sécurité du secret professionnel est devenu particulièrement saillant et délicat à traiter. Cela se traduit principalement par les aspects suivants : les transactions numériques,) notamment celles qui sont touchées par le secret commercial, manquent de contraintes légales ; la concentration d'un grand nombre de données confidentielles en un serveur unique, augmente le risque de subir une attaque ; le recours aux technologies d'extraction de donnée, peut permettre de restituer, à partir de données fragmentaires de la société, un secret commercial dans son intégralité ; lorsque le niveau de conscience des employés sur les risques numériques n'est pas suffisamment élevé, des données importantes peuvent aisément être révélées ; la facilité de stockage et de diffusion des données nuit au contrôle des stocks et des flux, ce qui rend plus difficile la protection du secret commercial et la défense des intérêts de l'entreprise ; les technologies d'intrusion du *big data* sont d'une plus large contenance et d'une plus grande discrétion, ce qui renforce leur capacité de nuisance, et amplifie singulièrement la difficulté à protéger le secret commercial. Tous ces problèmes représentent de plus grandes exigences à l'égard du cadre légal actuel.

En Chine, la *Loi contre la concurrence déloyale* malgré des dispositions en sa faveur, ne fonde pas officiellement l'existence d'un « droit sur le secret commercial. » Cependant, les *Principes généraux du Code civil* intègrent le secret commercial au droit de la propriété intellectuelle et lui donnent sa définition. Non seulement le secret commercial est doté d'une valeur commerciale mais il est également marqué par un caractère privé et non-exclusif. En effet, tout d'abord, le préalable du secret commercial est le fait qu'il ne soit pas connu du grand public, une fois le secret révélé, sa valeur commerciale est perdue, ce qui est très différent des conceptions traditionnelles du droit de la propriété intellectuelle. D'autre part, le secret commercial est un droit relatif, dépourvu d'exclusivité. Si dans le cadre de la légalité, une personne obtient un secret commercial au contenu similaire d'une autre, elle aura le même statut que celle-ci. Puisque la donnée est, elle aussi, dotée de valeur économique, d'un caractère privé et d'une caractéristique de non-exclusivité, elle peut être, du point de vue de la forme, comparée au secret commercial. Cependant, la valeur, le secret et la gestion, éléments incontournables du secret commercial, doivent relever le défi des bouleversements produits par le développement du *big data*. Cela se manifeste notamment à travers les trois aspects suivants.

Tout d'abord, le conflit avec la reconnaissance de la confidentialité qui se manifeste dans les deux points suivants. Premièrement, la contradiction entre confidentialité et facilité d'accès. Par rapport à l'environnement de l'Internet traditionnel, l'ère du *big data* et la richesse de ses nouveaux supports permettent aux informations de transiter à travers tous types de canaux, vastes et diversifiés, rendant ainsi l'obtention de données plus aisée que jamais. Dans ce contexte, la confidentialité potentielle attribuée à quelques données parmi ce flux général est une source de conflits, situation qui aggrave la difficulté à faire reconnaître la confidentialité des données relevant du secret commercial. Dans son processus de production et de gestion, l'entreprise a très largement recours à Internet et aux technologies de l'information. En effet, les informations d'entreprise transitent très largement par les logiciels de réseaux sociaux tels que WeChat et QQ, ou encore les messageries électroniques, les employés les utilisant comme un instrument de travail, y compris pour communiquer des informations sensibles. Tout cela, à divers degrés, augmente le risque de fuite des informations confidentielles. Les données sensibles de l'entreprise sont converties en données d'Internet quotidiennement et sans qu'on y prête attention, ce qui en fait des données aisément identifiables et accessibles, et donc potentiellement nuisibles pour la confidentialité du secret commercial. Deuxièmement, le caractère privé est en contradiction avec la transparence. Le stockage en *clouding* des données les rend parfaitement transparentes. En effet, pour les opérateurs du *clouding*, les codes secrets protégeant l'accès aux comptes d'entreprises sont sans effet, au point que, pour une entreprise, ouvrir un compte pour y conserver des données revient à les offrir au regard d'autrui de manière volontaire et consentante. Cette pratique ne peut donc guère être couverte par la protection légale du secret commercial. Si une société n'accorde pas suffisamment d'importance à ce caractère transparent du *big data*, elle peut aisément se trouver sans aucune couverture légale pour prévenir les problèmes de confidentialité. En revanche, lorsqu'une entreprise transmet son secret commercial à une tierce personne, on ne peut pas estimer qu'elle révèle volontairement son secret ni qu'elle y renonce, tant que les données concernées ne sont pas publiées ni utilisées par autrui, leur ayant droit peut par certains procédés y maintenir le caractère de confidentialité et en obtenir la protection correspondante. Ainsi, pour le transfert et stockage des données couvertes par le secret commercial, les clauses contractuelles portant sur les questions de protection de la confidentialité jouent un rôle primordial.

Ensuite, les « mesures raisonnables de confidentialité » sont difficiles à définir. Le caractère réglementaire est un aspect incontournable du secret commercial. La loi exige en effet que l'ayant droit ait pris lui-même les mesures nécessaires pour la protection du secret commercial. Cependant, dans le recours au *big data*, il est difficile de déterminer pour de nombreux comportements, s'ils appartiennent aux « mesures raisonnables de confidentialité. » Par exemple, lorsque l'ayant droit poste des données confidentielles sur un compte en *clouding* pourvu d'un code d'accès, cela peut-il affecter le statut de sa protection en termes de secret commercial ? Certains chercheurs estiment que s'il s'agit de *clouding* privé, le fait relève des « mesures raisonnables de confidentialité, » que si en revanche, il s'agit de *clouding* public, ce n'est plus le cas, et que le code d'accès ordinaire importe peu, que seul compte le choix entre *clouding* public et privé puisqu'il détermine la capacité à se mettre hors de portée d'autrui. Cependant, d'autres chercheurs diront qu'à partir du moment où l'opérateur de *clouding* public fournit un code d'accès ordinaire (nécessiter de taper un code confidentiel pour pouvoir obtenir l'accès), informe autrui de l'existence de cette protection et garantit que les données stockées ne puissent être identifiées par un moteur de recherche et obtenues sans difficultés, alors le fait relève bien des « mesures raisonnables de confidentialité. » Par ailleurs, le niveau des technologies exploitées par l'opérateur de *clouding* peut également avoir une incidence sur la qualification des « mesures raisonnables. » Le caractère évolutif et partagé des données en *clouding* représente pour leur gestion une certaine difficulté, si bien que si l'opérateur ne dispose pas d'un niveau technologique suffisant, les données des utilisateurs ne sont pas à l'abri de consultations non-autorisées ou d'attaques informatiques, ce qui entraîne la forte potentialité du vol de donnée et affecte donc la qualification du fait en « mesure raisonnable. »

En outre, le champ de l'objet est malaisément définissable. Avec l'apparition de l'intégration des dispositifs de communication au sein des *smartphones*, l'internet mobile a connu un développement fulgurant, dont les extraordinaires capacités de production de données en a fait un des principaux moteurs de la croissance mondiale du *big data*. De nos jours, l'obtention et le partage de données sont devenus une part essentielle de la vie sociale. D'après les statistiques, le monde compte 5 milliards d'utilisateurs d'Internet mobile, soit autant de récepteurs et consommateurs d'informations potentiels. Une telle masse d'utilisateurs représente une valeur commerciale qui dépasse l'imaginaire. Par les plateformes d'échanges (comme les comptes officiels de Weibo ou WeChat), les entreprises peuvent diffuser des publicités et obtenir des intérêts commerciaux. De plus, avec l'approfondissement de leur gestion, le réseau des comptes d'entreprise ne cesse de s'étendre et de gagner en maturité, permettant de renforcer constamment la capacité d'influence des entreprises. Et comme ces comptes de réseaux sociaux qui représentent les entreprises sur le net, leur sont indissociables, ils prennent un caractère irremplaçable. Ainsi, le renforcement de la sécurité des comptes par une législation protectrice du secret commercial est devenu une demande importante de la part de nombreuses sociétés, ce qui revient à étendre l'objet du secret commercial de l'entreprise elle-même à son compte de réseau social, et pose la question de l'élargissement du champ de l'objet. Au vu des cas qui se sont présentés jusqu'alors, ce procédé n'a pas reçu l'approbation des juridictions concernées. Mais avec le développement du *big data*, les données qui naguère n'étaient pas concernées par les problèmes de confidentialité, pourraient bien être intégrées au champ d'objet de la protection du secret commercial.

IV. Discours sur le droit de propriété numérique

Le discours sur le droit de propriété numérique reconnaît la donnée comme une propriété, comme un nouveau type de bien. Les régimes actuels de droit de la personnalité, droit de la propriété intellectuelle et secret commercial ne pouvant guère assurer une protection adéquate à la donnée, amender le droit de la propriété en sa faveur semble une proposition particulièrement réaliste. Dès 2008, l'apparition des « banques numériques » et « pactes numériques » a marqué le décollage du marché des transactions en *big data* à l'échelle planétaire, faisant apparaître aux yeux de tous, la donnée comme un nouveau type de bien échangeable.

La donnée ne correspond pas à la « chose » (*res*) de la *Loi sur le droit réel.* Par conséquent, le droit de propriété numérique diffère du droit réel au point que ce dernier ne peut être pris pour point de départ du premier. Les concepts de *res* et « droit réel » sont apparus dans la seconde moitié du XIXe siècle dans le *Code civil germanique*, la *res* y étant définie comme un « corps physique constitué, » le droit réel désignant le « pouvoir de domination » exercé sur ce corps. Ces définitions légales reposent sur l'idée que l'intérêt sur la chose provient de la détention de cette même chose, intérêts économiques et chose elle-même devant revenir à un sujet particulier. En cela, le droit de propriété sur la chose est un droit réel complet, tandis que la chose est la cible sur laquelle s'appuie le droit réel. Dans la doctrine juridique chinoise, la chose est un objet dont on dispose de manière absolue et exclusive. L'exclusivité du droit réel provient de l'essence de la notion de chose elle-même, en un instant *t*, le sujet disposant de la chose est unique, et ne peut partager ce statut d'ayant droit avec autrui, la disposition d'un sujet sur la chose consistant en une limitation du droit à disposer des autres sujets. Les fondements originels de cette exclusivité du droit réel sont de deux ordres : premièrement, l'essence même du concept de chose détermine objectivement le fait que la possession de la chose ait un caractère monopolistique, l'occupant d'une seule et même chose ne pouvant qu'être, objectivement, un seul et même sujet à un instant *t*; deuxièmement, durant son utilisation, la valeur de la chose ainsi que sa valeur d'usage ne cessent de se consumer au fur et à mesure du temps, si bien qu'à un instant *t*, l'obtention d'un intérêt d'un sujet sur une chose diminue l'intérêt dont les autres sujets pourront bénéficier sur ladite chose.

Comparée à la « chose » tangible, la donnée se distingue plus particulièrement par son caractère intangible. Cependant, son essence diffère également de celle des « choses intangibles » mentionnées par la *Loi sur le droit réel,* telles que l'électricité, la chaleur, etc. En effet, à un instant *t*, une même unité d'électricité ou de chaleur ne peut avoir qu'un sujet et qui plus est, subir consumation de par l'usage exercé par celui-ci. Or, l'intangibilité de la donnée lui permet au contraire d'être dupliquée à l'infinie pour un coût proche de zéro, sans subir aucune consumation, sa valeur résidant non pas en elle-même mais en son contenu exprimé. Ainsi, théoriquement, la donnée, quant à son occupation et disposition, ne peut revêtir un caractère d'exclusivité. La donnée étant marquée par la possibilité d'être dupliquée à l'infini sans guère subir aucune consumation, pouvoir l'exploiter de manière optimale et à haute fréquence est devenu un besoin interne au développement de l'industrie numérique.

La nature intangible de la donnée détermine la différence de contenu qui oppose sa contrôlabilité avec l'exclusivité de la chose. Que la donnée soit duplicable et utilisable à l'infini, ne signifie pas qu'elle ne soit pas contrôlable. Dans le cadre de la loi, le sujet de droit peut, par exécution de son droit, exercer son contrôle sur la donnée qu'il détient. Avec l'autorisation du sujet de droit, d'autres sujets peuvent, dans une certaine limite, utiliser simultanément cette même donnée. Il apparaît dès lors, qu'à la différence de la chose, la donnée, quant à sa détention et disposition, est dépourvue de tout caractère monopolistique, ce qui permet la multiplicité de ses sujets de droit.

En bref, la donnée est dépourvue de caractère tangible et est un nouvel objet d'usage non-exclusif et non-consumable. Par exemple, une donnée personnelle peut être, en un instant *t*, simultanément utilisée par un individu, une société et un organisme public. Bien que la donnée personnelle soit axée sur l'individu, le contrôle exercé par ces trois sujets sur la même donnée n'est nullement conflictuel ni antagonique. Naturellement, la société doit remplir un certain nombre de conditions préalables avant de pouvoir utiliser la donnée personnelle, de même que l'organisme public, doit pouvoir arguer de finalités liées à la sûreté de l'État, à l'administration de la société ou à la fourniture de services publics. En outre, durant l'utilisation, la valeur de la donnée ainsi que sa valeur d'usage ne subissent aucun effet de consumation. Par conséquent, du point de vue de ses propriétés, la donnée diffère par essence de la *res* telle qu'elle est définie dans la *Loi sur le droit réel*. Par ailleurs, la compréhension du droit de propriété numérique ne peut avoir recours à une simple extension du droit réel. Le concept de propriété étant étroitement lié à celui de « chose, » son champ d'application est astreint à son périmètre, son sujet de droit exerçant une occupation et disposition de la chose pleines et entières. On peut donc constater que le corps physique constitué étant la clé de voûte du régime de droit réel, la doctrine juridique du droit réel est également bâtie sur cette notion. Aussi, le droit réel ne peut convenir à la compréhension du droit de propriété numérique. Appliquer les notions d'usage et de propriété à des biens intangibles crée nécessairement des difficultés d'ordre théorique. Le transfert des droits est, dans les liens de droit civil, la manifestation formelle du transfert de propriété, si bien qu'il suffit qu'un droit soit légalement défini pour qu'il puisse faire objet de transfert. En cela, pour la compréhension des biens intangibles, il suffit de se référer à l'appartenance et au transfert de ces droits, nul besoin de se restreindre au cadre de la chose et de sa propriété. L'appartenance et la disposition du droit de propriété numérique différant des modes de possession et de disposition des choses tangibles, le régime du droit réel sur les choses tangibles est inapplicable à la donnée (cf. Tableau 3-1).

Deuxième partie: Définition des droits numériques

Bien qu'ils soient tous rationnels et fondés, aucun des quatre discours (sur le nouveau droit de la personnalité, sur le droit de la propriété intellectuelle, sur le secret commercial et sur le droit de la propriété numérique) ne permettant de satisfaire tous les aspects de l'instauration d'un régime de droit numérique, nous ne devons restreindre notre réflexion à un champ particulier du droit mais au contraire, nous devons y appliquer une certaine souplesse. Parallèlement, comme préalable à la fondation d'un régime de droit numérique, il est nécessaire d'en proposer une définition quant au sujet et objet, droit civil, souveraineté nationale et droit au partage.

I. Sujet et objet de droit numérique

1. Sujet réel et sujet numérique

Le droit romain tout comme le droit germanique édicte des limites d'éligibilité à la sujétion de droit réel. En droit romain, les sujets de droit se distinguent entre ceux qui ont pleine jouissance de leur personnalité de

Tableau 3-1 les différentes doctrines du droit numérique[a]

Doctrine	**Thèse, raisonnement et faiblesses**
Discours sur le nouveau droit de la personnalité	Thèse: le droit numérique est un droit de la personnalité, à la fois concret et d'un genre nouveau
	Raisonnement : Tout d'abord, considérant la particularité du contenu des droits, le droit numérique personnel est une protection des intérêts de la personnalité, le sujet numérique exerçant sur les données qui le touchent personnellement un droit à contrôler et de disposition, soit un contenu légal déterminé. Ensuite, considérant la variété des objets de droit, les données personnelles civiles se déclinent en données générales, confidentielles et sensibles, dont certaines comme l'identité, l'image et la vie privée sont déjà couvertes par les droits concrets de la personnalité et ne nécessitent pas de protection spécifique due à leur support numérique, contrairement à d'autres. Par ailleurs, considérant l'efficacité du système de protection, si l'on définit le droit numérique personnel comme un droit de propriété, les violations de données personnelles civiles risquent d'être exclues du champ de protection ; en revanche, si on le considère comme un droit de la personnalité, il permettra non seulement d'assurer qu'il n'y ait pas de traitement informatique différencié en fonction de l'identité de la personne, soit assurer la conformité au principe d'égalité, mais en plus, le citoyen peut se prévaloir de l'article 22 de la *Loi relative à la responsabilité pour actes délictueux*, afin d'obtenir réparation du préjudice moral. Enfin, par analyse comparée, il apparaît que dans le monde, les protections légales des données personnelles s'appliquent essentiellement aux intérêts de la personnalité du citoyen.
	Faiblesses: le droit de la personnalité de la personne physique est exclusif et non cessible, si bien que, même en ayant potentiellement une valeur commerciale, la donnée n'est pas traitée comme un bien, sans quoi elle perdrait toute portée de personnalité en termes de personne physique.

Discours sur le droit de la propriété intellectuelle	Thèse: le droit numérique individuel est un droit de la propriété intellectuelle, qui peut obtenir protection auprès des régimes de droit d'auteur et de droits voisins.
	Raisonnement: Tout d'abord, les bases ou ensembles de données dont la sélection et l'arrangement sont pourvus de caractère d'originalité, peuvent être considérés comme des œuvres de compilations, et à ce titre, être couverts par le régime du droit d'auteur. L'article 14 de la *Loi sur le droit d'auteur* chinoise stipule que les compilations d'œuvres, d'extraits d'œuvres, ou de données provenant d'œuvres non-constituées ainsi que d'autres matériaux, si le choix et l'arrangement de leur contenu présentent un caractère d'originalité, sont considérées comme œuvres de compilation, la jouissance du droit d'auteur revenant alors au compilateur. Ici, l' « originalité » ne se rapporte pas à celle du contenu mais bien à celle de la sélection et de l'arrangement. Par ailleurs, les bases et ensembles de données dépourvus de caractère d'originalité peuvent être placés sous la protection du régime des droits voisins. Les droits voisins sont un droit accordé aux diffuseurs de l'œuvre. La loi allemande applique explicitement le régime des droits voisins à la protection des bases de données. Leur détenteur ayant procédé à un engagement réel dans la sélection et la formation des bases de données, à ce titre, les bases et ensembles de données ne pouvant être couverts par le droit d'auteur, doivent recevoir la protection des droits voisins sur la sélection, eu égard au travail et frais engagés dans l'effort de sélection et d'arrangement des données.

(continued on next page)

Tableau 3-1 continued

Doctrine	Thèse, raisonnement et faiblesses
	Faiblesses: le faible degré d'identification des données ainsi que la singularité de leur mode de création de valeur rendent difficile leur reconnaissance en tant qu'objet de droit de propriété intellectuelle. Tout d'abord, comparativement à la créativité et à l'innovation des créations intellectuelles, le degré d'identification des données est relativement faible. Dans le cas où des données faiblement identifiables auraient été illégalement employées, le fait a peu de chance d'être découvert ni de recevoir une réponse immédiate. « sans recours pas de droit, » les faiblesses de la réaction mettrait la donnée hors protection effective malgré l'octroi d'un droit correspondant. Par ailleurs, la valeur du droit de la propriété intellectuelle réside dans les intérêts de l'exclusivité et du monopole de l'exploitation économique et de la diffusion. Cependant, la valeur des données se manifeste davantage à travers la potentialité de l'extraction et de l'analyse de ses informations. La valeur de l'objet de droit de propriété intellectuelle réside dans le « fruit » de la création intellectuelle, il comporte en lui-même cette valeur intrinsèque, tandis que la donnée trouve sa valeur dans sa « fonctionnalité, » elle-même étant dépourvue de toute valeur intrinsèque, c'est le contrôle opérationnel et l'analyse de son contenu qui le lui en donnent.
Discours sur le secret commercial	Thèse: les données individuelles présentent des similitudes avec le secret commercial et peuvent, dans certaines conditions, y être assimilées.
	Raisonnement: Tout d'abord, obtenir un secret commercial donne accès à l'obtention des intérêts commerciaux correspondants, le secret commercial possède donc une valeur commerciale. Par ailleurs, il revêt un caractère à la fois confidentiel et non-exclusif. Le secret commercial étant pourvu d'un caractère non-exclusif quant à sa détention et son contrôle, une fois révélé, connu d'autrui, perd toute valeur commerciale auprès de son ayant droit. Parallèlement, l'extraction et l'analyse de données permettent également de dégager un intérêt commercial de nature similaire, la donnée est donc, elle aussi, pourvue d'une valeur économique. Par ailleurs, une fois maitrisée par autrui, ce qui revient à sa perte de contrôle, elle peut fournir à autrui un pouvoir similaire à celui du secret commercial. Par conséquent, la donnée est elle aussi pourvue d'un caractère confidentiel etnon-exclusif. Enfin, dans le contexte technologique du *big data*, les données commerciales fragmentaires, après analyse, peuvent permettre de restituer l'intégrité d'un secret commercial, soit en causer la fuite.

	Faiblesses: la particularité du secret commercial est celle de ne pas être connu du public et d'être pourvu d'un intérêt économique pour son ayant droit, or, la donnée, dans le cyberespace, peut être accessible à tout un chacun, ce qui explique que la plupart des données ne peuvent être considérées comme relevant du secret commercial. En outre, traiter la donnée comme un secret commercial revient à faire obstacle aux flux et applications numériques, et donc à empêcher l'expression de la valeur de la donnée.
Discours sur le droit de propriété numérique	Thèse: le citoyen dispose sur la valeur commerciale de ses données personnelles un droit de propriété d'un genre nouveau, soit le « droit de propriété numérique. »
	Raisonnement: Avec l'avènement de l'ère numérique, les données personnelles remplissent *de facto* la fonction de protection et de maintien de la propriété du sujet, et, à partir de là, la loi et la doctrine n'ont plus qu'à reconnaître le droit de propriété dont jouit naturellement le sujet sur ses données personnelles. D'autres chercheurs considèrent le droit sur les données numériques du citoyen, par essence, comme un droit complet de propriété qui comprend la possession, l'usufruit et la disposition.
	Faiblesses: si l'on considère tout simplement le droit sur la donnée personnelle comme un droit de propriété, on risque de se concentrer outre mesure sur sa valeur commerciale au point d'en oublier la protection de la donnée elle-même tandis que celle-ci est à la fois la finalité première du régime légal numérique et le besoin le plus pratique du citoyen. En outre, si l'on oublie dans l'acception « donnée personnelle » la notion de « personne, » et donc que l'on ne fasse plus que « parler affaires dans le monde des affaires, » on risque de nuire à l'égalité de traitement des données personnelles car « comme les individus appartiennent à des situations économiques différentes, leurs informations sont également pourvues de valeurs différentes, cependant, la personnalité exige une protection égalitaire et sans différence de traitement. »

[a] Yu Zhigang : « *Logique de l'attribut légal et de la protection pénale des « informations personnelles du citoyen* », publié dans <*Zhejiang shehui kexue* > N°10 de 2017 ; pp. 4–14 ; et Wu Tao : « *Les quatre grands courants du monde juridique au sujet du < droit et attribut du numérique>,* » publié le 24 octobre 2016 sur le sit web : http://www.sohu.com/a/117048454_481893

personne physique, et ceux qui n'en ont qu'une jouissance partielle. Le sujet ne pourra exécuter son droit réel plein et entier que s'il jouit pleinement de sa personnalité. En revanche, l'esclave, lui-même objet de droit réel, ne peut en être sujet. En droit germanique, si les sujets de droit réel appartiennent bien à divers échelons hiérarchiques, en revanche, même si à ces hiérarchies diverses correspondent des droits réels divers, tous, qu'ils soient souverains, seigneurs, paysans libres ou serfs, sont éligibles à la sujétion de droit réel. En Chine, le *Livre des odes* (*Shijing*) stipule que « Sous tout le ciel, toute la terre est au roi ; jusqu'aux confins de la terre, tous sont ses serviteurs. » Ainsi dans la société chinoise traditionnelle, le sujet de droit réel est la caste dirigeante représentée par la figure du roi ou de l'empereur. Plus tard, avec l'influence du confucianisme, le sujet de droit réel prendra les traits du patriarche, chef de famille, mais sera toujours strictement borné. Depuis les temps modernes, sous l'effet du progrès social, le sujet de droit réel a perdu sa stricte définition hiérarchique. La *Loi sur le droit réel* élargit sa sujétion à l'ayant droit sans restriction, si bien que désormais, en Chine, l'État, les collectivités, les personnes morales, les organismes, les associations dépourvues de représentation légale et les individus sont tous sujets de droit réel.

La notion de droit numérique désigne la revendication par le sujet, d'après des motifs légitimes et légaux, de la reconnaissance de la détention de la donnée par son prétendant, ou bien l'injonction de la restitution des données, ou encore la reconnaissance de la validité légale d'un fait (ou comportement) numérique[10]. Le sujet de droit numérique désigne un ayant droit en particulier dont la personne ciblée par la donnée concernée ainsi que les personnes pratiquant sa collecte, son traitement, son transfert et son stockage, « personne » couvrant ici les acceptions de personnes physiques, morales et associations dépourvues de représentation légale. Cependant, à divers sujets de droit correspondent diverses limites légales. Par exemple, dans la *Loi sur le droit d'auteur*, l'auteur jouit du droit d'auteur plein et entier, soit une jouissance totale de droits personnels et droits de propriété sur l'œuvre ; les œuvres produites des modifications, traductions, commentaires et réarrangements d'œuvres existantes, sont aussi couvertes

10 Li Aijun, *Op. cit.*

par le droit d'auteur, cependant, elles sont soumises au respect des droits de la ou les œuvres initiales ; l'interprète et l'auteur d'une œuvre audiovisuelle issue d'une réadaptation doivent obtenir une double autorisation auprès de l'auteur initial, et peuvent, à leur tour, jouir respectivement d'un droit d'interprète et droit d'auteur audiovisuel. Par conséquent, les sujets de droit numérique peuvent être distingués en fonction de leurs diverses utilisations de la donnée, et recevoir en conséquence, le droit ou les limites légales correspondants.

2. Objet réel et objet numérique

L'objet de droit est le contenu visé par le droit, ou l'élément touché par l'exécution du droit. Il précise ce que le sujet jouissant du droit peut faire ou ne pas faire à l'égard de quels aspects de l'objet extérieur (objet physique ou moral), et naît et meurt avec le droit qui le concerne. L'objet de droit réel que l'on peut également désigner par « cible de droit réel » est l'objet dont jouit l'ayant droit réel. L'objet de droit réel est marqué par les caractéristiques suivantes :

Premièrement, l'objet de droit réel est la chose (*res*). Celle-ci désigne un bien physique tangible composé des éléments suivants : une existence physique ; extérieure au corps de l'homme, outre les exceptions prévues par la loi ; pouvant être contrôlée et dominée par les capacités humaines ; disposant d'une valeur d'usage et d'échange permettant de satisfaire les besoins et intérêts moraux et matériels de l'homme. La chose ne peut qu'être un bien matériel, que l'on nomme aussi bien tangible ou corps physique constitué. En revanche, aucun objet de propriété immatérielle ne peut prétendre à l'appellation de chose sans corps, ces droits de propriété ne peuvent qu'être désignés par propriété intangible mais on ne peut pas dire chose sans corps. Le son, la lumière, l'électricité, la chaleur qui sont clairement dépourvus de corps physique constitué tout en ayant encore une existence physique attestée, sont considérés comme une forme particulière de biens matériels, comme une extension des biens tangibles. Nous pourrions croire qu'il s'agit de choses intangibles et nous aurions peut-être raison, mais le présent ouvrage entend insister sur le fait que le concept de chose sans corps n'a aucune existence dans la loi sur le droit réel. Le discours sur la chose sans corps est donc non seulement une ineptie du point de vue du vocabulaire conventionnel, mais pourrait bien entraîner au sein du droit civil toute une série de désordres conceptuels.

Deuxièmement, l'objet de droit numérique est nécessairement une chose spécifique. Celle-ci est dotée d'un caractère autonome et unique, soit non-remplaçable. Le droit réel étant le droit de domination d'un ayant droit déterminé sur la chose, celle-ci doit nécessairement être déterminée ou spécifique. Sans spécification, l'ayant droit ne peut exercer son contrôle sur la chose, et ledit droit, dès lors, cesse d'exister. Par conséquent, le droit réel dont jouit l'ayant droit réel s'applique nécessairement à un bien physique constitué, comme la terre, un logement, un réfrigérateur ou une télévision couleur. Par ailleurs, les modifications du droit réel doivent être rendues publiques par procédure d'enregistrement ou de transaction, or, si l'objet de droit réel n'est pas déterminé, les procédures d'enregistrement ou de transaction ne sont pas réalisables. On peut estimer que la nécessité pour l'objet de droit réel d'être déterminé provient de la logique des liens juridiques en matière de droit réel. La chose générique, qui représente l'opposé de la chose spécifique, ne peut être objet de droit réel, mais peut le devenir une fois spécifiée, par exemple par le biais d'une sélection exercée par qui de droit.

Troisièmement, l'objet de droit réel doit être contrôlable. Le droit réel réside dans l'exercice d'un contrôle sur une chose en vue d'en tirer bénéfice, instaurant ainsi un rapport de domination entre l'homme et la chose. Ce concept présente une différence manifeste vis-à-vis du droit de créance qui s'incarne dans le lien d'une revendication exprimée d'homme à homme. Le rapport de domination du sujet sur la chose ne supporte aucun intermédiaire, et doit se faire conformément au gré du sujet. En d'autres termes, toute influence extérieure n'est permise, l'ayant droit devant pouvoir directement exercer son droit de disposition sur la chose.

Quatrièmement, l'objet de droit réel est pourvu d'un caractère d'exclusivité. La réalisation du droit réel doit nécessairement se faire à l'exclusion de la volonté d'autrui et sans devoir s'appuyer sur celle-ci. C'est uniquement à cette condition que la réalisation des intérêts pleins et entiers de l'ayant droit peut être assurée. L'exclusion de l'intervention d'autrui comprend l'ingérence illégale des pouvoirs publics ainsi que celle des puissances privées. Le sujet de droit jouit de son droit réel au gré de sa volonté. L'ayant droit n'a nul besoin de l'accord ou de l'intervention d'autrui, et peut exercer la domination sur la chose au gré de sa volonté. Si autrui viole positivement son droit réel, l'ayant droit a le droit de réclamer l'arrêt de la violation, la suppression des obstacles, l'élimination des risques ou la compensation des pertes.

Par rapport au droit réel, le droit numérique pose un nouveau type de lien juridique dont l'aspect le plus manifeste concerne les droits et devoirs du sujet numérique à l'égard de la donnée. La donnée ne peut guère répondre aux caractères spécifique, contrôlable et exclusif qu'exige la notion de droit réel, ce qui lui interdit l'accès au statut de « chose » (*res*). Par ailleurs, la donnée se distingue également de la création intellectuelle dans le sens où son degré d'identification est faible et son mode d'expression de valeur assez particulier, ce qui explique pourquoi la donnée ne peut que difficilement être objet de droit de propriété intellectuelle. Par conséquent, le lien juridique d'un genre nouveau reliant l'homme à la donnée ne peut que se faire en dehors du cadre des droits réel et de propriété intellectuelle.

L'objet de droit numérique est la donnée spécifique qui désigne en réalité, la plupart du temps, un ensemble de données. Dans la société numérique, une donnée seule n'est guère plus qu'un signe numérique sans intérêt, c'est uniquement par sa participation à un ensemble de données spécifique que la donnée est pourvue d'une certaine valeur. La donnée diffère de la chose du droit civil car en général, cette dernière existant de manière autonome à l'extérieur du corps humain, est contrôlable par les capacités de l'homme, et s'incarne en un corps physique constitué ou une ressource naturelle capable de combler les besoins des sociétés humaines. En revanche, la donnée étant intangible, elle peut difficilement être pleinement contrôlée par un sujet de droit civil. En outre, les données ne sont pas absolument cessibles dans le sens où leur caractère duplicable et la grande facilité d'en garder copie au cours d'une transaction entraînent une très grande difficulté à leur assurer un caractère d'exclusivité. S'il est vrai que le stockage et le transfert des données occupent de l'espace, il s'agit d'un espace virtuel et non matériel. Par conséquent, la donnée diffère de la chose (*res*) ni n'appartient à son paradigme. Cependant, cela n'altère nullement sa capacité à combler certains besoins de la société, en outre, l'utilisation dont le sujet de droit dispose sur l'ensemble de données est contrôlable, et de nature similaire à celle de l'utilisation de la chose.

II. Le droit numérique, un droit civil d'un genre nouveau

1. Contenu du droit numérique

Avec l'avènement de l'ère du big data, la donnée a commencé à exister de manière autonome et objective. N'etant pas un corps physique constitué, elle désigne la plupart du temps un signe numérisé. Les dispositions paradigmatiques de la *Loi sur le droit réel* concernent essentiellement l'appartenance des biens physiques constitués et les liens concernant leur utilisation. Comme objet immatériel, la donnée, parce qu'elle ne correspond pas à la *res* du droit civil, ne peut trouver dans la *Loi sur le droit réel* une protection adéquate. Chaque citoyen de l'ère du *big data* est muni d'un ensemble de droits que l'on nomme les droits numériques. Ils comprennent les droits de propriété, collecte, stockage, respect de la vie privée, utilisation et droit de savoir, soit tout un jeu de droits fondamentaux ayant le citoyen pour sujet, et qui se caractérise par la synthèse entre droit de la personnalité numérique et droit de la propriété numérique (cf. figure 3-1).

Le droit numérique incarne les intérêts de la personnalité du citoyen. Dans la doctrine traditionnelle du droit civil, on estime majoritairement que le droit de la personnalité est un droit inhérent, inaliénable, imprescriptible,

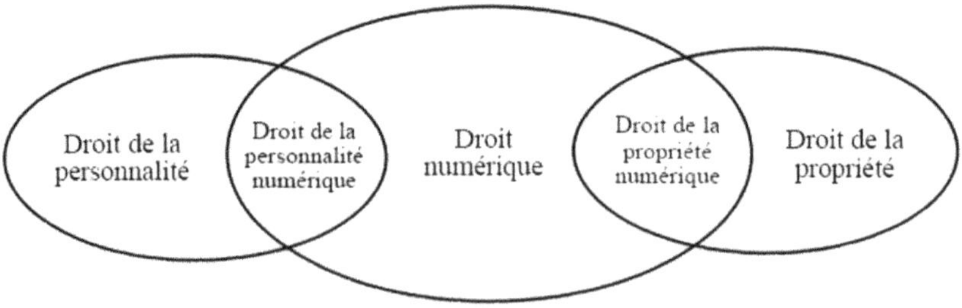

Figure 3-1 Les liens du droit numérique

de nature passive et défensive à l'exclusion du droit de la propriété. L'objet du droit de la personnalité désigne les éléments de la personnalité qui sont l'apanage exclusif du sujet de droit et dépourvus de notion de propriété directe. La donnée personnelle comprend en elle-même des éléments de la personnalité du sujet qui impliquent la nécessité d'assurer le respect de la personnalité du sujet. Tout d'abord, la notion de donnée personnelle du citoyen désigne les données particulières concernant une personne physique désignée et qui permettent d'avoir accès à son identité, le contrôle et la domination du sujet sur ses propres données incarnant le respect de sa personnalité de personne physique. Ainsi, du point de vue du contenu, c'est bien du droit de la personnalité dont il s'agit. Cependant, le droit numérique diffère en nature des conceptions traditionnelles du droit de la personnalité dont pourtant il dérive. De par son objet et son contenu, il est également distinct du droit sur la vie privée. Il est un droit autonome et d'un genre nouveau mais il joue également un rôle irremplaçable vis-à-vis des conceptions traditionnelles de droit de la personnalité et respect de la vie privée. Puisque les données personnelles comprennent les intérêts de la personnalité du citoyen, elles sont objet de droit de la personnalité et nécessitent protection.

Le droit numérique implique des intérêts économiques considérables. Les données personnelles des citoyens contiennent souvent une grande valeur. Lorsque celle-ci est exprimée au cours de l'utilisation par autrui, elles peuvent rapporter des intérêts économiques certains au sujet numérique. Par le passé, dans le contexte restreint des insuffisances du développement économique et technologique, les données personnelles n'étaient pas encore commercialisables tandis que leur valeur économique potentielle restait largement ignorée. Suite au développement des technologies de l'information, la conscience de cette valeur potentielle s'est progressivement répandue, ainsi que l'exploitation et l'utilisation de la donnée, celle–ci s'affirmant peu à peu comme une ressource qui, à ce titre, nécessite protection du droit de propriété.

Le droit numérique est un droit autonome. Il n'est ni droit de la personnalité ni droit de propriété, mais bien un droit autonome basé sur la synthèse des deux. En réalité, la protection des données personnelles du citoyen peut à la fois avoir recours au cadre légal de la personnalité comme à celui de la propriété, la différence résidant dans le mode de protection et les priorités, les deux ne pouvant d'ailleurs se remplacer l'un l'autre. Nullement antagonistes, les deux droits peuvent tout à fait coexister au sein du droit numérique. La donnée personnelle du citoyen en tant qu'objet de droit numérique, concentre en elle-même les attributs de personnalité et propriété numériques. Cependant, l'objet de droit de propriété numérique dépasse le seul champ de la donnée personnelle pour couvrir tous les types de données présentant une valeur économique. Ainsi, droit de la personnalité et droit de propriété coexistent au sein du droit numérique, cependant sur les autres types de données également pourvues d'une valeur économique, le droit de la personnalité numérique ne s'applique pas, seul le droit de la propriété numériqu s'applique.

2. L'interaction interne au droit numérique

Le droit numérique est apparu avec la donnée, se manifestant de manière plus saillante au gré du développement du *big data*. Durant le développement du *big data*, la typologie des droits numériques n'a cessé de se diversifier. Ces droits portent non seulement sur les conceptions traditionnelles des droits de propriété de l'information et de respect de la vie privée, mais impliquent également une grande variété de liens, contraintes et interdépendance réciproque entre l'information et l'objet de droit qui y paraissent comme deux éléments distincts. La nouvelle structure légale que constitue cette interaction interne au droit numérique exerce une influence sur tous les aspects de notre vie.

D'une part, avec le développement du *big data*, de l'Internet mobile et des technologies de nouvelle génération, la numérisation de la société progresse chaque jour, collecte, stockage et utilisation des données voyant leur coût constamment abaissé. Dans la vie quotidienne, le citoyen, sujet-émetteur de données, en produit à tout instant. Ces masses de données sont non seulement gigantesques mais également marquées par une formidable diversité. En s'appuyant sur des mécanismes informatiques de haute capacité, l'utilisateur de données peut très aisément établir des liens entre elles, et, à partir de là, restituer la trajectoire habituelle d'un individu ou d'un groupe d'individus en particulier, en déduire l'avenir et tirer profit de cette déduction. Par conséquent, il est nécessaire d'accorder des droits numériques au citoyen afin de défendre ses données personnelles contre toute collecte ou utilisation illicite.

D'autre part, les données massives représentent une valeur gigantesque. Plus les données personnelles sont en nombre important, plus leur variété est grande, plus la valeur stratégique et économique qu'elles contiennent est immense. Si l'on n'en faisait pas collecte, stockage, nettoyage et extraction, l'exploitation de produits numériques serait impossible, et le progrès technologique, au point mort. Par conséquent, les droits numériques du citoyen ne sont pas uniquement utiles à la préservation de ses droits de la personnalité et de la propriétémais influencent également le développement de l'économie numérique de l'ensemble du pays. Cela est plus encore le cas pour les secteurs particulièrement impliqués dans le traitement des données personnelles. En effet, dans le cadre d'une collecte de donnée autorisée par la loi, il est très important de déterminer le droit et les recours dont peuvent se prévaloir les entreprises concernées. En une certaine mesure, la définition du droit numérique du citoyen, joue un rôle majeur pour le développement du flux et de l'industrie numériques.

3. Les difficultés extérieures que doit affronter la protection des données

Construit sur la base de l'espace réel et axé sur l'homme, le cadre légal évolue constamment en fonction de l'environnement extérieur. Lorsque celui-ci est en proie au changement, y apparaît la formation de liens juridiques d'un genre nouveau. À l'ère du *big data*, ces nouveaux liens s'incarnent dans le droit numérique. Il ne s'agit pas d'un système légal autonome mais d'une forme de droit complémentaire basée sur l'apparition et l'évolution du cyberespace, un espace hors de portée pour la législation actuelle.

Limites observées du point de vue du nouveau droit de la personnalité. Les droits de la personnalité tels que droit à l'identité, à l'image et à l'honneur, n'ont qu'un effet limité sur la protection des données personnelles car les données qui comprennent l'identité et l'image ne sont pas les seules à subir des violations. D'après la doctrine traditionnelle du droit civil, le droit de la personnalité est un droit purement moral. Avec le progrès de la commercialisation, le droit de la personnalité s'est de plus en plus étendu vers la fonction de propriété, la valeur contenue par l'identité et l'image ayant été de plus en plus découverte et exploitée. Cependant, la protection offerte par le droit de la personnalité est de nature morale, une fonction qui n'a nullement reculé. Le droit numérique comprenant droit de la personnalité et droit de propriété, couvre à la fois les droits moraux et les droits de propriété individuels. L'équilibre du droit numérique qui s'incarne dans les liens entre sujet de droit numérique, gestionnaire numérique et utilisateur de données, nécessite de prendre en compte les intérêts moraux et matériels du sujet, ainsi que les intérêts matériels du gestionnaire et de l'utilisateur.

Les limites du droit à la vie privée. Les données personnelles ne sont pas la vie privée si bien que le droit au respect de la vie privée ne prévoit pas d'extension à l'égard du droit numérique. La différence entre les deux réside dans le fait que la vie privée comprend les informations personnelles, les activités d'ordre privé et l'espace intime, soit des éléments qui ne regardent pas le grand public et n'ont donc pas à subir de publicité, des éléments qui appartiennent au domaine privé ; au contraire, la donnée personnelle est déjà publique, ou plus exactement, elle appartient déjà à l'ordre social public, la protection de la vie privée y étant restreinte par l'intérêt collectif. Seule une minorité de données personnelles sont d'ordre confidentiel, tout le reste y échappe. « Les informations sur la génétique, le passif médical, les examens de santé, le casier judiciaire, l'adresse familiale et les activités privées de la personne physique »[11] entre autres informations sensibles, sont couvertes par la protection du droit à la vie privée. En revanche, certaines informations numériques sont d'ores et déjà publiques, telles que l'identité, le téléphone, l'adresse. Quel que soit l'usage qu'en fait autrui, elles ne peuvent guère être couvertes par le droit à la vie privée. Les informations numériques personnelles publiques après avoir été désensibilisées par le biais de la technologie, sont augmentées d'une complexité d'intérêts liés à la privauté. À ce moment-là, les individus n'ont plus la possibilité d'avoir recours au droit à la vie privée

11 Cour suprême populaire : « *Dispositions générales sur l'application de la loi dans le règlement des différends en droit civil au sujet de violations des droits et intérêts de la personnalité par le biais de réseaux d'information* ,» publié le 21 octobre 2014 sur le site web : http://www.court.gov.cn/zixun-xiangqing-6777.html

pour limiter l'utilisation des données par autrui en tant que véhicules d'information, les intérêts de la propriété concernés étant également hors de propos. Ainsi, vis-à-vis du traitement des données personnelles, les protections offertes par les droits et intérêts de la vie privée actuels ne pèsent pas lourd.

Les limites du droit réel. En droit numérique, la doctrine du droit rée l se concentre sur le droit à contrôler, le droit à utiliser n'y paraissant que comme un droit subordonné à celui-ci. La donnée n'a pas l'autonomie que réclame l'objet de droit civil, ce qui est contraire au principe du détenteur unique de la chose. L'individu, en tant que producteur et source primaires de la donnée personnelle, une fois celle-ci collectée, traitée et analysée par autrui, n'est plus ni son contributeur entier, ni son détenteur réel, ni n'y exerce un contrôle réel. L'individu est certes le fournisseur de la donnée mais sans l'opérateur internet qui la collecte et le support technologique qui la soutient, la donnée et l'information qu'elle véhicule ne pourraient exister[12]. « Pour pouvoir être réalisées, toutes les dispositions légales en termes de droit numérique et distribution des bénéfices doivent être codifiées de manière appropriée »[13] ce qui revient à dire que l'individu ne peut exercer un droit réel absolu sur sa donnée personnelle, procéder à des transactions numériques ni retirer un droit sur la donnée à partir de la simple application du droit réel. Cela prouve bien que le droit réel est de bien faible recours sur la question de la protection des droits numériques.

Les limites du droit de créance. La doctrine du droit de créance préconise la protection des biens virtuels par la procédure contractuelle et valorise la nature contractuelle du lien entre prestataire de service et utilisateur. Dans le rapport entre droit et devoir de créance, entre le sujet-émetteur de données et le collecteur existerait un lien de nature contractuelle mais, étant donné le caractère complexe et évolutif du droit numérique, le sujet n'est pas en capacité d'établir un contrat en faveur d'une tierce personne utilisatrice de données. Et même s'il contracte une telle disposition

12 Par exemple, le 19 août 2013, les adresses électroniques de l'opérateur Yahoo Chine ayant officiellement pris fin, leurs utilisateurs se sont vus dans l'incapacité d'accéder à leur compte ainsi qu'à son contenu.

13 Mei Xiaying : « *Les attributs légaux de la donnée et son statut en droit civil* ,» publié dans <*Zhongguo shehui kexue*> N°9 de 2016

favorable à autrui, le déséquilibre du rapport de force fait pencher la balance en faveur de l'utilisateur, fournisseur des clauses contractuelles et qui bien souvent exclu le sujet-émetteur de toute distribution de bénéfice. Si, parmi les dispositions contractuelles, aucune ne précise le contenu des droits numériques, le sujet-émetteur n'a généralement aucun recours pour faire reconnaître ses droits et invalider la clause d'exclusion. Le contractant ne considère pas la donnée comme un objet particulier et tend à faire comme si elle n'existait pas. Dans le processus de reconnaissance de la donnée, la question du statut du droit numérique n'a pas encore été réglée. C'est la raison pour laquelle, recourir aux clauses créancières pour assurer la protection des droits numériques entraînerait l'émergence de toute une série de problèmes non-résolus.

Les limites du droit de la propriété intellectuelle. Les données individuelles ne sont pas comprises dans la variété de cette catégorie. De nos jours, dans aucun pays, la donnée n'a été intégrée au système de protection du droit de la propriété intellectuelle. Prenant le point de vue de l'utilisateur, et non celui des droits du sujet-émetteur, certains chercheurs estiment qu'il faudrait l'y intégrer. Donnée et intellect ont entre eux un lien inhérent, si bien qu'il existe de nombreux points communs de nature entre droit numérique et droit de la propriété intellectuelle, en outre, la protection du droit numérique a également pour objectif de confirmer l'exploitation de la donnée qu'en fait l'utilisateur. On peut donc estimer que la loi sur la propriété intellectuelle est le système de protection légale le plus proche de celle du droit numérique. Cependant, de par sa nature, la donnée ne peut y être intégrée. Tout d'abord, elle ne remplit pas la condition d'autonomie nécessaire pour être reconnue comme propriété intellectuelle ; par ailleurs, le mécanisme de protection du droit de la propriété intellectuelle ne peut autoriser un ayant droit numérique à l'exploitation d'un monopole commercial. En outre, la loi sur le droit d'auteur, en vertu du principe d'épuisement des autres droits, ne confère un droit de contrôle absolu sur l'œuvre produite, tandis que le droit numérique est marqué par un caractère de répétition qui ne s'épuise dès la première occurrence. Tout cela explique la raison pour laquelle le système de protection légale de la propriété intellectuelle diffère grandement du système de protection des droits numériques.

III. La souveraineté numérique, un droit national d'un genre nouveau

Le cyberespace n'est pas une zone de non-droit, et doit également relever de la souveraineté. Lors de la 3e édition de la Conférence mondiale sur Internet, le président chinois Xi Jinping, a évoqué le concept de la souveraineté du cyberespace national, principe également mentionné dans la *Loi sur la sécurité d'Internet*. Il s'agit en réalité de l'extension à l'espace virtuel du principe fondamental de l'égalité des souverainetés tel qu'il est stipulé dans la Charte de l'Organisation des Nations unies pour l'espace réel. La donnée étant l'unique existence du cyberespace, sa simple sécurité dépasse le champ sécuritaire habituel pour atteindre les hauteurs de la sûreté de l'État. De nos jours, de nombreux pays dont la Chine réclament la régionalisation du stockage des données. Tout comme la souveraineté du cyberespace, la souveraineté numérique est d'ores et déjà devenue une souveraineté d'un genre nouveau, car dans le flux massif de données qui parcourt le monde, la défense de la sûreté de l'État en matière numérique est devenue un sujet incontournable de l'ère du *big data*.

1. Contenu de la souveraineté numérique

Le concept de souveraineté numérique désigne la possession pour un État de la capacité d'exercer son ressort suprême sur l'ensemble des données telles que textes, images, supports audiovisuels, codes, logiciels produits par des individus, sociétés et organismes concernés résidant sur son territoire. La souveraineté numérique se structure essentiellement autour de trois axes : le pouvoir de contrôle numérique, le droit au développement autonome de l'industrie et des technologies du numérique, le pouvoir législatif en matière numérique.

Premièrement, le pouvoir de contrôle numérique. Le cyberespace étant constitué de données, on peut dire que la souveraineté numérique est au cœur de la souveraineté du cyberespace. Avec le développement des sociétés humaines, à la suite des espaces territoriaux, maritimes, aériens et spatiaux, le cyberespace devient progressivement un nouvel espace de développement pour chaque État. Qui possède la capacité de contrôle numérique, possède l'autonomie de son cyberespace. À l'ère du *big data*, pour un État souverain, posséder ou non le pouvoir de contrôle numérique est devenu un élément clé du droit à la parole sur la scène internationale. Dans l'avenir, un État dépourvu de souveraineté numérique et dont les ressources numériques intérieures ne sont pas maîtrisées, sera particulièrement exposé aux ingérences et manipulations des grandes puissances numériques, une insécurité capable de porter atteinte à la sûreté de l'État.

Deuxièmement, le droit au développement autonome de l'industrie et des technologies du numérique. Avec le développement du *big data*, l'émergence d'une nouvelle forme d'hégémonie, l'hégémonie numérique, est hautement probable. Depuis toujours, les hautes technologies de l'information (dont logiciels et puces électroniques) sont contrôlées par les pays développés, si bien que les pays en voie de développement subissent tous une dépendance technologique plus ou moins importante à leur égard. Par exemple, la guerre commerciale sino-américaine a permis de révélé la dépendance de la Chine envers l'importation de puces américaines. À l'ère du *big data*, les pays en voie de développement peuvent ainsi aisément tomber dans la dépendance technologique envers les produits numériques des pays développés, une dépendance que ces derniers ne vont cesser d'entretenir au point d'entraîner un phénomène de colonisation numérique. Ainsi, le droit au développement autonome de l'industrie et des technologies du numérique est un des aspects de la souveraineté nationale qui relève des affaires intérieures de l'État.

Troisièmement, le pouvoir législatif en matière numérique. Après s'être emparé du pouvoir de contrôle numérique, l'État doit assurer sa sécurité numérique par un ensemble de dispositions réglementaires. Ce pouvoir législatif en matière numérique représente l'indépendance de l'État dans sa gestion de l'espace numérique, ce qui signifie qu'un État, sans devoir subir l'ingérence d'aucune puissance extérieure, est capable de décider de manière autonome de la stratégie et du cadre réglementaire ainsi que d'exercer pleinement sa compétence juridictionnelle sur les affaires numériques concernant le territoire national. Dans le cadre des accords internationaux, ce droit de choisir pour la gestion de son propre espace numérique, en pleine autonomie, et sans subir aucune contrainte ni ingérence de la part d'autres États, est un aspect majeur de la souveraineté nationale à l'ère du *big data*.

2. Souveraineté numérique et sûreté de l'État

L'humanité est en train d'entrer dans une époque numérisée. L'utilisation généralisée des technologies de nouvelle génération telles que le *big data*, le *clouding* et l'intelligence artificielle dans les domaines économique, social et scientifique, voire de la Défense, a fait de la donnée un élément essentiel au même titre que les ressources naturelles telles que l'électricité et la terre. La donnée s'affirme progressivement comme une ressource stratégique de l'État, le point de gravité s'étant déplacé de la course aux ressources naturelles vers la course à la ressource numérique. Disposer ou non d'une masse importante de données et de haute capacité de leur application constitue un critère essentiel de la compétition future entre États. « Le nouveau cycle de la compétition entre puissances, en une certaine mesure, par le biais du *big data*, renforce leur influence et domination sur le reste du monde. »[14]

Avec le développement du *big data*, la compétition pour le contrôle et l'utilisation des données est chaque jour plus intense. De nombreux États ont fait du développement et de l'utilisation du *big data* une priorité stratégique, multipliant les programmes dans ce sens, pour s'emparer des ressources numériques. On peut citer par exemple le « Programme de recherche et développement en *big data* » des États-Unis, la « Stratégie européenne sur les données ouvertes » de l'UE, la « Déclaration nationale sur la création de la haute technologie IT » du Japon, la « Stratégie sur le service public en *big data* » de l'Australie, etc. En outre, de nombreux États œuvrent à la régionalisation de la donnée, ouvrant ainsi une guerre de tranchées numérique. Certains pays comme l'Inde et l'Iran, revendiquent le stockage des données nationales sur le territoire, en en interdisant toute sortie ; la Russie exige la régionalisation des adresses électroniques et des comptes de réseaux sociaux des citoyens russes ; les dispositions européennes en matière de protection légale stipulent que la donnée peut être protégée par la législation nationale en vigueur et ne peut être exportée vers des États extérieurs à l'Union qu'en vertu de dispositions contractuelles.

14 Miao Xu : « *Le big data : ressource clé de la révolution mondiale* ,» publié dans le « *Quotidien du Peuple* » *N°7* du 13 octobre 2015

La souveraineté numérique devenant un nouvel élément de la souveraineté nationale, la sécurité numérique est devenue le nouveau point de gravité de la sécurité nationale. Notamment dans le contexte d'une compétition numérique entre États sans cesse plus intense, la défense de la souveraineté et de la sécurité numériques est devenue le contenu principal de la sûreté de l'État. Le scandale du PRISM a révélé le fait que les États-Unis utilisaient leur avantage technologique pour espionner l'ensemble d'Internet. Par utilisation du *big data*, entre autres procédés, les États-Unis sont d'ores et déjà en mesure de surveiller l'ensemble des données en circulation sur la toile, les autres États voyant leur sécurité numérique gravement menacée avec notamment l'espionnage des mégadonnées issues de leurs infrastructures dans les domaines de l'eau, l'électricité, les transports, la banque, la finance, l'hygiène, le commerce et l'armée.

Face à la perte du contrôle numérique et les menaces induites en matière de sécurité, de nombreux États ont adopté de nouvelles mesures pour renforcer leur propre capacité de défense. Cependant, l'instauration de la souveraineté nationale demeure le procédé le plus élémentaire pour améliorer les capacités de garantie de la sécurité numérique, il s'agit du socle essentiel de la prévention contre les violations depuis l'étranger des secrets de l'État, des entreprises et des individus. La sécurité est le seuil d'entrée de la souveraineté nationale. À l'ère du *big data*, la sécurité numérique concerne directement la sûreté de l'État, ainsi que les fondements du développement économique et de la stabilité sociale. Dans le domaine de la souveraineté nationale, la souveraineté numérique doit revêtir un statut stratégique de la plus haute importance, les États souverains devant améliorer au plus vite leur capacité de contrôle du numérique, pour offrir une garantie à la sécurité nationale dans l'ère du *big data*.

3. Réflexion sur l'institutionnalisation de la souveraineté numérique

La souveraineté numérique d'un État est un système synthétique qui est marqué par les caractéristiques du multilatéralisme, de la démocratie et de la diversité. La numérisation comprend comme caractéristique inhérente, la coexistence de sujets aux intérêts divers, et comme fonctionnalité, un gain d'efficacité considérable mis au service de tous les aspects et besoins de la société, soit une fonctionnalité nécessairement marquée par la diversité. Par conséquent, l'instauration de l'institutionnalisation de la souveraineté numérique doit prendre la synthèse pour point de départ, afin de synthétiser les problèmes de sécurité et procéder à des analyses multidimensionnelles.

La souveraineté est confrontée à la difficulté d'un flux de données de nature internationale, confrontation qui se cristallise notamment autour de l'opposition entre la liberté de circulation de la donnée et sa régionalisation. Par exemple, l'adoption en juillet 2016 du *Bouclier de protection des données EU- Etats-Unis*, s'il permet de résoudre les désaccords en matière de circulation internationale des données, ne permet de résoudre durablement les problèmes de fond, n'étant guère qu'un arrangement provisoire. L'année suivante, la Commission européenne publiait une *Proposition pour un cadre réglementaire sur la liberté du flux des données non-personnelles*, exigeant de la part des pays partenaires commerciaux la fourniture de critères de protection complets de la confidentialité. En mai 2018, le *Règlement général sur la protection des données* (RGPD) promulgué par l'Union européenne est officiellement entré en vigueur. Or, le RGPD prévoit des mesures assez strictes en matière de transfert international des données. Cependant de nombreux États tels que l'Inde, l'Iran, la Russie, et l'Australie penchent pour la régionalisation des données, contrairement à la liberté de circulation promue par le *Bouclier de protection* adopté entre les Etats-Unis et l'Union européenne. Par conséquent, durant le processus d'institutionnalisation de la souveraineté numérique, il est important de pleinement prendre en compte les contradictions liées à l'actuel flux international des données.

À l'heure actuelle, la Chine n'a pas encore adopté de réglementation précise et concrète vis-à-vis de la protection légale de sa souveraineté nationale en matière numérique. Cependant, depuis novembre 2006, la *Loi sur la cyber-sécurité* a promu pour la première fois le concept de la souveraineté du cyberespace, venant enrichir le domaine de la souveraineté nationale, en faisant de la souveraineté du cyberespace national une extension naturelle et manifeste de la souveraineté nationale chinoise dans le cyberespace. Intégrer la notion de cyberespace à celle de souveraineté nationale permet de mieux protéger les droits et intérêts légitimes de la Chine dans le domaine du cyberespace, contre les violations des puissances et organisations étrangères. Toute irruption illégale, vol et destruction des systèmes informatiques et autres plateformes de service ou proposition de technologies au sein du cyberespace national, est considéré comme une violation de la souveraineté nationale. La *Loi sur la cyber-sécurité*, si elle ne mentionne pas directement la souveraineté nationale en matière numérique, précise en revanche la notion de souveraineté du cyberespace, constitué de données comme seules « choses » qui y existent, ce qui à travers la souveraineté du cyberespace, revient à évoquer la souveraineté numérique. En attendant l'institutionnalisation officielle de la souveraineté numérique de la Chine, le perfectionnement constant de la *Loi sur la cyber-sécurité* permet d'assurer une protection plus efficace et mieux adaptée à la protection de la souveraineté nationale en matière numérique.

IV. L'essence du droit numérique : être un droit au partage

La structure technologique et le caractère réticulé de la société numérique détermine son orientation spirituelle en faveur de la décentralisation et de l'absence de frontière, soit l'ouverture, l'égalité, la coopération et le partage. L'ensemble de ces particularités forment le socle d'un écosystème axé sur l'humain et placent le partage au cœur de cette nouvelle époque. C'est d'ailleurs dans cette notion de partage que réside la différence essentielle entre droit numérique et droit réel.

1. De l'exclusivité du détenteur de la chose à la multiplicité des détenteurs de la donnée

L'exclusivité du détenteur est le principe essentiel de la domination du sujet sur l'objet en droit réel. Au fur et à mesure du développement technologique, la chose (*res*) n'a cessé de gagner en variété, contraignant le droit rée l à s'amender continuellement pour suivre la tendance, les droits de propriété gagnant chaque jour en sophistication. Le principe d'exclusivité du détenteur est confronté dans la réalité à la multiplicité des détenteurs et à la multiplicité des choses détenues par un seul détenteur. Le degré et la forme d'utilisation de la chose par l'humanité ne cesse d'évoluer, si bien que les cas d'« une seule chose pour plusieurs détenteurs » et « plusieurs choses pour un seul détenteur » ont d'ores et déjà obtenu dans la jurisprudence quelques aménagements et reconnaissances implicites qui outrepassent le principe « d'une seule chose pour un seul détenteur. » La donnée est justement généralement dans cette situation d' « une donnée pour plusieurs détenteurs, » son caractère duplicable, impérissable et singulièrement partageable détermine le fait qu'on ne peut accorder à aucun des sujets un droit de domination absolu, sans quoi on s'éloignerait de l'esprit de partage qui a présidé à son développement. Avec la maturation de l'époque et le progrès de la technologie, tandis que le coût de production de la chose chute jusqu'à s'approcher de la gratuité, l'exclusivité de sa jouissance n'est plus indispensable. Cela est plus encore le cas pour la donnée dont la ressource est en abondance et le coût de production proche de zéro. Le fait que son objet soit naturellement non-relevant du droit réel et que ses sujets soient divers a déterminé le principe fondamental de l' « usage optimal de la donnée » dont le partage est le préalable. Promouvoir le partage de la donnée est une tendance irrésistible qui, lorsqu'on l'observe avec un peu plus de hauteur, présente un cas dans lequel une donnée rare est devenue abondante entraînant le dépassement de la notion traditionnelle de la rareté de la ressource par celle de l'échange et du partage. « Lorsque nous observons des problèmes par le prisme de la technologie, nous nous apercevons que la rareté des ressources est un phénomène ultra-minoritaire, et que le véritable problème réside dans l'utilisation que l'on en fait. »[15]

2. Le partage sans frontière

Internet a dépassé les limites de l'espace et du temps, dissipant chaque jour un peu plus la frontière entre virtuel et réel, numérique et matériel, l'espace numérique offrant aux activités humaines un nouveau champ d'action. Par rapport à l'espace réel, le temps numérique est extensible, instantané et réversible tandis que l'espace numérique est compressible,

15 Les Américains Peter Diamandis et Steven Kotler : « *Abundance: The Future Is Better Than You Think* ,» traduit en chinois par Jia Yongmin ; Zhejiang renmin chubanshe ; 2014 ; p. 8

fluide et partagé. L'émergence de l'espace numérique a offert au monde des hommes une dualité spatiale marquée par la coexistence des dimensions réelle et virtuelle. Le monde numérique reflète la force essentielle de l'ouverture et du partage des données, poussant l'humanité vers une société sans frontière. Par le biais des réarrangements, la distinction entre les choses s'efface peu à peu. Dans une société où toute frontière a disparu, le caractère privé de la propriété individuelle s'affaiblit pour céder progressivement place à la mise en commun et au partage. La mobilité des éléments s'accélère entraînant une fréquence accrue des innovations. Les formes d'organisations sont de plus en plus flexibles, tandis que les relations entre individus et organismes sont passées de l'échange au partage. L'économiste et penseur américain Jeremy Rifkin estime que « La société du futur n'échangera peut-être plus simplement la valeur mais réalisera son partage. Dans le passé, toute chose qui ne s'échange pas n'a pas de valeur, mais dans l'avenir ce ne sera pas l'échange mais le partage. »

3. La confiance et l'altruisme comme base du partage des droits numériques

Le partage, axé sur la confiance, a pour préalable élémentaire, l'ouverture, et pour esprit fondamental, l'altruisme, ce dernier correspondant à l'empathie[16]. La confiance provient d'une accumulation à long terme de concepts, règles, lois et régularisation. Elle est le lubrifiant et le ciment du bon fonctionnement de la société, qui a pour effet de diminuer le coût des coopérations et échanges. Elle offre un socle de conditions indispensables à la réalisation du partage des droits numériques. Sur la base des valeurs communes et d'une confiance solide, la société du partage s'affirmera

16 Dans *The empathic civilization*, Rifkin formule pour la première fois l'idée que l'homme étant un animal caractérisé par l'empathie, la dialectique empathie-entropie est le moteur central de l'évolution historique des sociétés humaines. Dans notre univers marqué par la surconsommation des ressources naturelles, ainsi qu'un haut niveau d'interconnexion, une empathie mondialiste est en train de se former, tandis que la « note de l'entropie » s'allonge considérablement. Pour résoudre cette contradiction, il nous faut repenser en profondeur nos modèles philosophiques, économiques et sociaux.

comme la principale forme d'organisation sociale. L'altruisme est le creuset du futur. L'altruisme est un penchant qui nous pousse à favoriser l'intérêt d'autrui et une forme d'extériorisation de la conscience individuelle. Le plus grand dénominateur commun de l'altruisme est l'intégration en un même ensemble des droits numériques, de l'utilisation, de la protection et de la valeur de la donnée. Promouvoir l'altruisme permet d'élever la volonté subjective de partage des droits numériques, par là-même, encourage les comportements positifs d'échanges et de transitions en faveur du partage.

4. « Droit de possession » et « droit au partage »

Le droit réel est par essence un droit de possession. Il comprend les droits de possession, d'usage, d'usufruit et de disposition. Le droit de possession est un droit de contrôle de la chose possédée, le contrôle réel (soit le droit de possession) étant la base du droit de propriété. En effet, sans droit de possession, les trois autres types de droit risquent d'être grandement altérés car c'est uniquement par la possession véritable d'un droit de possession que l'on peut aisément mettre en exécution les droits d'usage, d'usufruit et de disposition.

À l'époque de l'économie planifiée, tout était en commun, les individus étant dépourvus de droit de possession à l'égard des choses, n'en avaient qu'un droit d'usage. Avec le passage à l'économie de marché, la propriété privée et la propriété individuelle sont apparues, ayant la possession des objets pour finalité ultime, celle-ci étant généralement attribuée à des individus clairement désignés. À l'époque de l'économie de partage, la question de l'attribution de la possession des objets perdra son importance, son accès ou non à l'utilisation d'autrui devenant la question primordiale. L'essence de l'économie de partage réside dans la transition de la propriété exclusive, par la mise en réseau, vers le partage des droits d'utilisation et des intérêts, permettant de dégager du profit[17]. Le transfert et le partage du droit d'usage laissent libre cours à une utilisation optimale des ressources, cependant, cela nécessite l'assentiment du sujet possédant le droit de

17 He Zhe : « Les organisations sociales et l'édification de l'ordre à l'ère de la civilisation d'Internet ,» publié dans <*Nanjing shehui kexue* > N°4 de 2017

possession sur la chose concernée, car celui-ci possède toujours, par essence, un « droit de possession. » C'est la raison pour laquelle on peut dire que le droit réel est par essence un droit de possession qui repose sur un caractère d'exclusivité impliquant que la chose ne peut être possédée par plusieurs sujets de droit, la possession étant, par conséquent, le procédé unique d'exécution du droit réel.

Le droit numérique est par essence un droit au partage. À la différence du droit réel, étant donné le fait que la donnée soit duplicable, sans coût de production et non-périssable, elle peut être possédée dans le même temps par plusieurs sujets de droit. Dans ces conditions, la possession ou non de la donnée n'a aucune incidence sur son contrôle et utilisation. En effet, même sans droit de propriété, les individus peuvent tout à fait exécuter leur droit d'usage, de jouissance et de disposition sur la donnée. En outre, à l'ère du *big data*, la véritable valeur de la donnée réside dans sa capacité à être utilisée sans limite dans le cadre autorisé. Il s'agit là du fondement d'un développement satisfaisant de l'industrie, des technologies et des applications numériques, un fondement qui détermine le fait que le partage devient le besoin essentiel de l'ère du *big data*, et que le droit au partage devient le droit essentiel du droit numérique. En s'écartant de ce fondement, intégrer le droit de possession du droit réel au droit numérique, serait un gigantesque obstacle à l'application et au développement du numérique, ce qui revient à tourner le dos voire annihiler la finalité première du droit numérique, à savoir la protection et le développement du *big data*.

Le partage et la possession sont la différence essentielle qui oppose droit numérique au droit réel. Elle vient du fait que dans le transfert du droit d'usage sur la chose, l'existence du droit de possession entraîne l'absence de répercussions sur les intérêts de son sujet de droit qui conserve l'intégralité de son droit de contrôle. En revanche, cela n'est pas le cas pour le droit numérique : une fois le transfert du droit d'usage réalisé, la partie réceptrice de ce droit sur la donnée en possède l'intégralité, celle-ci échappant désormais au contrôle de son premier ayant-droit, ce qui fait perdre tout intérêt au droit de possession sur la donnée. Pour que la donnée produise de la valeur, ou optimise sa valeur, elle doit être partagée avec autrui, une réalité qui entre nécessairement en conflit avec le droit de propriété. Ainsi, pour la donnée, valoriser le droit au partage au sein du droit numérique est aussi important que valoriser le droit de possession au sein du droit réel, et est un élément incontournable du passage de l'utilisation optimale de la chose à l'utilisation optimale de la donnée.

Troisième partie: Les attributs du droit numérique

À la différence des catégories du droit traditionnelles, le droit numérique, en tant que nouvelle catégorie du droit, reflète toute la diversité de ses attributs. À des données diverses ainsi qu'aux diverses étapes de la vie d'une donnée, répondent des attributs légaux divers. Le droit numérique est à la fois privé, public et souverain, qui comprend la solennité étatique des questions de souveraineté, l'intérêt commun du droit public et la saillance des questions liées au bonheur personnel. L'appartenance légale du droit numérique ne peut être uniquement abordée du point de vue du droit privé tel que les droits individuels, mais doit également être considérée du point de vue du droit public et notamment des questions ayant trait à la souveraineté.

I. l'attribut privé du droit numérique

L'appartenance d'un droit se détermine à partir de son contenu principal. La Chine n'a pas une législation systématique ou compacte en matière de droit privé, celle-ci étant quelque peu éparpillée suivant différentes catégories législatives[18]. Les données étant un bien intangible, l'appartenance légale du droit numérique est un préalable qui nécessite une réflexion approfondie. Le droit romain considérant la propriété comme un concept « intangible, » estimait que la compréhension de la chose-objet ne devait pas se restreindre à son existence physique.

18 Ma Rui et Li Jianhua : « *La logique législative privée du concept de droit privé* ,» publié dans <*Henan shehui kexue*> N°9 de 2014

La reconnaissance de la propriété intellectuelle par le droit moderne a marqué l'émergence d'une nouvelle forme de droit de propriété sur la chose abstraite. L'attribut privé du droit numérique qui dérive de la notion d'*homo numericus*, se manifeste dans les recours dont ce dernier dispose pour faire valoir ses droits. Parce que le droit numérique est une synthèse de droit de la personnalité et de droit de la propriété, que la personnalité et la propriété numériques sont deux formes d'intérêt à forte connotation économique, déterminer l'attribut privé du droit numérique permet de faire progresser l'idée que leur défense nécessite le recours à des formes de protection issues du droit de la personnalité ou du droit de la propriété.

1. Le droit numérique, un droit civil d'un genre nouveau

Le droit numérique se focalise sur l'indépendance et la liberté individuelles. Il correspond à l'intérêt personnel, ainsi qu'à la jouissance et à la réalisation de la liberté d'action qui constituent l'orientation fondamentale du droit privé. Tout d'abord, le droit numérique a l'attribut d'un droit de la personnalité autonome. En tant qu'un des droits prescrits par les *Principes généraux du Code civil*, le droit de la personnalité désigne la jouissance pour le sujet de droit civil d'une stricte protection de sa dignité contre toute violation, dans le cadre prévu par la loi. Les données personnelles étant issues de personnes physiques, elles revêtent un certain intérêt de la personnalité qui permet de qualifier toute collecte, utilisation, modification et transfert sans autorisation de l'intéressé, de violation de sa liberté à disposer de soi-même mais également d'une atteinte à son intégrité. Par ailleurs, les données personnelles revêtent d'un intérêt de la propriété. L'analyse des données massives et autres agrégats d'informations, peut donner lieu à de nombreuses informations de très grande valeur. Lorsque l'usage commercial de ces informations produit des profits sonnants et trébuchants, le partage des bénéfices devient un problème saillant : si le sujet-émetteur d'information ne perçoit aucune rémunération, cela constitue une rupture de la chaîne de profit. En effet, les informations personnelles ayant une valeur commerciale, la personne physique, en tant qu'ayant-droit, jouit d'un certain droit de disposition direct et d'exclusivité à leur égard.

Définir les attributs du droit numérique permet d'assurer une protection plus complète à la donnée. Dans le consensus qui reconnaît que « la donnée a une valeur, » les fréquentes fuites, transactions et utilisations illicites dans le champ du numérique ont progressivement formé toute une économie numérique informelle, faisant la protection de la sécurité des données le défi majeur du développement futur. Du point de vue de la législation, la Chine n'a pas de dispositions concernant directement les droits numériques personnels, tandis que les lois et règlements concernant la protection de la sécurité de l'information, mêmes s'ils sont en nombre suffisant pour former une certaine couverture normative, ne constituent pas un ensemble autonome, complet, systématique et aux contours précis. Le droit sur la protection des informations personnelles s'éparpille entre plusieurs textes dont, la *Constitution*, la *Loi sur le droit pénal*, la *Loi sur la procédure pénale*, la *Loi sur la procédure civile* et la *Loi sur la protection des droits et intérêts du consommateur*. En début 2003, le Bureau de l'information du Conseil des affaires de l'État a confié à l'Institut de recherches en droit de l'Académie des sciences sociales de Chine, la mission de recherches intitulée « loi sur la protection des données personnelles » dont le texte de proposition a été remis en 2005. Cependant, le projet est jusqu'à présent demeuré sans suite. Les polémiques suscitées suite à la fuite des données personnelles se développent au même rythme que l'informatisation de l'économie et de la société. Le déferlement des vols, révélations et usages illicites de données personnelles devrait être empêché par des dispositions de droit privé car si l'on quitte les normes et arrangements du droit civil, il serait impossible de garantir la sécurité et la régulation de la circulation des informations sur la toile ni d'assurer la protection des informations personnelles. Par conséquent, l'inscription des données personnelles à la liste des droits civils aurait une portée réelle sur leur protection.

La protection de la confidentialité des données est axée sur la question du mode de régulation des contrôleurs et gestionnaires de la donnée personnelle dans leur collecte, utilisation, modification et transfert des données de citoyen. La *Loi sur la sécurité du cyberespace*, entrée en vigueur le 1er juin 2017, accorde un large contenu à l'instauration d'une législation élémentaire sur la protection des données personnelles, la protection de la sécurité des informations sur les citoyens, et contre le vol, la révélation et l'utilisation illicite des informations des citoyens, ainsi qu'une garantie légale de la sécurité et la régulation de la circulation des données personnelles de citoyens sur la toile. La même année, l'article 111 des *Principes généraux du Code civil de la République populaire de Chine* est entré en vigueur, offrant une protection légale aux informations personnelles des personnes physiques. Le 25 mai 2018, le *Règlement général sur la protection des données* de l'Union européenne est entré en vigueur. Cette disposition met principalement l'accent sur le droit privé numérique, pour une extension maximale du champ d'application et du système de protection des droits des sujets numériques, prévoyant des limites strictes à l'activité des contrôleurs et gestionnaires de la donnée personnelle et renforçant leur responsabilité légale. Les dispositions réglementaires du *RGPD* prévoient également un grand nombre de mesures disciplinaires[19].

2. La protection des droits numériques sous l'angle du code civil

La prise de conscience des droits civils et l'exploration constante de l'attribut légal des droits numériques, nourrissent un perfectionnement permanent de la protection légale des droits, avec de nouvelles capacités émergeant d'abord, puis faisant leur entrée dans le système de droit privé, avec un seul objet de droit pouvant désormais être pourvu de différentes valeurs. La protection du droit privé sur la donnée doit être plus adaptée et plus ouverte, recomposer un système de droit privé ouvert et flexible étant devenu le nouveau besoin de l'ère du *big data*.

Les premières mesures prises par le gouvernement américain en matière de protection des informations personnelles remontent à l'adoption du *Privacy Act* qui encadre avec précision la collecte, l'utilisation et la publication des informations personnelles par les agences gouvernementales, ainsi que les problèmes de confidentialité qui en dépendent, une manière de réguler à l'échelle fédérale l'ensemble des comportements en matière de traitement de l'information, ainsi que de rééquilibrer la contradiction entre droit personnel à la vie privée et intérêt de la collectivité. Le *Consumer*

19 Wang Chunhui : « *Analyse comparée du droit sur les données personnelles du RGPD et de la < Loi sur la sécurité du cyberespace>* ,» publié dans *<Zhongguo xinxi anquan>* N°7 de 2018

Privacy Act adopté en 2012[20], exige de la part des gestionnaires le respect des principes de transparence et d'obligation de résultat dans la protection des informations personnelles du consommateur. Les Etats-Unis sont désormais dotés d'un cadre légal fédéral complet pour la protection de la confidentialité des informations personnelles dans les domaines de la finance, la communication, l'éducation, le trafic routier et des traitements médicaux. En bref, la notion de droit à la confidentialité à laquelle se réfère la loi américaine, est assez large et en cours de diversification, la confidentialité correspondant au contrôle de ses propres informations.

Le droit sur les informations personnelles de l'Union européenne développe une juridiction capable de s'adapter constamment à l'évolution quotidienne des technologies de gestion des données. L'Union européenne en tant qu'entité autonome, considère le respect de la vie privée et de la confidentialité comme un droit fondamental. En 2002, elle a adopté une *Directive sur la confidentialité et les communications électroniques* qui impose notamment aux fournisseurs de service en ligne, le devoir de protection de la sécurité des comptes utilisateurs, le respect des droits individuels au savoir et au consentement, soit la nécessité d'informer l'utilisateur de la finalité de l'utilisation de ses données, toute liberté étant laissée à ce dernier de les refuser ou d'annuler son consentement. En 2016, l'Union européenne a adopté le *Règlement général sur la protection des données*, qui comprend des mesures de protection et de surveillance ainsi qu'un dispositif de sanctions renforcé. En effet, Le *RGPD*, entré en vigueur en

20 Le 28 juin 2018, le parlement de l'État de Californie a adopté le *California Consumer Privacy Act* qui entrera en vigueur le 1er janvier 2020. Certains médias estiment qu'il s'agit de la législation sur la protection de la confidentialité des données personnelles « la plus rigoureuse et la plus complète » adoptée à ce jour aux États-Unis. On y trouve notamment deux orientations: d'une part, un plus grand contrôle laissé aux consommateurs sur la collecte et la gestion de leurs informations personnelles par les entreprises; d'autre part, une ligne rouge à l'égard des modes de collecte et de traitement de la donnée. Il s'agit d'un événement significatif dans l'évolution de la législation américaine en matière de confidentialité, mais également la réponse immédiate des Etats-Unis à l'adoption du RGPD par l'Union européenne, et la preuve de l'attention accordée ces problématiques de la part de l'ensemble de la société américaine, et une volonté d'accélération du législateur pour mettre en exécution une bonne gestion de la donnée personnelle.

mai 2018, a résolu le problème des sanctions insuffisamment déterminées par la *Directive sur la confidentialité et les communications électroniques*. Comme le dit un chercheur allemand, la protection européenne des informations personnelles est marquée par son caractère pluri-générationnel : La première génération correspond à la nécessité de réguler le traitement des données électroniques par les gouvernements et grands groupes privés; la deuxième concerne les développements autour de la notion de droit individuel de la confidentialité du citoyen ; la troisième est marquée par l'autodétermination du citoyen en matière de données personnelles ainsi que l'exécution effective de la jouissance du droit concerné ; la génération actuelle vise à procéder à certains ajustements pour compenser la faiblesse ordinaire du statut de l'individu dans l'exécution de ses droits[21].

En Chine, malgré l'absence d'une disposition unifiée en matière de droit sur les informations personnelles, un certain nombre de dispositions sont prévues par le *Code civil*. En effet, l'article 127 des *Principes généraux du Code civil* stipule que « La protection légale sur les données et les propriétés virtuelles d'Internet a ses propres dispositions auxquelles il faut s'assujettir. » Il s'agit-là d'une reconnaissance officielle de l'existence d'un droit sur les données et de la première introduction de la protection du droit numérique en droit civil. L'article déclaratif concerné (article 111[22]) offre une plus grande protection aux données individuelles et à la confidentialité, c'est là le premier pas de la Chine dans l'avancée d'une législation pour la protection des données personnelles. La clarification de cette protection par les *Principes généraux du Code civil*, porte sur le respect de la dignité de la personnalité du citoyen et lui offre la possibilité de se garantir contre les abus, ce qui a une portée réelle sur le maintien de

21 Zhang Li'an et Han Xuzhi : « *L'attribut de droit privé du droit sur les informations personnelles à l'ère du big data* ,» poublié dans <*Faxue luntan*> N°3 de 2016

22 Article 111 des *Principes généraux du Code civil de la République populaire de Chine*: Les informations personnelles de personnes physiques sont l'objet d'une protection légale. Tout organisme et individu doit obtenir le consentement d'autrui dans la publication de ses informations personnelles, la protection desdites informations devant être acquise et assurée conformément aux dispositions légales, toute collecte, utilisation, modification et transfert illégaux d'information personnelle étant proscrits, ainsi que toute transaction, fourniture et publication illégales portant sur les informations personnelles d'une tierce personne.

l'ordre social, ainsi que sur la nécessité pour tous les operateurs d'Internet, entre autres entités commerciales concernées, d'observer un strict respect de la loi. Le droit sur les informations personnelles est un droit civil très important du Code civil à l'ère d'Internet qui interdit à tout organisme ou individu, toute collecte, utilisation, modification et transfert de données individuelles illégaux, ainsi que toute transaction, fourniture et publication illégales portant sur les informations personnelles d'une tierce personne.

Le mode de protection des données personnelles réside essentiellement dans l'équilibrage entre protection individuelle et intérêt commercial. Tout d'abord, pour la protection statique des données, il faut, en partant des notions essentielles de droit, reconnaître les droits aux données personnelles et à la confidentialité comme droits fondamentaux de la personnalité ; ensuite, dans la circulation des données, Il faut, en partant des notions essentielles de justice, mener à bien une distribution équitable de la distribution des bénéfices tout au long de la chaîne de production, à savoir la collecte, l'utilisation et la mise en commun. En bref, le « modèle européen » penche plus favorablement pour la protection des données personnelles, tandis que le « modèle américain » est plus enclin à garantir la liberté de circulation des données, les deux modèles ayant chacun leurs points forts et leurs faiblesses. Dans son processus législatif, la Chine doit s'efforcer d'emprunter les meilleures solutions des différents modèles de protection, en se concentrant sur la coordination et complémentarité avec le cadre légal existant afin d'éviter tout doublon et contradiction, éliminer toute éventualité de conflit juridique et former un système rationnel et approprié.

II. L'attribut public du droit numérique

1. Du droit privé au droit public

Le droit privé est l'essence du droit. En matière de droit, qu'il s'agisse de la loi fondamentale, du droit public, du droit privé ou des droits sociaux, par rapport au pouvoir public qui incarne et défend l'intérêt collectif, le droit incarne et défend les intérêts de l'individu, ce sont les droits individuels qui, en réalité, sont les intérêts et habilités individuelles, « individus » qui sont fondamentalement des personnes privées et qui, à ce titre, jouissent de droits privés[23].

Le pouvoir public est l'essence du pouvoir. En effet, qu'il s'agisse du pouvoir politique, économique ou encore social, son détenteur exécutif est toujours un organisme public ou une organisation sociale, le rôle du pouvoir relevant entièrement de l'intérêt public garanti par la loi. Le pouvoir peut avoir le qualificatif de « public » et non de « privé, » tout comme l'a affirmé fermement le président Xi Jinping : « le pouvoir public sert le peuple, et ne peut en aucune mesure être utilisé à des fins privées. »[24]

À partir du concept du contrat social, Rousseau estime que le pouvoir de l'État provient du renoncement des citoyens à leurs « droits naturels. » Il précise d'ailleurs dans *Du contrat social*, qu'aucune puissance souveraine n'a d'autre provenance que ce transfert du pouvoir du peuple (ou de ses droits)[25]. Le philosophe des Lumières françaises, Locke estime que les hommes, pour compenser la précarité de l'état de nature et défendre ses droits naturels, ont contracté un pacte dans lequel ils ont accepté de renoncer à une partie de leur pouvoir pour la confier à un individu ou à un groupe d'individus capable de faire l'unanimité. Ainsi sont nés les États. Il s'agit là de la formation des droits législatif et exécutif. Le rapport symétrique entre droit privé et pouvoir public structure ainsi la vie des sociétés humaines.

Le courant doctrinal majoritaire estime que pouvoir public et droit privé sont liés par un rapport d'interdépendance, le premier étant le pourvoi et la garantie du second, tandis que le second est le fondement et la source du premier[26]. Dans son exécution, pour éviter toute forme d'abus, le pouvoir public nécessite l'observation des principes de la légalité administrative, du contrôle extérieur, ainsi que de la stricte restriction et mise en application du cadre légal. Un État de droit idéal est caractérisé

23 Duan Fan : « *Pouvoir et droit: disposition commune et construction* » ; Renmin chubanshe ; 2016 ; pp. 28–30

24 *Ibid.* pp. 9–14

25 Xi Xiaojuan : « *Conflit et arrangement entre droit de propriété et droit fiscal, mise en perspective du point de vue de l'analyse sur la nature légale du droit (pouvoir)* ,» publié dans <*Hebei faxue*> *N°12* de 2008

26 Wang Jianming : « *Dialectique pouvoir public - droit privé* ,» publié le 7 avril 2015 sur le site web : http://www.qstheory.cn/laigao/2015-04/07/c_1114893237.htm

par un équilibre constamment établi entre pouvoir public et pouvoir privé. Le pouvoir public, symbole principal de l'État et préalable indispensable à l'ensemble de ses actions est constitué des caractéristiques fondamentales suivantes : premièrement, le sujet de pouvoir public est la masse du peuple (le public) et non l'individu, en d'autres termes, le caractère collectif est au cœur du pouvoir public, il s'incarne à travers une possession et une jouissance collective, ainsi qu'un caractère de collectivité ; deuxièmement, l'objet de pouvoir public désigne les affaires publiques auxquelles les affaires privées ne doivent nullement se mêler, ce qui exposerait à un abus du pouvoir public sur le droit privé ; troisièmement, le pouvoir public provient de l'intérêt commun. Le pouvoir public est chargé de la responsabilité des missions publiques ainsi que de la défense du bien commun, sans quoi, il courrait le risque d'être privatisé soit détourné à des fins privées.

2. L'attribut public du droit numérique

Le droit public contient de nombreux éléments relevant du commun et du collectif. On peut le définir comme étant sujet de l'action de l'État et de l'autorité administrative, orienté principalement vers l'optimisation de l'intérêt collectif, et étant une forme de pouvoir public collectif défendant l'ordre participant des affaires communes[27].

Le droit numérique relève du droit public. Tout d'abord, du point de vue de ses conséquences : le monde connecté et virtuel en tant que reflet du monde réel, offre au droit public un nouveau champ d'application. Le grand public, en même temps qu'il jouit des facilités permises par Internet et la technologie, ne peut faire cesser la crainte de subir une attaque malveillante, d'être emporté par une puissance obscure ou exposé à des risques sans pouvoir s'en prémunir. L'interpénétration poussée entre réseau virtuel et espace social matériel a formé une situation dans laquelle les deux univers soient à la fois autonomes et interdépendants. L'entrée en vigueur du droit numérique aura donc pour effet d'influencer l'ensemble des protections légales du bien commun. C'est la raison pour laquelle, on peut dire que le droit numérique relève en partie du droit public. Par ailleurs, la protection

27 Tao Peng : « *Conflit et accommodements entre droit public et droit privé dans les sociétés virtuelles* ,» publié dans <*Ganshu lilun xuekan*> N°3 de 2015

du droit numérique nécessite en retour l'intervention du pouvoir public avec une protection légale interdisciplinaire, à la fois constitutionnelle, pénale, administrative et civile. Par conséquent, le respect du droit numérique des sujets publics et privés passe par un processus législatif de clarification permettant la garantie de la légalité de l'usage de la donnée.

Dans un de ses discours, le Premier ministre britannique David Cameron fut le premier à mettre sur le tapis la question des droits numériques : « Ce tout nouveau droit numérique est des plus excitants qui soient. Il permettra au citoyen d'adresser ses suggestions directement au gouvernement quant aux différentes formes de données nécessaires à l'innovation de la société ou des entreprises [...] Vous aurez suffisamment d'informations pour comprendre comment le gouvernement fonctionne, où va l'argent qu'il dépense, ainsi que l'efficacité de notre travail. L'utilisation de ces données, leur exploitation, nous donne la responsabilité de créer, par nos efforts communs, un modèle de démocratie moderne. » Cameron estime qu'à l'ère de l'informatique, le droit numérique est, pour chaque citoyen, un droit fondamental. Dans la réalité, le gouvernement, premier représentant de la puissance publique, est également une des plus grandes puissances numériques. La proposition concernant l'adoption d'un droit numérique relève donc précisément de la déontologie. L'exigence des citoyens envers le gouvernement pour l'adoption d'un droit numérique, est une exigence impérieuse, préventive et négative car il s'agit essentiellement de protéger les citoyens contre les violations de leur droit privé par les gouvernements ou les gigantesques puissances du numérique. À partir de ce constat, le droit numérique en tant que pouvoir public, doit être inscrit à la liste des droits légaux et élevé au rang de principe constitutionnel en tant que droit fondamental.

3. Le caractère auto-extensif du pouvoir public numérique

Le pouvoir normatif et la garantie des droits privés fondent l'essence du droit. Le pouvoir public porte en lui la capacité de contrainte et d'extension naturelle, ce qui nécessite la mise en place d'un système de contrôle. Le pouvoir public exerce un pouvoir de régulation sur les citoyens. Lorsque celui-ci est perdu, les droits privés des citoyens risquent d'en être grandement entachés. En pratique, pouvoir public et droit privé entrent régulièrement en conflit, comme dans les cas d'abus de pouvoir, ou lorsque le gouvernement nuit à l'intérêt du grand public en fournissant de nouveaux biens publics, en servant prioritairement « sa propre cause » ou tout simplement en ne remplissant pas les missions qui lui sont destinées. Si l'on devait se pencher sur les raisons de tels cas, on y trouverait principalement l'usage coutumier de considérer que le pouvoir public doit être fort et les droits privés, faibles, l'obsolescence de la conception des institutions, ou encore un contrôle et une responsabilisation insuffisants.

À l'ère du *big data*, l'absence d'un système de droit numérique confrontée au caractère auto-extensif du pouvoir public, entraîne les abus du pouvoir public numérique qui atteignent les droits privés numériques à divers degrés, un phénomène qui se manifeste notamment sous les deux aspects suivants.

Premièrement, il s'agit du détournement du pouvoir public à des fins privées. À l'ère du *big data*, la circulation intersectorielle et inter-scalaire des données sur la toile touche tout le monde, émetteurs, récepteurs comme utilisateurs de données, ce qui implique de nombreux lieux physiques tels que l'adresse de ces émetteurs, récepteurs et utilisateurs ainsi que celle des opérateurs. Or, la frontière qui distingue la grande variété des droits des administrés et le pouvoir public n'est pas toujours d'une grande clarté, si bien qu'en une certaine mesure, pouvoir public et droit privé sont dans une situation d'ingérence mutuelle. Il arrive que ce soit uniquement en lésant l'administration du pouvoir public numérique que le citoyen parvient à réellement jouir librement de l'exécution de son droit privé. Cependant, dans la réalité, le pouvoir public est régulièrement détourné à des fins privées, ce qui affecte la sécurité du droit privé numérique des citoyens. Ce détournement du pouvoir public est de deux types : l'un est un abus du pouvoir public numérique qui enfreint les règles et principes normaux de fonctionnement, et viole la liberté d'exécution du droit privé des citoyens ; l'autre concerne des plateformes qui par l'exploitation rentière nuisent aux droits privés numériques du citoyen.

Deuxièmement, il s'agit de l'aggravation du déséquilibre du rapport de force. Dans le monde physique, le pouvoir public domine toujours les droits privés, l'auto-extension naturelle du premier compressant l'espace vital des seconds, un rapport de force qui trouve naturellement sa prolongation sur la toile. Le développement actuel des technologies de l'information ajoute un poids supplémentaire dans l'asymétrie d'information qui oppose l'administration au peuple, faisant dangereusement pencher la balance en faveur de la première. Par exemple, les technologies qui permettent d'identifier les personnes à partir des traits permanents de leur physiologie ou de leurs particularités de comportement, ont connu ses dernières années un développement exponentiel qui entraîne une difficulté croissante à défendre la confidentialité des informations personnelles, difficulté particulièrement accrue par l'absence de garanties légales.

L'auto-extension naturelle du pouvoir public entraîne l'accroissement permanent de son champ d'action, ainsi qu'elle entretient l'ingérence mutuelle, le conflit larvé et le contre-balancier entre pouvoir public et droit privé. En outre, puisque le pouvoir public découle des droits privés, et que la somme totale de ceux-ci est constante, pouvoir public et droits privés sont liés entre eux par un rapport de vases communicants, les deux étant interconnectés et interchangeables[28]. Le droit des citoyens est la base du pouvoir étatique, tandis que le pouvoir étatique est la garantie du droit des citoyens. Le droit ne vient pas de la grâce de l'État, mais c'est au contraire le pouvoir étatique qui repose sur sa légalité. C'est justement à ce titre que le droit doit être la source du pouvoir, tandis que le pouvoir existe pour affermir et défendre le droit. Lorsque droit privé et pouvoir public numériques entrent en conflit, le pouvoir public est prioritaire sur le droit privé ; par exemple, lorsque la protection légale de la confidentialité et la conception des principes entrent en conflit avec la sûreté de l'État, le contrôle administrative, l'ordre public, l'intérêt collectif, la procédure judiciaire, et l'indépendance de la justice, force revient à l'État. Par conséquent, réguler le pouvoir public numérique ne signifie absolument pas l'affaiblir mais bien encadrer son exécution par un ensemble de normes, ce qui, non seulement ne l'affaiblit nullement, mais en plus facilite l'efficacité de son exécution.

28 Ruan Chuansheng : « *La frontière entre pouvoir public et droit privé* ,» publié le 12 novembre 2012 sur le site web : http://theory.people.com.cn/n/2012/1112/c49152-19553545.html

III. L'attribut constitutionnel du droit numérique

1. De la souveraineté nationale à la souveraineté numérique

Le champ d'application de la souveraineté nationale n'a cessé de s'élargir au fur et à mesure des progrès de la société. D'après la doctrine politique classique, la souveraineté nationale désigne le fait qu'à l'intérieur, l'État dispose de la puissance suprême, tandis que vis-à-vis de l'étranger, il jouit du droit de l'autodétermination à choisir ses propres orientations, et de traiter à égalité avec les autres États[29]. La souveraineté est le pouvoir le plus important et le plus fondamental de l'État. Il lui est inhérent et n'est nullement un octroi du droit international, celui-ci se contentant de le reconnaître et le défendre comme un fait établi. La souveraineté en tant que droit inhérent à l'État, se présente sous trois aspects : le pouvoir suprême à l'intérieur, le droit à l'autonomie envers l'étranger et le droit à se défendre contre toute agression extérieure.

Le cyberespace a repoussé les frontières du territoire national. L'État est considéré comme une entité territoriale pourvue de la souveraineté, capable d'exercer sa puissance sur un territoire donné[30]. Au fur et à mesure de l'avancée constante de l'histoire, le concept de souveraineté n'a cessé d'actualiser son contenu et sa structure. Dans les années 1990, le lancement d'Internet et son développement fulgurant a projeté l'information au delà de ses limites traditionnelles, celles-ci se diffusant désormais librement au delà des frontières, devenant de nouveaux moyens de production en plein essor. À partir du XXIe siècle, l'ère du *big data* est réellement advenue, grâce au modèle de croissance exponentielle piloté par la loi de Moore, à la numérisation de tout ce qui est alimenté par la technologie à faible coût, à la convergence massive des données tirée par l'informatique en nuage et à la connectivité généralisée de la mobilité à large bande dans les « choses

29 Sun Wei : « *Distinguer correctement souveraineté d'Internet et souveraineté numérique* ,» publié le 05 juillet 2016 sur le site web : http://www.cssn.cn/zx/201607/t20160705_3098529.shtml

30 Sun Nanxiang et Zhang Xiaojun : « *Sur la souveraineté numérique, réflexion sur les luttes et coopérations au sein de l'espace virtuel* ,» publié dans <*Taipingyang xuebao*> N°2 de 2015

humaines- machines » pilotées par Internet. Quelle que soit l'avancée de la technologie du *big data* et la mondialisation des données en réseau, le cyberespace en tant que « nouvelles frontières » ne devrait pas être un « lieu extra-légal. »

L'application du concept de souveraineté nationale au cyberespace est devenue l'objet d'un consensus international. L'ONU en 2004–2005, 2009–2010 et 2012–2013, a créé trois comités d'experts gouvernementaux sur la sécurité de l'information afin d'« étudier les menaces existantes et les menaces potentielles dans le domaine de la sécurité de l'information et des mesures de coopération possibles pour y remédier, » conduisant à un accord sur l'utilisation pacifique du cyberespace, un consensus de la plus grande importance concernant la souveraineté du cyberespace. En 2015, le Comité d'experts gouvernementaux a réédité une étude réaffirmant et enrichissant le contenu de la souveraineté du cyberespace. En 2012, l'OCDE a mené une étude systématique sur les stratégies de cyber-sécurité aux États-Unis, au Royaume-Uni, en Australie, au Canada, au Japon, aux Pays-Bas, en France et en Allemagne, et a constaté que la plupart des pays émettaient progressivement une certaine « considération de souveraineté » dans la formulation de leurs politiques de cyber-sécurité. En Chine, pour la première fois, la *Loi sur la sécurité nationale* adoptée en 2015, a donné à la notion de souveraineté sur le cyberespace une reconnaissance juridique. Le 7 novembre 2016, la Chine a promulgué la *Loi sur la cyber-sécurité* dans le but principal de défendre sa souveraineté dans le cyberespace, ainsi que la *Stratégie nationale en sécurité du cyberespace* et la *Stratégie de coopération internationale sur le cyberespace*, qui mentionnent le « respect du maintien de la souveraineté du cyberespace » comme principe fondamental de la cyber-sécurité. L'ensemble de ce cadre fournit à la Chine des critères élémentaires pour traiter les affaires concernant Internet en Chine et à l'étranger[31].

Sur le fait que la souveraineté numérique soit une extension du champ de la souveraineté au domaine du cyberespace. Comme un élément important du cyberespace, la donnée est d'ores et déjà une ressource stratégique fondamentale de l'État, aussi importante que le sont les ressources naturelles,

31 Zhu Yanxin : « *Souveraineté des réseaux dans la perspective du droit international* , » Publié dans <*Xi'an zhengzhi xueyuan xuebao*> N°1 de 2017

l'information et l'intelligence. La souveraineté existante de l'information n'étant en mesure de s'adapter à l'immense masse des données qui circulent sur le cyberespace national. C'est dans ce contexte que la souveraineté numérique a vu le jour. Elle peut comprendre, les droits de propriété, de contrôle, de gestion et d'utilisation exercés par un État sur les données importées et exportées sur le territoire national, dans le contexte du *big data* et du *clouding*. Elle s'incarne dans la possession de la juridiction suprême à l'intérieur, de l'égalité et de l'autonomie vis-à-vis de l'extérieur dans la gestion des données de l'espace national[32]. Les données sont étroitement liées à la survie de l'État, font partie de l'État, constituent les conditions nécessaires à sa formation, à l'exercice de sa souveraineté intérieure et à l'affirmation de son indépendance.

2. Propriétés de la souveraineté numérique

La souveraineté numérique est une composante importante de la souveraineté nationale. Tandis que la libre circulation des données, élément fondamental du fonctionnement du cyberespace, offre de grandes facilités au partage mondial des ressources, à la production humaine et à la vie pratique, en même temps, elle lance un immense défi aux États souverains dans la protection de leur souveraineté numérique. L'interdépendance entre cyberespace virtuel et monde réel, ainsi que le contrôle et l'utilisation des ressources numériques exerceront une influence gigantesque sur l'économie, la politique et la culture nationales. La souveraineté numérique, en tant que complément nécessaire à la souveraineté nationale, a enrichi et développé le contenu et l'extension de la souveraineté nationale traditionnelle, étant pour cette dernière l'unique chemin possible pour moderniser sa gouvernance de l'espace virtuel et sauvegarder les intérêts de l'État.

L'objectif de la souveraineté numérique est de faire face aux menaces majeures qui pèsent sur la sécurité numérique. En tant qu'éléments fondamentaux de la mesure et l'enregistrement du monde réel par le

32 Sun Wei : « *Distinguer correctement souveraineté d'Internet et souveraineté numérique* ,» publié le 05 juillet 2016 sur le site web : http://www.cssn.cn/zx/201607/t20160705_3098529.shtml

cyberespace, les données contiennent un grand nombre d'informations précieuses. Certains événements et activités criminelles qui mettent en péril l'intérêt national sont en fait effectués de manière organisée et planifiée dans le cyberespace virtuel et l'espace physique réel. L'utilisation des technologies d'Internet rendant aisées et effectives la collecte et l'utilisation illégales des données, peut ainsi gravement affecter l'intérêt de l'État. La grande attention portée à la propriété et à la compétence juridictionnelle en matière numérique est un préalable indispensable à la résolution des menaces majeures qui pèsent sur la sécurité numérique, soit la lutte contre le terrorisme numérique, la criminalité transfrontalière en matière de données, etc.

Le fondement pratique de la souveraineté numérique repose sur la modification du champ d'action des activités humaines. En tant que nouveau domaine de l'activité humaine, le cyberespace virtuel se distingue par des caractéristiques d'ouverture, de liberté et d'intangibilité par rapport aux frontières territoriales et aux ressources physiques du monde réel. Le trop plein de liberté et le manque d'ordre qui sévissent sur le cyberespace virtuel nécessitent une régulation appliquée en vertu de la souveraineté. Cet appel à la souveraineté numérique repose exactement sur les mêmes fondements que l'affirmation de la souveraineté nationale dans les affaires économiques internationales. Dans le cyberespace le sujet numérique et la valeur des données existent de manière objective, extraire la valeur des données passant par leur utilisation et négoce entre autres comportements, qui sont tous également traçables. Or tous ses comportements peuvent potentiellement affecter la souveraineté nationale, tandis qu'un pays souverain a pour vocation intrinsèque d'exercer sa souveraineté sur les sujets et intérêts que nous avons précédemment mentionnés. L'appel à l'exercice de la souveraineté nationale sur le cyberespace virtuel découle du fait que celui-ci est désormais partie intégrante des sociétés humaines et des affaires de l'État. La souveraineté sur le cyberespace est le reflet de la souveraineté sur le miroir d'Internet, la souveraineté numérique s'incarne dans la donnée elle-même, la souveraineté des données étant donc une composante importante de la souveraineté sur le cyberespace[33].

33 Li Aijun : « *Propriétés et caractéristiques juridiques du droit numérique* ,» publié dans <*Dongfang faxue*> N°3 de 2018

3. Protection de la souveraineté numérique

La protection de la souveraineté numérique doit se concentrer sur sa fonction de maintien de la sécurité nationale globale. L'internationalisation d'Internet pose un défi sans précédent aux frontières nationales originellement claires et distinctes ainsi qu'à la sûreté de l'État. À l'échelle planétaire, l'anarchie et l'absence de frontières physiques au sein d'un cyberespace dépourvu de gouvernance internationale, pourraient potentiellement briser la dynamique de propagation accélérée d'Internet à l'échelle mondiale. L'incident de PRISM a révélé toute l'ampleur de l'hégémonie américaine sur Internet lui permettant de procéder au vol et à la prise de contrôle illégale des données mondiales, et aux cyber-attaques portées à l'encontre d'autres pays souverains, ce qui constitue de graves atteintes à leur souveraineté nationale. Les ressources numériques relevant toute leur importance, le point de gravité de la concurrence interétatique est passé de la maîtrise des ressources réelles à la maîtrise des ressources numériques. Par rapport aux conceptions traditionnelles du territoire et de l'espace maritime national, la souveraineté numérique correspond à un nouveau type de sécurité sans frontières dans un espace virtuel par nature plus complexe. La donnée en tant qu'élément fondamental de l'espace virtuel, nécessite la protection de sa sécurité par l'instauration de la souveraineté numérique nationale, la hauteur des affaires de l'État, pour une protection de la sécurité nationale capable de faire face aux nouveaux défis et aux nouveaux risques.

La libre circulation erratique des données dans le cyberespace rompt avec le concept traditionnel de souveraineté absolue. L'indivisibilité de la masse internationale des données permet un flux transfrontalier de grande ampleur dans le cyberespace virtuel, conduisant au chevauchement des compétences juridictionnelles voire à l'émergence de conflits en matière de souveraineté numérique. Parallèlement à cela, les réglementations en matière de protection numérique variant d'un pays à l'autre, les opérateurs peuvent, dans la jungle des systèmes juridiques, s'évader vers un système plus propice à leurs activités, ce qui affecte grandement la sécurité des données numériques des pays concernés (émetteurs de la donnée). Si les procédés de protection de la souveraineté traditionnelle sont inopérants, en revanche le recours à la souveraineté numérique est plus approprié, permettant de passer de la concurrence absolue à un certain degré de coopération internationale.

Pour la protection de la souveraineté numérique, il faut réaliser la transition du concept d'indépendance absolue de la souveraineté nationale à celui de la souveraineté relative. Dans le contexte du développement rapide des technologies numériques de nouvelle génération, le flux international des données, facilité, s'est généralisé tandis que l'horizontalité et la polynucléarité du cyberespace ont éveillé la conscience des droits sociaux, ce qui affaiblit le contrôle des pays souverains sur leurs propres données. Les pays faibles ne peuvent compter sur leurs propres capacités pour assurer la sécurité de leurs données, et encore moins y exercer une souveraineté absolue, tandis que les pays puissants peuvent utiliser leurs capacités en sciences et technologies de pointe pour exercer efficacement leur souveraineté numérique, voire mettre en péril la sécurité numérique des autres États[34]. Afin de résoudre le conflit de juridiction et l'impasse sécuritaire créés par le concept d'indépendance absolue en matière de souveraineté numérique, le concept de « souveraineté relative » est plus adapté aux réalités du contexte international pour la formation d'un système de régulation dans le cadre des Nations Unies. Dans la perspective de cette souveraineté relative, l'acception de la « relativité » au sein de la notion d'État de droit a pris une importance considérable. Au niveau national, le concept d'État de droit estime que l'« autorité absolue » de l'État ne doit écraser les droits individuels des citoyens, tandis qu'à l'international, la pratique de consensus et de coopérations autour de la « gouvernance juridique » a conduit les États à céder une part de leur souveraineté par le biais de traités bilatéraux ou multilatéraux. À son tour, l'État de droit, en tant que modèle de régulation nationale et internationale efficace, peut faire entrer la « souveraineté » de la sphère politique dans la primauté du droit[35].

Souveraineté numérique et protection de la sécurité numériques doivent s'exercer dans le cadre juridique. Le pouvoir juridique en matière numérique confère à l'État la juridiction suprême en matière d'exportation et d'importation de données, de collecte, transfert, stockage, traitement, utilisation et négoce des données. Sur la base de la *Loi sur la cyber-sécurité*, l'instauration d'un système juridique pertinent, permettra d'améliorer la

34 Sun Nanxiang et Zhang Xiaoqun, *Op. cit.*

35 Xiao Dongmei et Wen Yuheng : « *Défense de la souveraineté des données nationales dans le flux numérique mondial* ,» publié dans <*Hongqi wengao*> N°9 de 2017

régulation numérique dans les domaines ayant trait à la sécurité nationale et individuelle, tels que l'interdiction de transaction pour toute donnée portant sur la défense nationale, les secrets d'État et la génétique individuelle. Un tel système juridique doit être capable d'exercer un contrôle sur la collecte, le stockage, le traitement et l'utilisation des données sensibles, les contraignant à se mettre en conformité avec les normes nationales concernées et autres dispositions légales. L'instauration d'un dispositif de souveraineté à l'égard du contrôle des données vis-à-vis de l'étranger doit permettre à l'État souverain de prendre des mesures de protection à l'égard de ses propres données, afin de garantir leur sécurité, authenticité, intégrité et confidentialité contre toute tentative de détournement, modification, contrefaçon, destruction, vol et divulgation.

Bibliographie

Cour suprême populaire: « Dispositions générales sur l'application de la loi dans le règlement des différends en droit civil au sujet de violations des droits et intérêts de la personnalité par le biais de réseaux d'information, » publié le 21 octobre 2014 sur le site web: http://www.court.gov.cn/zixun-xiangqing-6777.html

Duan Fan: « Pouvoir et droit: disposition commune et construction ;» Renmin chubanshe; 2016

He Zhe: « Les organisations sociales et l'édification de l'ordre à l'ère de la civilisation d'Internet, » publié dans <Nanjing shehui kexue > N°4 de 2017

Hu Weiping: « L'adoption d'une législation sur un nouveau droit de la personnalité, » publié dans <Faxue luntan> N°6 de 2011

Les Américains Peter Diamandis et Steven Kotler: « Abundance: The Future Is Better Than You Think, » traduit en chinois par Jia Yongmin; Zhejiang renmin chubanshe; 2014

Li Aijun: « Propriétés et caractéristiques juridiques du droit numérique, » publié dans <Dongfang faxue> N°3 de 2018

Li Xiaohui: « Le droit de la propriété de l'information: extension et complément du droit de la propriété intellectuelle, » publié dans <Dianzhi zhishi chanquan > N°11 de 2013

Ma Rui et Li Jianhua: « La logique législative privée du concept de droit privé, » publié dans <Henan shehui kexue> N°9 de 2014

Mei Xiaying: « Les attributs légaux de la donnée et son statut en droit civil, » publié dans <Zhongguo shehui kexue> N°9 de 2016

Miao Xu: « Le big data: ressource clé de la révolution mondiale, » publié dans le « Quotidien du Peuple » N°7 du 13 octobre 2015

Ruan Chuansheng: « La frontière entre pouvoir public et droit privé, » publié le 12 novembre 2012 sur le site web: http://theory.people.com.cn/n/2012/1112/c49152-19553545.html

Sun Nanxiang et Zhang Xiaojun: « Sur la souveraineté numérique, réflexion sur les luttes et coopérations au sein de l'espace virtuel, » publié dans <Taipingyang xuebao> N°2 de 2015

Sun Wei: « Distinguer correctement souveraineté d'Internet et souveraineté numérique, » publié le 05 juillet 2016 sur le site web: http://www.cssn.cn/zx/201607/t20160705_3098529.shtml

Tao Peng: « Conflit et accommodements entre droit public et droit privé dans les sociétés virtuelles, » publié dans <Ganshu lilun xuekan> N°3 de 2015

Wang Chunhui: « Analyse comparée du droit sur les données personnelles du RGPD et de la < Loi sur la sécurité du cyberespace>, » publié dans <Zhongguo xinxi anquan> N°7 de 2018

Wang Jianming: « Dialectique pouvoir public - droit privé, » publié le 7 avril 2015 sur le site web: http://www.qstheory.cn/laigao/2015-04/07/c_1114893237.htm

Wang Liming: « réflexion et méditation sur mes droits de la personnalité » publié dans <Guangming ribao> N°10 du 14 décembre 2015

Wang Liming: « Sur la commercialisation du droit de la personnalité, » publié dans <Falü kexue (Xibei Zhengfa daxue xuebao) > N°4 de 2013

Wang Liming: « Sur la protection juridique du droit des informations personnelles dont la délimitation avec le droit à la vie privée est un point essentiel, » publié dans <Xiandai faxue > N°4 de 2013

Wu Tao: « Les quatre grands courants du monde juridique au sujet du < droit et attribut du numérique>, » publié le 24 octobre 2016 sur le sit web: http://www.sohu.com/a/117048454_481893

Xiao Dongmei et Wen Yuheng: « Défense de la souveraineté des données nationales dans le flux numérique mondial, » publié dans <Hongqi wengao> N°9 de 2017

Yu Zhigang: « Logique de l'attribut légal et de la protection pénale des informations personnelles du citoyen, » publié dans <Zhejiang shehui kexue > N°10 de 2017

Zhang Li'an et Han Xuzhi: « L'attribut de droit privé du droit sur les informations personnelles à l'ère du big data, » poublié dans <Faxue luntan> N°3 de 2016

Zhen Chengsi et Zhu Xiequn: « L'information et le droit de la propriété intellectuelle, » publié dans <Xinan keji daxue xuebao (édition des sciences sociales et de la philosophie) > N°1 de 2006

Zheng Yubo: « Principes généraux du droit civil ;» Sanmin shuju; 1988

CHAPITRE IV

Le système des droits numériques

La révolution des nouvelles technologies a déclenché la transformation de l'ordre économique et social, ainsi qu'elle a lancé un nouveau défi au système juridique actuel. La donnée étant la ressource fondamentale de cette civilisation numérique, la définition de ses droits par le biais de son institutionnalisation, permettra, une fois établi le préalable de sa garantie, d'exprimer la primauté optimale de la valeur de la donnée. Le système du droit numérique désigne l'instauration de l'ordre sur la base du droit numérique, dont principalement le système légal du droit numérique, les systèmes de propriété, d'usufruit, d'intérêt public et du partage numériques. Parmi ceux-ci, l'instauration d'un système légal du droit numérique permettra de lui accorder une reconnaissance légale; le système de la propriété numérique permettra de dépasser le cadre institutionnel traditionnel de la propriété, afin de définir le champ d'application de la propriété numérique ; le système d'usufruit numérique se détache du champ d'application de la propriété numérique pour étendre la valeur d'utilisation de la donnée ; le système de l'intérêt public numérique permet l'obtention, la régulation, l'utilisation et le partage au nom du bien commun en se caractérisant par un transfert de l'usufruit numérique; le système du partage a un effet propice à l'élévation de l'efficacité d'utilisation de la donnée. Les cinq dimensions du système du droit numérique sont chacune dotées d'une même importance et consistent en un ensemble complet de protection et d'utilisation des droits numériques. L'instauration du système de droit numérique en fera nécessairement un droit fondamental du citoyen de la civilisation numérique.

Première partie: Le système légal du droit numérique

Avec la montée en puissance de la conscience des droits, le fossé s'est creusé entre les besoins réels du grand public en matière numérique et la reconnaissance légale du droit numérique. Par conséquent, l'instauration d'un système légal de droit numérique est nécessaire pour satisfaire les besoins de la majorité en matière de droit numérique. Ledit système légal désigne la disposition et définition du droit numérique par le biais de sa reconnaissance institutionnelle soit le passage de la conception « naturelle » du droit numérique à sa conception « légale. »

I. De la conception du droit numérique à son exécution effective

Historiquement, la théorie des droits naturels a toujours été une constante de la philosophie du droit occidentale. La notion de droit naturel se réfère généralement à l'idée que les fondements de la loi, de la justice et des principes généraux trouvent leur origine dans l'ordre de l'univers lui-même[1]. Selon cette conception, il existe parallèlement le monde tel qu'il devrait être et le monde tel qu'il est réellement. Le fonctionnement du monde tel qu'il devrait être désigne la loi naturelle, tandis que celle qui régit le monde réel se nomme loi réelle. D'une manière générale, la loi naturelle est éternelle, absolue, accessible au raisonnement humain, et considérée comme le fondement d'un ordre juste et légitime, toute loi établie par l'homme devant être dûment critiquée et mise à l'épreuve. Par conséquent, la loi naturelle qui oriente la loi réelle en est le fondement originel[2]. La question du naturel et du réel fut la problématique fondamentale de la théorie du droit naturel, tandis que le droit, au cœur même de la loi, pouvait également être distingué en droit naturel et droit réel

1 Rong Yun : « *L'évolution de la loi naturelle occidentale* ,» publié dans <*Fazhi yu shehui*> N°22 de 2010

2 Chen Linlin : « *De la loi naturelle au droit naturel : le droit occidental à l'aune de l'évolution historique*,» publié dans <*Zhejiang daxue xuebao* (édition des sciences sociales et humaines) > N°2 de 2003

comme l'incarnation au sein du champ légal des lois naturelle et réelle. Le droit naturel correspond aux besoins de droit émis par les hommes selon un contexte social donné, et un cadre prévisible et envisageable. Par conséquent, le droit naturel est le reflet spontané des intérêts et des besoins des personnes, l'état idéal du droit tel qu'il devrait exister, en sa forme la plus primitive. Le droit réel désigne au contraire ce dont le sujet de droit peut réellement jouir ou acquérir, il révèle l'état réel du droit, s'applique réellement au profit de ses ayants-droits et est la forme la plus aboutie du droit[3].

Du point de vue du droit numérique, les données, en tant que ressource majeure du monde actuel, sont pourvues d'une valeur politique, économique et culturelle, au point que le droit numérique s'affirme comme un droit fondamental dérivé à partir des droits de l'homme et droits de propriété, en reflétant les besoins de survie et de développement de l'homme à l'ère de la civilisation numérique, soit s'incarnant comme un droit naturel. À l'heure actuelle, le droit numérique ne jouissant pas encore de reconnaissance légale, le besoin en droit numérique n'est nullement satisfait, ce qui au sein de la société, creuse le fossé qui sépare droit numérique naturel et droit numérique réel. Par conséquent, pour que le droit numérique naturel soit pleinement réalisé, il est nécessaire d'en faire un droit légal, pour enfin achever sa transition vers l'état de droit réel.

Ledit droit numérique légal désigne la définition, reconnaissance, sélection et ordonnancement des droits numériques naturels par le biais de leur institutionnalisation, afin de réaliser leur reconnaissance et distribution, comme un droit autonome. Le droit numérique naturel est le droit dont on devrait pouvoir jouir, et qui se manifeste principalement dans un positionnement moral. Le droit numérique légal est le droit numérique tel qu'il est précisé par le législateur dans l'ensemble du corpus émis. Par rapport au droit numérique naturel, il se caractérise par son ouverture, sa clarté et sa cohérence. Du point de vue de la morale, le droit numérique légal jouit d'une publicité et d'une crédibilité auxquelles le droit numérique naturel ne pourrait jamais prétendre, ce qui confère un avantage considérable à la

3 Wen Zhengbang : « *Réflexions philosophiques sur la question du droit numérique* ,» publié dans <*Zhongguo faxue*> N°2 de 1991

loi sur le droit numérique en tant que véhicule du droit numérique légal. Parallèlement, le droit numérique naturel puise sa ressource essentiellement dans la foi et le sens moral individuels ainsi que les critères sociaux. En tant que droit légal, le droit numérique légal, dans un cas de litige, peut obtenir jugement de la part des juridictions compétentes aptes à statuer, la force de l'État venant garantir l'exécution finale du jugement[4]. Par conséquent, pour que le droit numérique naturel puisse obtenir une existence positive réelle, il doit nécessairement devenir un droit légal. C'est uniquement à cette condition qu'il pourra pleinement remplir sa mission.

Cependant, le droit numérique légal n'est guère qu'un cadre institutionnel qui nécessite de trouver application dans la société réelle et de réaliser ainsi le passage du statut de droit naturel à celui de droit effectif. Or, la clé de cette transition réside dans l'extraction des exigences internes du sujet de droit numérique, et la réponse aux besoins du développement de la société. Par conséquent, le passage de l'état de droit légal à celui de droit réel correspond à la mise en œuvre du régime du droit numérique au sein de la société ainsi que le fondement de la réalisation du droit numérique. L'essence de cette transition du droit numérique du statut de droit naturel à celui de droit légal, puis de droit effectif, se traduit dans les différentes étapes d'intérêt et de demandes des hommes en matière de droit numérique qui sont comme les charnières entre droits numériques non-reconnus et droits numériques reconnus, entre droits numériques non-effectifs et droits numériques effectifs, trois stades de progression qui, dans certaines conditions, sont interchangeables. L'adoption de la loi sur le droit numérique permettra au droit numérique naturel d'initier sa mutation en droit numérique légal, la stricte application de la loi permettant de réaliser la transition du droit numérique légal vers le droit numérique réel, la réalisation du droit numérique réel entraînant chez les hommes l'apparition de nouveaux besoins et intérêts, de là, s'initie en permanence le travail législatif en matière numérique suivant un cycle d'adoption, réforme et abolition. En cela réside tout l'intérêt de l'institutionnalisation du système légal du droit numérique.

4 Liu Leibin : « *Analyse théorique du droit légal* ,» publié dans *<Fazhi yu shehui fazhan>N°2 de* 2005

II. Les principes de l'institutionnalisation du droit numérique

Le positionnement moral et la conception des institutions du droit numérique répond à une demande juste et raisonnable, qui sous un certain nombre de conditions, peut obtenir reconnaissance et acceptation de la société, tout en équilibrant les rapports complexes entre intérêts distincts des divers sujets. Du point de vue de la rationalité occidentale, la raison est la prémisse de la légitimité des droits et à ce titre, joue un rôle fondamental dans le processus législatif, ce à quoi le droit numérique ne peut faire exception. Par conséquent, durant le processus législatif visant à l'établissement du droit numérique, les législateurs de chaque pays du monde doivent, par le biais de dispositions rationnelles, définir et garantir le droit numérique, en d'autres termes, lui offrir un socle rationnel, prémisse de sa réalisation. Au cours du processus jurisprudentiel, police et justice doivent en assurer une protection rationnelle, de manière à lui garantir une protection effective. Dans son secours porté au droit numérique, la loi sur les droits numériques doit être considérée avec rationalité dans l'optique de protéger avant tout les droits numériques existants, ce qui est la clé de sa réalisation effective. Le régime du droit numérique ne pourra correctement fonctionner que lorsque sera établie une coordination systémique entre le législatif, le juridique, le besoin d'assistance et la rationalité commune.

Comme le droit réel, le droit numérique est un droit qui s'incarne dans l'usage, y obtenant exécution et secours. Or, le problème fondamental du droit numérique réside dans l'établissement d'un processus égalitaire et d'évaluation des intérêts ou intentions des divers sujets de droit. Par conséquent, le droit numérique doit être conforme à la procédure légale, tandis que sa définition doit y donner priorité. Or, le processus de définition du droit numérique doit prendre en compte ses particularités spatio-temporelles, son autonomie fonctionnelle, son besoin de rationalité, la participation du sujet et la spécificité de l'objet, la conception de son régime juridique devant nécessairement inclure une réflexion au sujet des procédures législatives, judiciaires, doctrinales, d'application concrète et d'assistance, afin de résoudre les problèmes de disposition, certification, pratique et assistance. La justice de la procédure en droit numérique est au moins aussi importante que leur réalisation substantielle. Nous devons donc traiter sur un pied d'égalité la procédure de droit numérique et son contenu substantiel, car il s'agit de la quête incontournable qui permettra à l'humanité d'entrer dans l'ère de la civilisation numérique.

Depuis le début de la Renaissance et des Lumières, la théorie de la subjectivité a apporté un soutien philosophique profond aux êtres humains pour entrer dans la modernité, et le principe de subjectivité est devenu le principe fondamental de l'élaboration du système moderne des droits[5]. Avec l'entrée de l'humanité dans l'ère de la civilisation numérique, tandis que l'homme physique voit se dessiner son reflet dans l'espace numérique sous forme d'« homme numérique, » la définition juridique du droit numérique doit se faire autour de la figure de l'homme, à travers la protection des droits de l'homme et des valeurs du sujet, pour atteindre le respect de la liberté et de la dignité humaines. C'est le principe de subjectivité du droit numérique, qui permet l'autonomie et la créativité du sujet numérique en élargissant sa zone de garantie et enrichissant ses modes de recours. Il s'agit d'un processus de reconnaissance et d'affirmation constante de l'autoévaluation du sujet de droit numérique, la réalisation de ses intérêts devant nécessairement s'incarner dans le comportement du sujet. Par conséquent, le droit légal numérique doit se concentrer sur les besoins du sujet numérique, afin de prendre la réalisation des intérêts pour principe fondamental, de faire de son attachement permanent à l'homme comme la problématique essentielle de ses droits, de sorte que le droit numérique découle de son caractère officiel et formel, pour devenir un droit explicite.

III. Le contenu de l'institutionnalisation du droit numérique

L'institutionnalisation du droit numérique nécessite au préalable une définition légale de sa typologie, de son contenu et de ses effets, et ne peut être édictée par des textes extérieurs à la loi. Elle est dotée à l'égard de la définition et de la médiation et jurisprudence d'une portée considérable.

5 Chen Pu : « *Sur le principe de la subjectivité dans l'élaboration des droits juridiques sur Internet,* » publié dans <*Zhongguo faxue*> N°3 de 2018

Par conséquent l'institutionnalisation du droit numérique comprend celle de sa typologie, de son contenu comme de ses effets.

Le système du droit numérique est composé de différents types de droits numériques, de sorte que la loi sur les droits numériques doit avant toute chose présenter une définition légale de leur typologie. La dite définition légale de la typologie du droit numérique désigne une définition légale de chacun des types de droit numérique. Dès lors, personne ne sera en mesure d'établir un droit numérique non reconnu par la loi ou qui serait issu d'une conception altérée des dispositions légales existantes. L'objectif de la définition légale de la typologie du droit numérique est de déterminer sous forme légale quels types de droits appartiennent au droit numérique, quels types de droits en sont exclus, la définition comprenant appellation, mode de production et système. Si le justiciable peut établir des droits numériques, ceux-ci doivent être conformes avec la typologie légale, celle-ci ayant un caractère obligatoire quelque soit le type de droit numérique concerné, ne peut être modifiée et éliminant toute liberté d'interprétation de la part du justiciable. La typologie légale du droit numérique comprend deux aspects : d'une part, la typologie précise du droit numérique nécessite une définition légale, les justiciables ne pouvant fonder des droits numériques à leur guise et dont la typologie n'a pas été reconnue par la loi. En l'espèce, la loi fait référence aux textes normatifs émis par le législateur au moyen de procédures législatives, ainsi que les types de mesures liées au pouvoir établies par d'autres organes extérieurs au législateur au moyen de documents normatifs ou d'organes judiciaires au cas par cas ne sont pas dans les limites légales des types de droit. Ce n'est que dans la réunion de l'ensemble de ces conditions que la typologie légale peut être dotée d'une certaine efficacité pour guider le comportement des justiciables pour se conformer à la loi, et guider les juristes à traiter correctement les différends numériques, et par ce biais, exprimer pleinement toutes les fonctionnalités du régime de droit numérique. D'autre part, la typologie légale du droit numérique ne permet pas au justiciable de créer arbitrairement des types de droit non compris dans la typologie, ni de les modifier au mépris des dispositions légales existantes, soit « l'exclusion de toute liberté formelle. » Avec l'exécution du droit numérique conformément au cadre de la typologie légale, les accords contractés entre justiciables ne peuvent créer un droit numérique de genre nouveau, et ne peuvent donc jouir des intérêts du droit numérique créé *ad hoc*. Par conséquent, les accords et dispositions contractés entre justiciables ne peuvent comprendre des droits qui n'ont pas été stipulés dans la typologie légale des droits numériques, ni ne peuvent prévoir des types de droits numériques qui ne sont pas admis dans le cadre du droit numérique.

L'institutionnalisation du droit numérique doit inclure celle de son contenu, soit sa reconnaissance légale. Dès lors, personne n'est en mesure d'établir un contenu de droit numérique non reconnu par la loi ou qui serait issu d'une conception altérée des dispositions légales existantes. L'institutionnalisation du contenu du droit numérique est indissociable de celle de sa typologie, car l'institutionnalisation de cette dernière inclut nécessairement celle des contenus concernés, si bien que l'institutionnalisation du contenu du droit numérique est une composante essentielle de celle de sa typologie. Si le justiciable est libre de modifier à sa guise le contenu du droit numérique (bien qu'en absence de modification de la typologie légale, l'essence du droit numérique présente un cas de transformation), cela revient en fait à créer un nouveau type de droit numérique. Par conséquent, le contenu du droit numérique est pourvu d'un caractère obligatoire qui ne souffre de la moindre modification ou création extérieure, ce qui permet de garantir l'effectivité de la typologie légale du droit numérique. Procédé fondamental de compréhension et de maîtrise du droit numérique, la typologie légale est, par rapport au contenu légal, plus générale et abstraite, pourvue d'une meilleure capacité d'analyse, de jugement et de maîtrise du droit numérique. Cependant, son jugement repose sur la structure du contenu, typologie et contenu étant ainsi étroitement liés en une relation d'interdépendance et de complémentarité. De manière générale, la typologie permet d'identifier rapidement le droit numérique concerné, tandis que, lorsqu'un conflit apparaît au sein des types concernés, l'analyse du contenu du droit numérique joue enfin son rôle fondamental, à savoir, celui d'orienter le jugement avec précision sur le type de droit numérique à observer. Par conséquent, le contenu, tout comme la typologie, doit faire l'objet d'une reconnaissance légale, un type de droit sans contenu légal serait illusoire, et un contenu de droit sans typologie légale serait inopérant, la typologie et le contenu formant le double critère incontournable de l'institutionnalisation du droit numérique.

L'institutionnalisation du contenu du droit numérique contribue à le définir, à réduire les coûts d'expertise et de médiation, à mieux régler les différends et à améliorer l'efficacité et l'équité des procès judiciaires. Bien que la loi sur les droits numériques soit pourvu d'un caractère d'obligation, elle n'exclue pas non plus toute marge d'interprétation, offrant un certain degré de flexibilité, car le régime des droits numériques n'est nullement figé, il doit encore se développer, s'adapter aux évolutions de notre civilisation, et donc laisser une certaine marge de progression à son contenu.

L'institutionnalisation du droit numérique doit également inclure l'institutionnalisation de l'effectivité du droit numérique. D'une part, l'effectivité fonde l'essence de l'incarnation du droit numérique, sans elle, typologie et contenu légaux n'auraient plus aucun effet normatif; d'autre part, l'effectivité des droits numériques est déterminée par ses deux caractéristiques d'opposabilité et de priorité, elle leur permet de prendre effet sur tierce personne, ce qui implique la sécurité numérique, si bien que l'effet des droits numériques ne peut être conçue à la guise des personnes concernées. En matière d'opposabilité, le droit numérique est doté d'un effet d'opposabilité à toute tierce personne mais nullement contre un tiers bien intentionné. Quant à la priorité, elle tire son essence de l'exception, il est donc nécessaire de préciser l'effet prioritaire du droit numérique par le biais de la législation afin d'éviter toute confusion dans la pratique judiciaire. L'effectivité du droit numérique doit être établie ou modifiée par la loi. Cela comporte également deux implications: d'une part, la validité du droit numérique doit être déterminée en fonction de l'efficacité de la loi ; d'autre part, on ne peut pas modifier les dispositions de la loi sur les effets du droit numérique.

IV. La portée de l'institutionnalisation du droit numérique

Sur le plan théorique, l'institutionnalisation du droit numérique en est la lecture intéressée et socialisée. L'intérêt est la manifestation extérieure des droits et le résultat de la socialisation des droits[6]. Par

6 Chen Hongyan et Yin Kuijie : « *Sur l'institutionnalisation du droit,* » publié dans <*Dongbei shida xuebao* (édition des sciences sociales et de la philosophie) > N°3 de 2014

conséquent, l'institutionnalisation légale du droit numérique offre une définition précise de ses intérêts, assure la connexion entre droit théorique et droit pratique, faisant du droit numérique formel un droit numérique concret, légal et prévisible, en lui offrant exécution effective par le biais de la confiance publique et la force légitime dont est muni l'État, soit la réalisation achevée des droits numériques garantis. L'institutionnalisation du droit numérique définit clairement sa relation d'attribution, ce qui rend impossible pour les personnes concernées de créer divers standards de droits numériques de leur propre gré, permet de réduire le coût d'exploitation du droit numérique, et de garantir la précision et la permanence de la loi. Par ailleurs, le degré d'institutionnalisation du droit numérique permet de refléter la compréhension de sa propre valeur par le grand public, d'incarner le degré d'édification de la civilisation juridique de la société humaine et le niveau de conception du système juridique. Le droit numérique légalisé est lui-même doté d'autorité et de valeur, et peut être employé comme un code de conduite respecté de toute la société, pour la conduite correcte de chacun d'entre nous.

Sur le plan des réalités, l'institutionnalisation du droit numérique correspond à son processus de concrétisation et à sa réalisation effective, elle incarne la trajectoire de l'exécution légale, et est une garantie importante pour sa réalisation. De la typologie au contenu, de la réalisation à la disparition, l'institutionnalisation du droit numérique, par la définition de son contenu et de son extension, par l'établissement de bornes au régime d'utilisation et de protection du droit numérique, par la définition et l'ajustement des interactions entre droits et devoirs numériques, contribue à mieux résoudre les conflits numériques. En particulier lorsque pouvoir public et droits privés entrent en conflit, l'institutionnalisation du droit numérique est mieux à même de protéger les droits privés, en position de faiblesse, comme un contrepoids au pouvoir public.

Au niveau institutionnel, l'institutionnalisation du droit numérique est en lien avec le système économique global national ou régional. C'est uniquement par l'institutionnalisation, par la définition de l'attribution du droit, la précision de la typologie et du contenu du droit numérique, par la réalisation de l'ajustement systémique de l'ensemble des droits sur la donnée, que les liens numériques du pays ou de la région concerné revêtent une portée légale, soit une manière de consolider et maintenir l'ordre et les relations normales en matière économique et sociale. Par ailleurs, pour réaliser clairement et dans la vie réelle le droit numérique dans le système juridique, il est indispensable que le droit numérique soit opérable suivant des procédés définis et un contenu précis, afin que les ayant-droits puissent interpréter et juger l'intention initiale du droit à partir des dispositions et des affaires légales, de sorte que la réalisation du droit numérique soit plus conforme à sa proposition morale.

V. Les obstacles à l'institutionnalisation du droit numérique

En tant que droit fondamental de l'humanité, le droit numérique doit être officiellement reconnu comme un droit légal, lui-même étant une revendication d'intérêt légitime et raisonnable, conformément aux critères et valeurs institutionnels réalistes, et donc être affecté par des facteurs économiques, politiques et culturels. Par ailleurs, l'institutionnalisation du droit numérique est un processus évolutif, confronté à de nombreuses difficultés.

Sur le plan juridique, chacun des éléments constitutifs de la loi sur le droit numérique a la possibilité de déterminer le succès ou l'échec de l'institutionnalisation du droit numérique. Tout d'abord, l'intérêt des ressources numériques et la propriété numérique, étant encore démunis d'une définition claire et précise, pour laquelle ne se sont guère impliquées que quelques recherches théoriques et pratiques entrepreneuriales. Par ailleurs, l'absence des lois nécessaires et spécialisées dans le domaine du numérique a révélé de grandes limites dans la réglementation selon la voie juridique traditionnelle. D'autre part, le droit numérique n'étant pas garanti par un système de protection, ne peut parvenir à se concrétiser. Enfin, le droit numérique, dépourvu des normes du droit procédural, ne peut faire l'objet de procès. Tout cela forme l'impasse du système juridique dans l'institutionnalisation du droit numérique, ce qui entrave l'édification de son régime légal.

Au niveau idéologique et culturel, les orientations de la société exercent une contrainte sur le processus d'institutionnalisation du droit numérique. Malgré l'avènement de l'ère du *big data*, le niveau de conscience du public à l'égard de la donnée, du droit numérique et de la loi sur le numérique laisse encore beaucoup à désirer, le manque de culture numérique représentant une entrave à la formation du droit numérique. Par ailleurs, notre tendance au « tout politique » et à accorder la primauté au « statut officiel » influence le processus d'institutionnalisation du droit numérique qui permet de le faire passer du statut de droit théorique à celui de droit pratique. Par conséquent, à l'ère de la civilisation numérique, nous devons mener une analyse rationnelle des relations entre humanité, ordre social, pouvoir étatique et civilisation numérique, changer notre façon de penser, mettre en œuvre la logique du droit numérique au sein de tous les aspects de la société, pour promouvoir le développement et le progrès de la civilisation humaine.

Au niveau du développement social, l'institutionnalisation du droit numérique incarne le degré d'édification des civilisations juridiques et sociales actuelles. Tandis que la valeur des données est en expansion constante, l'humanité se dirige vers « l'ère du droit numérique, » mais en raison des limites du développement historique, celui-ci n'a pas encore suscité l'attention de tous les milieux sociaux, de sorte que l'institutionnalisation du droit numérique est aujourd'hui dans une impasse. Cependant, un droit numérique légal qui surpasserait le développement historique et s'écarterait de la trajectoire du développement social, manquerait singulièrement de réalité. Par conséquent, pour une lecture authentique du droit numérique, nous devons nous confronter au processus historique du monde d'aujourd'hui, analyser rationnellement l'édification en cours de la société numérique, saisir avec justesse le contexte de l'édification du régime de droit numérique, pour rendre l'institutionnalisation du droit numérique plus aisément praticable.

Deuxième partie: Le système de la propriété numérique

La propriété numérique représente le niveau de contrôle le plus abouti sur la donnée et constitue le cœur du régime du droit numérique. Le système de la propriété numérique désigne l'attribution systémique de la propriété de la donnée à un sujet identifié, de sorte que ce dernier y exerce son contrôle sous forme de possession. L'édification d'un système de la propriété numérique permet non seulement de mieux protéger les intérêts du sujet numérique, mais favorise également le partage et l'utilisation des données dans l'ensemble de l'espace social.

I. Élasticité de la propriété

Depuis la première révolution industrielle, l'émergence de la propriété immatérielle a progressivement mis fin à un système de propriété matérielle axé autour de la possession de la terre, les droits ne dépendant plus de l'existence matérielle du bien possédé. En effet droits d'auteur, de marque et brevets ont peu à peu été incorporés au domaine de la propriété, formant l'ensemble des « droits de propriété intellectuelle, » l'immatériel devenant progressivement objet de droit. Lesdits objets immatériels désignent des éléments dépourvus d'existence matérielle et ne pouvant être considérés que par le biais de l'abstraction. Les droits sur les objets immatériels sont généralement divisés en deux parties: l'une concerne les droits de créance et d'actions, directement stipulés par la loi ; l'autre, les droits de propriété immatérielle, qui comprennent non seulement les droits d'édition, d'auteur, de brevets et de marque, mais aussi tout ce qui concerne la protection des informations de grande valeur. Du point de vue de leur objet (nécessairement immatériel), les droits sur les réalisations intellectuelles, l'information de crédit, les données personnelles et le secret des affaires ont eu un fort impact sur le modèle traditionnel de la propriété, couvrant des domaines qui lui étaient jusqu'alors inaccessibles. Cependant, l'intégration d'objets immatériels dans le système juridique existant est apparue dès les premiers pas de la codification juridique[7], un prudent cheminement principalement conduit suivant deux directions: d'une part, l'assimilation des objets partiellement immatériels au corps matériel constitué de manière à les intégrer dans le système de la propriété; d'autre part, pratiquer un certain nombre d'ajustements sur ledit système de manière à y intégrer des droits nouveaux. C'est ainsi que les droits réels immatériels ont fait une percée au sein du régime des droits de propriété traditionnels.

La *res* immatérielle représente le dépassement du principe de droit traditionnel qui veut que « la chose est nécessairement formée d'un corps » et implique une nécessaire souplesse dans le système traditionnel de la propriété exclusive qui prévoyait originellement un « unique détenteur pour chaque objet détenu. » En ce qui concerne la typologie de l'objet de droit, la structure exclusive et fermée de la propriété traditionnelle n'est pas tout à fait adaptée à la chose immatérielle, car elle donne priorité au contrôle absolu et exclusif du sujet sur l'objet, et limite la portée de son application comme de l'objet, car l'intention d'autrui ne peut influencer l'exécution du droit sur l'objet et qu'il n'est pas prévu d'en réclamer l'autorisation. Cependant, la chose immatérielle est dépourvue de caractère d'exclusivité car son attribution exclusive conférerait monopole au sujet de droit, ce qui entraverait l'allocation efficace des ressources, la liberté de concurrence et l'amélioration du bien-être public. Par conséquent, le concept de propriété doit être élargi pour construire un système de propriété applicable à la *res* incorporelle[8].

On peut prédire qu'avec la croissance continue des facteurs de production à l'ère de la civilisation numérique, de nouvelles formes de droits émergeront, leur valorisation et dématérialisation s'affirmant comme une tendance générale au sein de la société dans son ensemble. L'émergence de la donnée comme objet de propriété se distinguera du corps physique constitué comme objet traditionnel du droit de propriété. Définir une propriété numérique a pour vocation d'encourager le partage et l'utilisation

7 Ladite codification désigne le processus de formation d'un code juridique par l'assemblage de divers textes légaux existant.

8 Chen Xiaomin : « *Évolution historique du modèle de la propriété en Chine continentale* » ; Zhongguo shehui kexue chubanshe ; 2016 ; pp. 111–113

des données, protéger leurs valeurs économique, sociale et de souveraineté. Par ailleurs, une typologie du droit axée sur le droit numérique étant destinée à occuper une position de plus en plus importante dans la vie économique et sociale future, il est nécessaire d'offrir un cadre réglementaire à la propriété numérique. Par conséquent, l'ajustement du système juridique existant est devenu une question que nous devons nous poser et à laquelle nous devons dès à présent apporter une réponse. Elle nécessite un nouvel outil de régulation pour l'encadrement et la protection des intérêts de l'ayant-droit numérique, ce qui représente un immense défi pour le système de propriété traditionnel à assouplir.

II. Sujet et objet de propriété numérique

Le principal sujet de propriété numérique est le bénéficiaire des intérêts sur la donnée, soit une personne physique ou morale en capacité légale de jouir du droit numérique, cela comprend également les entreprises d'intérêt public et l'État lui-même. Les qualifications et droits du sujet de propriété numérique sont régis par le droit national. L'attribution de la propriété numérique se réfère à la personne concernée, ce qui est la base juridique pour faire du véhicule des intérêts numériques un sujet de droit numérique, de sorte que l'attribution de la propriété numérique est la prémisse de l'obligation de la prise en charge stipulée par le droit numérique. La loi doit non seulement déterminer la qualification juridique du sujet de droit, mais aussi lui fournir la norme juridique correspondante en fonction de sa situation. La loi sur le droit numérique est la régulation de l'ensemble des relations qui unissent les divers propriétaires sur la donnée ainsi que leurs attributions respectives, tandis que le droit numérique représente la concrétisation de leurs intérêts numériques légitimes. Le caractère immatériel et reproductible de la donnée lui confère une grande variété formelle d'intérêts. En effet, contrairement à la proposition traditionnelle de la propriété qui ne reconnaît qu' « un unique détenteur par chose détenue, » il peut y avoir plusieurs sujets de propriété sur un seul ensemble de données, et il ne s'agit nullement de la simple mise en commun des propriétés relatives, mais bien d'une propriété indépendante et complète portant sur tout l'ensemble de données. Par conséquent, la loi sur le droit numérique doit proposer un ensemble de normes organisationnelles afin de définir la nature des sujets de propriété numérique, réglementer leurs comportements relatifs, et résoudre les problèmes liés aux conflits d'intérêts et externalités négatives.

La qualification du sujet de propriété numérique peut être obtenue soit par la loi, sur la base d'une acquisition initiale, soit par succession. L'acquisition initiale de la qualification du sujet de propriété numérique correspond à l'acquisition de droits lors de la première production de propriété numérique, pour laquelle le sujet comprend la personne concernée, le producteur, l'usufruitier et le premier occupant. Dans ce cas, l'acquisition de la qualification en tant que sujet de propriété numérique est fondée sur la production, l'intérêt, la primo-occupation, sous réserve d'acquisition légale et d'autorisation légale. Par rapport à la propriété traditionnelle, le mode d'attribution original de la qualification du sujet de propriété numérique est très différent : lorsque investisseur et producteur de ressources de données sont le même sujet, la propriété est déterminée ; lorsqu'ils ne sont pas le même sujet et qu'elle est détenue par l'investisseur ou le producteur, ou les deux en commun, l'attribution des intérêts doit s'équilibrer entre l'intérêt public et ceux des investisseurs et des producteurs. Là est la question centrale de la réflexion au sujet de la loi sur les droits numériques. Or, le mode de succession de la qualification de sujet de propriété se fait par le biais du partage, mais en raison du fait que la cessation de l'attribution des données ne peut se faire de manière absolue, le sujet héritier ne peut pleinement acquérir sa qualification de propriétaire numérique. On distingue en cela trois types de situations: premièrement, le sujet ne peut qu'obtenir le droit de propriété, le droit de personnalité lui demeurant inaccessible; deuxièmement, lorsque les sujets héritiers sont plusieurs, ils tirent profit du contrôle et de l'utilisation commune du même ensemble de données; troisièmement, le sujet héritier ne jouit guère de son droit de propriété que sur le périmètre délimité qui lui est imparti. Si la propriété des données ne revient qu'à l'ayant-droit originel, la valeur des données concernées ne peut être optimisée car c'est uniquement par le flux numérique et l'emprunt à autrui que la valeur des données ne cesse de croître, ce qui explique que la propriété numérique héritée est dotée d'une bien plus grande importance que la propriété numérique originale.

L'objet de propriété numérique est un ensemble de données spécifiques qui existe indépendamment, a une certaine valeur d'utilisation et peut être échangé. Il doit revêtir ces trois caractéristiques: l'immatérialité, la reproductibilité et la non-exclusivité de sa cessation. L'ensemble de données n'ayant pas de forme tangible, nous ne pouvons reconnaître son existence que par le biais de l'abstraction, de sorte que l'immatérialité demeure la caractéristique la plus fondamentale de l'objet de propriété numérique. Un ensemble de données peut être copié à un coût minime, dans l'objectif de rendre leur contrôle et utilisation accessibles à un plus grand nombre de sujets, et par là-même, de permettre la croissance de la valeur des données. Par conséquent, la réplique de l'objet de propriété numérique est la base de son objet de droit. L'objet de propriété numérique n'étant pas cessible exclusivement, il ne permet de réaliser le transfert complet de la capacité de contrôle. Il existe une nette différence entre objet de propriété numérique et objet de propriété intellectuelle, principalement quant à savoir s'il est original, fixé à un support, reconnu par un processus juridique et s'il doit être rendu public. Par conséquent, la propriété numérique ne peut pas être réglementée par la voie des droits de la propriété intellectuelle. Du point de vue des données, l'objet de propriété intellectuelle est le savoir, il comprend la création originale d'un effort intellectuel, soit en quelque sorte, une donnée déjà optimisée. Par conséquent, les données ne répondent pas aux conditions juridiques de l'objet de propriété intellectuelle *stricto sensu*.

III. Compétence de la propriété numérique

La compétence du droit de propriété numérique désigne l'ensemble des droits dont jouit le sujet de propriété numérique et constitue le contenu de la propriété. Elle est l'incarnation auto-valorisante et réalisatrice de la propriété numérique, constitue le cœur du droit numérique, et est également le lieu ou demeure ses intérêts. Par ailleurs, dans le processus de jouissance et d'exécution de la propriété numérique par le sujet, elle reflète également son effet et sa fonction. La compétence du droit de propriété numérique comprend les droits de contrôle, d'utilisation, de la jouissance et le droit à partager.

Le droit de contrôle désigne le droit du sujet de propriété numérique de contrôler les données, ce qui place les données sous le contrôle légal du sujet, et confère au contrôleur des données le droit d'exercer librement son contrôle. Les personnes peuvent obtenir le contrôle des données en investissant dans les ressources concernées ou en œuvrant à leur production, mais également par le biais du partage. Le contrôle est un état de domination sur la propriété numérique capable, par son opposabilité, d'équilibrer les tensions entre attribution naturelle et protection des droits numérique. D'une part, l'immatérialité de son objet rendant inapplicable le système de propriété traditionnel, il ne peut guère se réaliser que par le biais d'un contrôle exercé réellement, pour incarner non seulement la fonction protectrice du contrôle de la propriété numérique, mais également sa fonction de maintien continu de l'état de contrôle. Cette protection et cette poursuite prennent effet dans le transfert et la présomption des droits de propriété numérique. D'autre part, la reproductibilité de l'objet de propriété numérique amoindrissant son coût de diffusion, les droits et intérêts numériques sont aisément violés, mais si le contrôle des données se limite à un contrôle purement technique, son efficacité est quasi nulle à l'égard de la réduction du risque d'infraction. Le contrôle des données doit donc impérativement trouver protection par le biais de dispositions légales.

L'utilisation est le moyen le plus élémentaire d'exploitation des données, et est le principal moyen de leur mise en valeur. Par conséquent, le droit d'utilisation fait référence au droit de propriété des données, sous réserve de poursuivre la valeur de l'utilisation des données et d'utiliser les données pour obtenir les avantages correspondants. Selon les propriétés naturelles des données, le droit d'utiliser les données comprend principalement les droits de traitement et de copie. Parmi ceux-ci, le traitement désigne l'utilisation élémentaire des ressources numériques. En effet, c'est par le traitement que peut être révélée et améliorée la valeur des données, que l'on peut attester de leur existence et importance, si bien que le droit de traitement est une part non-négligeable du droit d'utilisation. Le droit de traitement peut être partagé, mais son partage est généralement conditionné, l'utilisateur ne pouvant traiter les données que de la manière convenue, et non pas procédé à une copie arbitraire et partielle. Cependant, pour ajouter de la valeur aux données, il est nécessaire d'en élargir le volume, afin que plus d'utilisateurs puissent les utiliser. En raison du coût très faible de la reproduction, celle-ci en est devenue le procédé principal. Par conséquent, la reproduction est une condition, un procédé et un mode d'utilisation importants, sa capacité à restituer intégralement du contenu numérique en fait l'élément fondamental de la diffusion des données, au point que le droit de copier occupe une position importante au sein de la propriété numérique.

La jouissance désigne le droit pour le sujet de jouir de son utilisation et partage des données. La capitalisation de la donnée, réalisation économique de la propriété numérique, est un moyen de jouissance de celle-ci, car la donnée n'exprime sa valeur externalisée, durable et plurielle que par le biais de ladite jouissance. L'externalité désigne le bénéfice que retire le sujet de propriété numérique de l'utilisation et du partage par rapport au coût que cela représente, ce qui détermine notamment le caractère non-exclusif des ressources numériques. Par conséquent, il est indispensable de faire les restrictions nécessaires sur les revenus tirés des données, de faire les exceptions nécessaires et de réaliser l'équilibre entre la protection des intérêts personnels et la protection du bien-être public. La jouissance des données est durable parce que leur valeur ne peut pas être entièrement exploitée par une seule utilisation ou consommation, et lorsque de nouvelles ressources numériques sont ajoutées et associées, la valeur des données originales peut changer et présenter de nouveaux intérêts. Par ailleurs, les données ne sont pas consommables dans le sens où elles peuvent être réutilisées, la jouissance à long terme impliquant le fait que leur valeur n'atteint jamais un optimum indépassable, mais tendra à constamment s'élargir et fructifier au fil du temps. Les données n'étant exclusivement cessibles, la jouissance numérique est par nature diverse. Il est en effet impossible d'atteindre le transfert complet de l'état de contrôle sur les données, celles-ci pouvant exister auprès de sujets multiples de jouissances, y ayant tous accès.

Le partage correspond à l'utilisation finale des données, le droit de partage étant pour l'ayant-droit la possibilité de consommer ou partager des données. Il s'agit du stade ultime du droit de propriété, ainsi que de l'essence même du droit numérique. Le partage de la propriété n'entraîne pas la perte de contrôle par leur propriétaire, mais forme plutôt, par le biais de la duplication, une propriété indépendante sur les données, de sorte qu'une donnée peut être contrôlée et utilisée par plusieurs sujets de propriété en même temps. En outre, le partage des droits numériques n'entraîne pas une perte de la valeur des données, mais au contraire, augmente leur valeur. La propriété sur les corps physiques constitués, s'incarne généralement sous la forme du droit à disposer, la disposition conduisant à son élimination absolue ou relative. Dans un tel cas, c'est le droit à disposer qui permet de détermine l'appartenance du corps physique constitué[9]. En ce qui concerne les données, le système de propriété traditionnel n'est pas applicable à leur protection et utilisation, parce que leur valeur réside dans le partage. En effet, le contrôle des données n'est pas le but de la propriété des données. L'objectif poursuivi est plutôt d'en faire un usage optimal, soit de procéder à leur mise en valeur. Par conséquent, le droit à partager numérique est plus axé sur l'utilisation des données, car c'est celle-ci qui permet d'exprimer leur valeur. L'utilisation revêt donc un statut aussi important que la possession.

IV. Le système de l'utilisation consentie de la propriété numérique

L'attribution naturelle de l'objet de propriété numérique et des activités modernes de production de données déterminent le fait que l'utilisation directe des données par le seul ayant-droit ne peut pas réaliser la valeur des données, et qu'il est donc nécessaire de s'appuyer sur l'utilisation légale des données par autrui pour augmenter leur valeur. L'utilisation consentie est un moyen d'utilisation commune des ressources numériques qui peut assurer le respect de la volonté des deux parties, protéger les intérêts de toutes les parties, afin de promouvoir l'utilisation rationnelle et efficace des données. Le système d'utilisation consenti de la propriété numérique comprend notamment les systèmes de licence d'utilisation et de transfert.

Le système de licence d'utilisation de la propriété numérique prévoit l'autorisation par l'ayant-droit de laisser autrui utiliser ses données sous certaines conditions. Dans ce cadre, non seulement le sujet de propriété

9 Lu Xiaohua : «D*roit de propriété de l'information: mode de protection des nouvelles richesses du point de vue du droit civil* » ; Falü chubanshe ; 2009 ; p. 373

numérique subit quelque changement, les divers sujets étant liés les uns aux autres par une relation de droits et de devoirs réciproques qui repose sur le consentement, de sorte que son efficacité vient de l'accord. L'octroi de licences de propriété numérique crée en fait une propriété de données distincte qui permet la coexistence de plusieurs propriétés numériques sur les mêmes données, qui peuvent être utilisées par différents principes en même temps. Du point de vue du sujet d'utilisation, le système d'utilisation sous licence de la propriété des données peut être divisé en licence monopolistique, licence exclusive et utilisation générale de licence. L'utilisation de la licence monopolistique signifie que le propriétaire des données accorde à autrui le droit d'utiliser ses données exclusivement et sous certaines conditions, personne, y compris lui-même, ne pouvant prétendre à utiliser les données concernées. À la différence le la licence monopolistique, la licence exclusive prévoit qu'en plus de l'ayant-droit, le sujet de propriété numérique est également autorisé à utiliser ses propres données s'il le désire. La licence d'utilisation générale correspond à l'autorisation à utiliser les données à plus de deux sujets, les mandants ne pouvant s'exclure mutuellement. De ce point de vue, la licence générale d'utilisation est la meilleure voie et l'accès le plus large à l'exercice de la propriété numérique. En effet, puisque les données sont reproductibles et que la valeur des données ne peut être étendue que par la réplication et diffusion ainsi que par la délivrance de licences universelles, afin de répondre aux besoins des activités sociales productives modernes.

Le système de transfert de propriété numérique désigne la cession de la propriété numérique à autrui, ce qui peut se faire au moyen de transactions, don et succession numériques, si bien qu'une relation spécifique de droits et d'obligations entre le cessionnaire et le dépositaire de la cession est créée. La transférabilité est un attribut inhérent à la propriété numérique. Contrairement à la licence d'utilisation, le transfert de la propriété numérique en fractionnant des ensembles de données établies pour transférer le droit de propriété numérique dans son intégralité, à savoir, simultanément, le contrôle, l'utilisation, la jouissance et le partage. Le cessionniste recevant ces quatre pouvoirs en même temps, devient le nouveau sujet de propriété numérique. Par conséquent, le transfert de la propriété numérique n'attribue pas les données à plusieurs sujets, mais à un seul en remplacement d'un autre. Si le cessionniste n'acquiert que le contrôle, les droits d'utilisation et partage lui échappent : le cessionniste n'étant pas libre de partager les données avec autrui, ce transfert incomplet de pouvoir revient de fait à une licence. À partir des conséquences du transfert, l'octroi de licences de propriété numérique ne fait que faire céder au sujet de propriété numérique une partie du droit d'utilisation et de jouissance, et même en cas de viol des données, le sujet de propriété numérique assume encore les obligations légales concernées, tandis que le transfert de la propriété numérique est effective, ainsi que les obligations relatives à la personne morale, transférées. Le sujet de propriété numérique d'origine a perdu son contrôle sur les données transférées.

V. Système d'utilisation légale de la propriété numérique

L'utilisation légale de la propriété numérique est un moyen particulier d'utilisation des données, qui revient à une restriction à la propriété numérique. Étant donné que les attributs naturels non matériels rendent les données plus impliquées dans l'intérêt du public, la propriété numérique doit comprendre un certain nombre de restrictions afin de réaliser l'équilibre entre bien-être public et intérêt personnel. Par conséquent, le système d'utilisation légale de la propriété numérique comprend les systèmes d'utilisation rationnelle, de licence légale et de licences obligatoires, qui forment la concrétisation de la restriction du système de propriété numérique.

L'utilisation rationnelle est le mode de limitation le plus restrictif de la propriété numérique. Ledit système désigne des conditions légales prévoyant pour autrui la possibilité d'utiliser les données sans l'autorisation du sujet de propriété numérique. Une telle utilisation est gratuite et ne prévoit l'existence d'aucuns frais connexes. L'objectif du système d'utilisation rationnelle de la propriété numérique est de protéger l'intérêt public et de laisser la possibilité aux personnes d'utiliser les données de manière rationnelle sans porter préjudice aux intérêts fondamentaux du sujet de propriété numérique. Étant donné que le droit numérique relève à la fois du droit privé et du droit public, la privatisation de son aspect public ne pourrait se faire sans porter gravement atteinte à l'intérêt public. Par conséquent, il est nécessaire de mettre en place un système d'utilisation rationnel de la propriété numérique, de sorte qu'autrui puisse utiliser les données raisonnablement à des fins éducatives, médicales, charitatives ou scientifiques. De cette façon, le sujet de propriété numérique transfère une partie de la jouissance des données au profit de la société, ce qui permet d'équilibrer efficacement la relation entre intérêt public et intérêt privé, et d'éviter tout monopole numérique ou obstacle à l'utilisation et la production de données.

Le système légal de licence de propriété numérique est également une sorte de système de restriction de la propriété numérique, mais il est moins restrictif que le système d'utilisation rationnelle. Le système de licence juridique de la propriété des données signifie que, dans les conditions prescrites par la loi, autrui peut utiliser les données d'une manière spécifique sans l'autorisation du sujet de propriété numérique, mais cette utilisation doit se faire moyennement payement des frais concernés, tout en respectant les autres droits du sujet de propriété numérique. Le système légal de transfert de licence de propriété numérique confère à autrui un certain droit d'utilisation, un droit systématiquement octroyé aux personnes qui répondent aux conditions légales, et soulage la restriction uniquement sur l'utilisation des personnes admissibles par le sujet de la propriété des données, atteignant ainsi l'objectif d'équilibrer le bien-être public et l'intérêt personnel. Contrairement au régime de l'utilisation rationnelle, la licence d'utilisation légale relève d'une autorisation légale spécifique, et son recours par l'utilisateur est principalement motivé par des finalités lucratives.

Le système de licences obligatoires pour la propriété numérique fait référence à un système dans lequel les utilisateurs tiers sont autorisés de force à utiliser des données dans des circonstances spécifiques prévues par la loi, sans le consentement du sujet de propriété numériques, mais doivent cependant en payer les frais concernés tout en respectant les autres droits dudit sujet. On parle également de licence involontaire. Son but est de sauvegarder l'intérêt supérieur de l'État et de la société. Contrairement aux permis prévus par la loi, l'octroi de licences obligatoires est un système de restriction spécial dont la conduite doit être mesurée par l'autorité compétente prévue par la loi et n'est généralement pas appliquée, car une utilisation inappropriée porterait gravement atteinte aux intérêts du sujet de la propriété numérique. L'octroi de licences obligatoires est destiné aux données publiées, destinées à des utilisateurs spécifiques, avec une grande flexibilité et durée. Sa fonction est de limiter l'abus de droits par les sujets de propriété numérique, afin de s'assurer que le public peut accéder et utiliser les données, favorisant ainsi le développement et le progrès social.

Troisième partie: Le système de l'usufruit numérique

L'usufruit numérique a été créé dans l'optique de résoudre le conflit qui oppose possession et utilisation des données. Il correspond à la possibilité d'utiliser et de bénéficier des données d'autrui sous certaines conditions. L'établissement du système de l'usufruit numérique est le produit de la transition du contrôle à l'utilisation, ce qui contribue à la réalisation de la valeur économique du droit numérique, et un mode de mise en pratique de la propriété.

I. La propriété restreinte

L'usufruit numérique correspond au droit d'utiliser et de bénéficier des données détenues par autrui. C'est le droit accordé à autrui par le sujet de propriété numérique. L'émergence de l'usufruit numérique est le résultat de la subdivision du droit de propriété numérique, soit la propriété numérique soumise à une partie distincte du droit de propriété, accordant à autrui la jouissance, et donc la formation d'un droit numérique sur les données d'autrui. Ainsi, l'usufruit numérique dérive de la propriété numérique, en étant en soi une limitation. Cependant, l'établissement de l'usufruit favorise la réalisation de la valeur économique optimale de la propriété, soit un mode de valorisation économique de celle-ci. Ledit usufruit numérique, produit de la transition du droit numérique du contrôle vers l'utilisation, peut tout à fait coexister avec la notion de propriété numérique. Avec l'avènement de l'ère de la civilisation numérique, le volume des ressources numériques est en pleine expansion, si bien que l'usufruit numérique gagne chaque jour toujours plus d'importance. L'usufruit est souvent établi à partir de la volonté du propriétaire, dans le cas où le propriétaire ne peut pas réellement utiliser ses données ou ne peut pas pleinement réaliser la valeur des données. En effet, céder l'utilisation et le bénéfice de ses propres données à autrui permet d'en maximiser l'exploitation. Bien que propriété numérique et usufruit numérique soient étroitement liés, il existe des différences manifestes entre les deux, et ce, principalement dans les domaines suivants.

Des droits de nature différente. L'usufruit numérique est un droit relatif, tandis que la propriété numérique est un droit personnel. Le droit numérique personnel désigne le droit de contrôler les données que l'on possède, il s'agit de la forme la plus aboutie et la plus complète de droit numérique. Le droit numérique sur les données d'autrui est un droit relatif. Par conséquent, l'usufruit numérique est doté des attributs d'un droit numérique relatif tels que l'attribution d'une durée déterminée et d'un contenu restreint.

Des contenus de droit différents. L'usufruit numérique est un droit numérique restreint, tandis que la propriété numérique est un droit numérique plein et entier. Pour l'usufruit numérique, en tant que droit numérique restreint pour le terme comme le contenu, son contrôle se porte principalement sur la valeur d'utilisation des données. En revanche, la propriété numérique est un droit numérique illimité, plein et entier. L'usufruitier numérique n'a la jouissance que d'une part de la propriété sur la donnée, à l'exclusion en principe, du droit à partager. La propriété numérique est au contraire, le droit de domination le plus abouti qui puisse exister sur la donnée.

Des durées de validité différentes. Du point du vue du terme, l'usufruit numérique est un droit limité tandis que la propriété numérique est un droit illimité. Tant que les données existent, la propriété numérique existe. L'usufruit numérique est, lui, généralement soumis à terme, au-delà de la portée du terme, l'usufruit n'est plus.

Des objets de droit différents. L'objet de propriété numérique est vaste et comprend un large éventail d'ensembles de données. Le jeu de données peut être la propriété du mandant connexe, qu'il ait ou non une valeur d'utilisation. L'objet de l'usufruit numérique est relativement étroit car il doit nécessairement avoir une certaine valeur d'utilisation, afin de répondre aux besoins de l'usufruitier.

Des modes d'acquisition différents. La propriété numérique est obtenue de manière diverse, soit par le biais la production des données et de leur traitement original, soit par transfert, pourvu que le mode de collecte soit légal. Toutefois, le mode d'acquisition de l'usufruit numérique a des limites légales, et celui-ci ne peut être obtenu que par voie d'accord ou d'obligation légale.

II. Les caractéristiques de l'usufruit numérique

Étant donné que l'usufruit numérique est un droit établi sur les données d'autrui, on peut le considérer comme un droit numérique relatif. Parallèlement, puisque l'usufruit numérique doit nécessairement se restreindre au champ du consentement contractuel, si bien qu'on peut le considérer comme un droit numérique restreint. Le sujet d'usufruit numérique est extérieur au sujet de propriété numérique, c'est à dire que le propriétaire ne peut se faire usufruitier. Étant donné que l'usufruit numérique est établi sur les données d'autrui, son sujet est une personne physique, morale ou toute autre forme d'organisation, disposant d'un droit de jouissance sur les données d'autrui. L'objet d'usufruit, ensemble de données, est caractérisé par son immatérialité, sa duplicabilité et sa cessibilité non-exclusive. En outre, avec la diversification du mode d'utilisation des données, en particulier en raison des progrès scientifiques et technologiques ainsi que des innovations institutionnels, la valeur des données est en constante augmentation. Afin de faire face à cette tendance et pour améliorer l'efficacité de l'utilisation des ressources numériques, l'établissement de l'usufruit numérique est indispensable, un élément incontournable du développement du régime du droit numérique.

Droits d'utilisation et de jouissance sont au cœur de l'usufruit numérique. D'une part, le contenu principal de l'usufruit numérique est l'utilisation et la jouissance. Dans l'exercice de son droit, l'usufruitier numérique peut recourir à différents modes d'utilisation en fonction de l'ensemble de données concerné. Certains usufruits se concentrent sur l'utilisation des données elles-mêmes, tandis que d'autres donnent primauté aux transactions. D'autre part, l'usufruit numérique n'inclut généralement pas le droit de partage des données concernées. Le partage de l'usufruit lui-même est en revanche propice à l'optimisation de l'exploitation des ressources numériques. L'innovation constante dans les modes d'utilisation de la donnée ainsi que le progrès continu des sciences et technologies, promettent au contenu de l'usufruit numérique un enrichissement permanent.

L'usufruit numérique est particulier. Une particularité qui se manifeste tout d'abord par le fait qu'il s'agit d'un droit numérique restreint en temps comme en quantité, soit un contenu appauvri par rapport à celui de la propriété. Par ailleurs, l'usufruit numérique est, en principe, un droit principal, qui n'est pas subordonné à d'autres droits numériques. En tant que droit numérique autonome, il ne prend pas l'existence d'un autre pouvoir comme une condition préalable, ne s'exécute pas concomitamment avec le transfert ni avec l'élimination d'autres droits. Enfin, l'usufruit numérique est un droit numérique à durée déterminée. Un droit numérique à durée déterminée désigne un droit numérique dont la durée est déterminée. En effet, il existe généralement une limite de temps précise pour la validité de l'usufruit. Puisqu'il est, par essence, une limitation de la propriété numérique, lui accorder une durée de validité illimitée, enlèverait beaucoup de son sens à la propriété numérique et risquerait d'en faire une coquille vide.

III. Le contenu de l'usufruit numérique

L'usufruit numérique est un droit de contrôle exercé sur la valeur d'utilisation des données d'autrui. Ceux que l'on désigne ici par autrui sont, en principe, des sujets de propriété numérique. L'usufruit numérique a pour objectif l'utilisation des données, si bien que son contenu essentiel est justement l'exécution d'un droit de contrôle sur la valeur de l'utilisation des données. D'un point de vue juridique, le droit à partager est le droit le plus essentiel du droit numérique, car il symbolise sa distinction vis-à-vis du droit réel. Toutefois, en ce qui concerne l'usufruit numérique, son pouvoir n'inclut pas le droit de partager les données de l'objet, parce que le contenu principal de l'usufruit est l'utilisation et l'avantage. Bien sûr, pour utiliser efficacement les données et sans porter préjudice à la propriété ultime des données, l'ayant-droit est autorisé à jouir du droit de partager, mais ce partage ne concerne pas les données elles-mêmes mais bien des droits sur celles-ci, le partage des données demeurant l'exclusivité de leur propriétaire. Plus précisément, le contenu de l'usufruit numérique comprend les droits de contrôle, d'utilisation et de jouissance.

L'usufruitier numérique doit être en capacité de contrôler les données, ce n'est qu'ainsi qu'il pourra procéder à leur utilisation et jouissance. Ledit contrôle est un contrôle réel exercé par l'ayant-droit sur les données concernées. Sans ce contrôle réel, l'usufruit numérique est en réalité inapplicable. Puisque l'usufruitier doit être en capacité de procéder à l'utilisation et à la jouissance des données pour pouvoir avoir accès à leur valeur d'utilisation, sans contrôle réel, le rapport de domination sur les données ne serait que théorique et ne pourrait conduire à leur utilisation effective. Si certaines données présentent une situation de conflit entre différents usufruits, il s'agira essentiellement d'un conflit de contrôle, le contrôle étant la condition préalable à tout usufruit. En effet, l'usufruitier numérique doit nécessairement exercer un contrôle sur les données d'autrui pour pouvoir procéder à l'utilisation et jouissance de ces mêmes données, et donc en extraire la valeur d'utilisation.

L'usufruit numérique a pour objectif l'utilisation et la jouissance. Le droit d'utilisation fait référence au droit d'utiliser les données en fonction de la nature et la finalité des données, conformément à la loi ou à l'accord concerné. L'objectif de l'usufruit numérique est de procéder à l'utilisation des données et d'extraire leur valeur d'utilisation. La jouissance désigne les intérêts naturels et statutaires obtenus grâce à l'utilisation des données. Les droits d'utilisation et de jouissance sont généralement combinés, car la jouissance ne peut être obtenue que par l'utilisation. Par conséquent, l'usufruit doit nécessairement inclure droit d'utilisation et droit de jouissance. D'une part, d'après son sens légal premier, l'usufruit est le droit d'utiliser, il s'agit d'un droit numérique qui utilise les données d'autrui dans le but de les utiliser ; d'autre part, l'usufruit numérique est principalement l'utilisation de la valeur d'utilisation des données, afin de combler par le biais de cette utilisation les divers besoins de jouissance de l'usufruitier, en ce sens, l'usufruit comprend également le droit de jouissance.

Le sujet de propriété numérique ne doit pas interférer sur l'exécution de l'usufruit. Une fois établi, celui-ci est indépendant de la propriété numérique sur laquelle il s'impose comme une restriction. En tant que droit numérique indépendant, l'usufruit permet à son ayant droit de faire usage des données d'autrui au service de son propre intérêt pécuniaire ou à d'autres fins, ce qui est nécessairement différent des intérêts poursuivis par le propriétaire. Or, ces différences doivent être respectées par la protection légale comme par le sujet de propriété numérique. Par conséquent, ce dernier a l'obligation de ne pas interférer sur le comportement légal de l'usufruitier, et de se soumettre à l'exécution de ses droits dans la poursuite de ses propres intérêts. Cependant, bien qu'il en soit indépendant, l'usufruit numérique est établi sur la base de la propriété numérique, il est donc prosaïquement restreint par la volonté du propriétaire, qui en l'absence de disposition légale ou contractuelle peut tout à fait intervenir sur l'exécution voire rendre nul l'usufruit numérique. Bien entendu, l'exécution de l'usufruit ne peut pas nuire aux intérêts du propriétaire. Étant donné que l'usufruit numérique est basé sur des dispositions contractuelles, le propriétaire ne fait que partager ses droits de contrôle, d'utilisation et de jouissance. Par conséquent, l'usufruit numérique ne s'applique qu'à un objet clairement défini. Toute nuisance de l'usufruitier portée à l'encontre des intérêts du propriétaire, représente non seulement pour la société une perte d'intérêt et un gaspillage de ressource, mais est aussi une violation de l'accord ayant donné cours à l'usufruit.

IV. La portée de l'usufruit numérique

L'usufruit numérique est un droit numérique élémentaire, mais aussi l'un des plus importants droits numériques relatifs. Sa typologie est destinée à s'enrichir au fur et à mesure du développement des activités modernes de production économiques et sociales, pour un statut également amené à être de plus en plus éminent, jouant un rôle de plus en plus important dans le développement économique et social de la Chine.

Le système d'usufruit numérique est le plus à même de réaliser une combinaison efficace entre propriété publique et économie de marché. Une telle réalisation est un objectif que l'humanité n'a jamais réussi à atteindre de manière satisfaisante au cours de son histoire. Or, le système de l'usufruit numérique est justement l'une des voies pour y parvenir. Les gouvernements disposent d'une grande quantité de ressources numériques qui, si elles n'entrent jamais sur le marché, ne permettent d'atteindre l'objectif de la réalisation de l'économie de marché. Le recours au système d'usufruit numérique, sans modifier l'attribution des ressources numériques, permet de les y faire entrer librement, permettant à l'État comme à tout autre sujet civil d'en faire un large usage. Par conséquent, le système d'usufruit numérique a pour la Chine, une portée toute particulière.

Le système d'usufruit numérique peut permettre au marché de jouer un rôle décisif dans les activités de production économiques et sociales numériques afin de réaliser l'allocation effective des ressources numériques. Sa dissociation du droit de propriété numérique n'est pas seulement la base de la génération du droit numérique, mais aussi les moyens de l'économie moderne d'allouer et d'utiliser efficacement les ressources. Grâce au rôle du mécanisme de marché, les ressources numériques circulent entre les parties les plus capables et qui ont le plus besoin de leur utilisation, de sorte que les sujets les plus qualifiés et capables peuvent faire bon usage des ressources de données, afin de réaliser l'allocation et l'utilisation optimale des ressources numériques et d'en maximiser la valeur. Dans le même temps, les données comme facteur le plus important de la production à l'ère de la civilisation numérique, sont pour la plupart d'entre elles, entre les mains du gouvernement. Ce n'est que par l'utilisation d'un système de pro-autonomisation que ces ressources de données peuvent entrer sur le marché et ensuite, par ce moyen, voir maximisée leur efficacité d'utilisation. On peut prévoir que le système d'usufruit numérique jouera un grand rôle dans l'ère de la civilisation numérique, et son contenu sera continuellement enrichi.

Le système de l'usufruit numérique joue un rôle important dans la protection et l'utilisation rationnelle des ressources numériques. À l'ère de la civilisation numérique, la demande du public en ressources numériques augmente de jour en jour. Tandis que celles-ci sont en pleine expansion, plus les usufruitiers seront nombreux pour un même ensemble de données, plus ils pourront optimiser l'utilisation des données et donc, maximiser leur valeur. On peut dire que l'usufruit numérique permet un usage et une mise en valeur directs des données qui permettent non seulement de réaliser l'utilisation rationnelle des ressources numériques, mais aussi une protection efficace des droits et intérêts concernés. Ce système permet d'équilibrer la relation entre intérêts personnels et intérêts sociaux, intérêts à court terme et intérêts à long terme, ainsi que de résoudre toutes sortes de contradictions découlant de l'utilisation des ressources numériques, protégeant ainsi les intérêts du droit numérique.

Le recours au régime de l'usufruit numérique est une tendance importante du développement du droit numérique. À l'ère de la civilisation numérique, l'utilisation efficace des données s'élèvera au même statut que leur attribution. Le public se détournera progressivement de la primauté traditionnellement accordée à la domination et attribution en droit civil, lui préférant l'utilisation du droit numérique, plus conforme aux nouveaux besoins. Dans ce processus, le statut de la propriété numérique va progressivement s'effacer, le concept de possession abdiquant son rôle axial en faveur du concept d''utilisation, le recours à l'usufruit étant la manifestation principale de cette nouvelle axialité dont le statut ne cessera de se renforcer. La raison principale est que les activités de production modernes exigent que les ressources numériques soient acheminées vers les plus qualifiés et les mieux à même d'en faire usage, pour atteindre l'allocation optimale de leur utilisation, afin d'en maximiser l'efficacité. On peut prévoir qu'avec le développement de l'économie et de la société, la position et le rôle de l'usufruit de droit numérique deviendront plus importants. Par ailleurs, l'usufruit numérique est fortement caractérisé par des spécificités locales et nationales prédominantes. En effet, le régime de l'usufruit numérique d'un pays donné étant déterminé par les fondements de son système économique, chaque pays est amené à y développer son propre modèle national, son type et son contenu variant en fonction des différentes traditions historiques et les conditions nationales.

Quatrième partie: Le régime des données d'intérêt public

Transfert d'un usufruit numérique, l'usufruit numérique public n'a pas encore été clairement défini dans le système légal, en Chine comme à l'étranger. Cependant, en termes d'utilisation et de protection des données, cet effort de définition est indispensable. Il a pour sujet l'administration, les institutions publiques et les organismes d'intérêt public, et pour objectif, la défense et accroissement du bien-être public, et représente de manière générique les dispositions du droit public en matière numérique.

I. Définition de la donnée d'intérêt public

Du point de vue du mécanisme juridique, l'usufruit numérique est un droit de reconnaissance, d'utilisation et de protection des ressources numériques. À l'ère du *big data*, le sujet numérique est complexe et divers. Du point de vue de son comportement, les données peuvent être divisées en trois types : données gouvernementales, données de personne morale et données personnelles. Les ressources de données publiques axées pour l'essentiel autour des données gouvernementales forment la base juridique des données d'intérêt public. Le degré de développement et de partage des données d'intérêt public détermine dans une large mesure si l'utilisation des ressources numériques peut être maximisée. Par conséquent, procéder à une reconnaissance scientifique et rationnelle des données d'intérêt public permet d'encourager le gouvernement entre autres administrations publiques à ouvrir et faire partager les ressources numériques publiques, ce qui représente un soutien important pour l'édification du régime de droit numérique.

La donnée d'intérêt public est légalement une donnée publique, cependant, nous sommes actuellement tout à fait dépourvus d'une définition unique concernant ce type de donnée, et il n'existe à ce sujet, en Chine comme à l'étranger, qu'une poignée d'explorations conceptuelles. Dans son *Policy Guidelines for the Development and Promotion of Governmental Public Domain Information*, l'UNESCO définit les ressources de données publiques comme « diverses sources, types et informations qui ne sont pas soumises à la propriété intellectuelle et à d'autres régimes législatifs et que la population peut effectivement utiliser sans autorisation ni restriction »[10]. La *Loi sur l'information publique du Tennessee* considère que les données publiques sont « des renseignements recueillis, organisés et conservés, en lien avec la loi, les arrêtés et les affaires publiques »[11]. En Chine, il n'existe pas de texte officiel permettant de définir les données publiques, seuls quelques chercheurs ont contribué à l'émergence d'un cadre doctrinal. Par exemple, Xia Yikun estime qu'elles sont « un type spécifique d'information pratique, qui se rapporte au domaine public dans sa plus large acception, qui se produit dans et est appliqué à la société, géré par un organisme public dans le cadre légal, disposant des caractéristiques des biens publics, et pouvant être partagé et utilisé par le grand public. »[12] Selon Ho Guoqing, les données publiques « outre les sources d'information ministérielles, incluent également sur la base de leur mise en commun au sein des diverses administrations, dans l'exercice de leurs fonctions respectives, les informations produites, recueillies, traitées, diffusées ou mises à disposition, provenant d'individus, organisations, associations et collectivités »[13]. Selon Yang Yulin, les données publiques sont « une collection de ressources d'information générées par les organisations sociales dans le cadre d'activités publiques, dont l'information générée par les activités officielles du gouvernement constitue sa principale partie. »[14]

D'un point de vue juridique, toutes les ressources numériques qui peuvent répondre aux besoins de la population et qui sont vraiment pertinentes pour l'intérêt public peuvent être incluses dans la portée des données d'intérêt public. Par conséquent, elles proviennent de trois

10 Xia Yikun : « *Diversité des points de vue au sujet de la gestion des sources d'informations publiques* ,» publié dans <*Tushu qingbao zhishi*> N°2 de 2005

11 Yang Yulin et Zhaobing : « *Étude sur les concepts et particularités des ressources d'informations publiques et ressources d'informations gouvernementales* ,» publié dans <*Tushuguan jianshe*> N°6 de 2007

12 Xia Yikun, *Op. cit.*

13 Huo Guoqing : « *Analyse du mode de traitement des sources d'information en Chine* ,» publié dans <*Tushu qingbao gongzuo*> N°6 de 2000

14 Yang Yulin, *Op. cit.*

sources: les données gouvernementales générées par les activités officielles du gouvernement, les données rendues publiques des sociétés de service public et les données personnelles rendues publiques. Parmi elles, parce que le gouvernement est une force de contrôle importante de la société, les données gouvernementales représentent 80 % de cet ensemble formant la composante principale des données d'intérêt public. Les données d'intérêt public sont marquées par leur caractère commun et général. Ledit caractère commun désigne le fait que l'administration publique, au nom de l'équité, la justice et la liberté, y fournit au grand public un accès gratuit ou à faible coût. L'accessibilité des données d'intérêt public fournira à la société un grand nombre de moyens de production, et en raison de la reproductivité des données, le coût social de la consommation des données d'intérêt public sera nécessairement modique, ne conduira pas à la perte de contenu ni n'affectera le revenu d'autrui. La généralisation des données d'intérêt public signifie que leurs contenu et sources sont très larges: chaque composante du corps social, chaque entreprise et institution, ainsi que les organismes de l'État ont directement ou indirectement des liens avec les données d'intérêt public, devenant ainsi sujets-émetteurs de données; les particularités et comportements de chaque chose peuvent tous former des données d'intérêt public pour protéger le bien commun.

D'un point de vue économique, les données relèvent du droit privé. Toutefois, d'après l'influence et l'exercice des droits, les données ont une forte incidence sur l'intérêt public, avec des attributs de droits publics. Par conséquent, le droit numérique privé doit être limité, tout « monopole numérique » devant être irréalisable par quiconque, tandis que la protection des données personnelles ne peut se faire au détriment de l'intérêt public. Sans cet équilibre, la société risque d'être entièrement dominée par l'intérêt personnel au point que le droit numérique devienne une contrainte pour le développement social. Dans le système juridique actuel, droits publics et privés sont réglementés et protégés par la loi, or, la protection des droits numériques personnels n'est guère qu'un de ses objectifs, primauté revenant à la protection des données d'intérêt public de afin que les données soient pleinement utilisées pour une valeur maximale, ce qui est déterminé par l'attribut de droit public des données d'intérêt public. La protection des données à caractère personnel implique souvent la prise en compte de la valeur des droits publics en termes de sécurité nationale, de sécurité publique et de sécurité des données, et sa légitimité existe également en droit public. La pierre angulaire du droit numérique repose dans le maintien d'un équilibre entre les intérêts des droits privés et publics, et le droit d'allouer des données par la législation et la science devrait être adopté pour coordonner la relation entre les droits privés et le développement public et pour équilibrer les besoins en droits numériques.

II. Contenu de l'usufruit numérique public

L'usufruit numérique public correspond à l'octroi d'un usufruit numérique. L'usufruit numérique est principalement axé sur l'établissement du droit d'utiliser et de bénéficier des données du point de vue des droits privés. Sur la base de la protection et de l'utilisation des données d'intérêt public, nous proposons le concept d'usufruit numérique public. Ce concept ainsi que toute définition connexe, est absent de la recherche juridique existante, en Chine comme à l'étranger, pourtant, en ce qui concerne l'utilisation et la protection des ressources numérique, il est très important de définir l'usufruit numérique. D'une part, la reconnaissance objective des données d'intérêt public est propice à la promotion de leur utilisation maximale ; d'autre part, les données d'intérêt public sont naturellement publiques et générales, mais viennent en dernière analyse des individus si bien que la protection des données d'intérêt public est propice à celle des droits de la personnalité et des droits de propriété des données personnelles. L'usufruit numérique public, avec l'administration, les organismes publics et les sociétés de mission publique, pour sujets, a pour objectif de protéger et accroître le bien-être public de la société, et est le terme générique de la donnée de droit public.

L'usufruit numérique public est une composante importante du droit numérique. L'usufruit numérique public, type d'usufruit numérique, se réfère principalement au droit d'obtenir, de gérer, d'utiliser et de partager les données d'intérêt public dans l'intérêt du public, avec comme sujets administratifs, les institutions publiques et les organismes de bien-être public représentés par le gouvernement. De son attribut juridique, l'usufruit numérique public est le transfert d'un usufruit, un droit fondamental des citoyens, dévolu aux missions, services et gestions publics, sans intérêt lucratif, avec comme sujets administratifs, les institutions publiques et les organismes de bien-être public représentés par le gouvernement, ceux-ci exerçant leur droit de domination au nom de l'intérêt collectif. La sauvegarde de l'intérêt public est le fondement de l'usufruit public, faisant de lui l'épée de Damoclès pour la restriction des droits privés. La protection de l'usufruit numérique public s'appliquant à tous les citoyens, son contenu change en fonction de leurs besoins, dans un certain degré d'incertitude et de flexibilité. Cependant, quel que soit l'état de développement du *big data*, le souci ultime qui motive la création d'un régime d'usufruit numérique public est la garantie des droits fondamentaux que sont l'égalité et la liberté des citoyens.

L'usufruit numérique public est l'équilibre entre droits publics et privés. Les données d'intérêt public appartenant essentiellement à tous les citoyens, doivent, dans l'intérêt public, revenir au grand public pour un partage au bénéfice du peuple dans son intégralité. Les données produites par la société sont pour partie privées, pour partie publiques, ce qui rend difficile de déterminer ce qui appartient aux données d'intérêt public. L'usufruit numérique public doit affaiblir la propriété personnelle des données sans compromettre les intérêts de l'individu et éviter tout monopole numérique. Par conséquent, l'État doit adopter des lois appropriées qui non seulement restreignent les droits privés, mais garantissent également la créativité des producteurs et parviennent à un équilibre entre les deux. L'usufruit numérique public est le produit de cet équilibre. En effet, les données d'intérêt public étant elles-mêmes publiques et générales, le gouvernement, sujet administratif représentant des institutions publiques et des organismes de service public, en tant qu'administrateur numérique réel des données d'intérêt public, dans l'exercice de l'usufruit numérique public, donne primauté à la défense du bien commun, tout en garantissant également les droits et les intérêts des personnes. Par conséquent, lorsqu'il s'agit d'équilibrer les attributs de droits publics et privés du droit numérique, l'usufruit numérique public doit, à l'aune de l'équité, compenser raisonnablement et légalement les intérêts et droits individuels, de manière à compenser les sacrifices consentis en faveur de l'intérêt public.

II. Les caractéristiques de l'usufruit numérique public

Le droit public. Le droit public est la distinction fondamentale qui sépare l'usufruit numérique public de l'usufruit numérique de droit privé. L'usufruit numérique public relève du droit public, ce qui se reflète principalement à travers trois aspects: premièrement, son sujet comprend le gouvernement et les divers organes de l'administration, institutions publiques et organismes de service public, tandis que son objet est les données d'intérêt public; deuxièmement, son objectif est la défense du bien commun et la satisfaction des besoins du peuple en matière d'usufruit numérique public ; troisièmement, l'acquisition des données d'intérêt public, la protection opérationnelle ainsi que les autorisations et sanctions administrées durant l'exercice dudit usufruit relèvent intégralement des caractéristiques du droit public.

Le rapport au bien commun. L'usufruit numérique public a pour objet les données d'intérêt public, or, celles-ci sont légalement des données communes principalement traitées par les divers organes de l'État, institutions publiques et organismes de service public. L'objectif de l'établissement et de l'exécution de l'usufruit numérique public est de défendre l'intérêt public et de renforcer le bien commun, son exécution par l'usufruitier devant être entièrement orientée en cette direction. Ce rapport de l'usufruit numérique public vis-à-vis du bien commun détermine le fait que sa jouissance peut aussi bien être attribuée à une personne, au grand public, à la société comme à l'État. Étant donné que la personnalité est une composante du grand public, de la société et de l'État, tous les bénéficiaires potentiels de l'usufruit numérique public sont étroitement liés les uns aux autres. On peut ainsi dire que l'usufruit numérique public est une sorte de droit collectif muni de toutes les caractéristiques d'un droit ayant trait au bien commun.

Une domination restreinte. Le droit numérique est un droit de domination absolu exercé sur la donnée. Cependant, l'usufruit numérique public voit son pouvoir de domination sur les données d'intérêt public limité par le fait qu'il relève du droit public comme du bien commun. Si les données d'intérêt public ne peuvent circuler en principe durant leur période de détention collective, même si les données personnelles renoncent au droit de propriété, et même si l'on part du principe que les données personnelles ont renoncé à toute exécution de droit de propriété, cela ne peut à aucun moment affecter l'usage public des données d'intérêt public.

La non-exclusivité. Bien que les données d'intérêt public soient entre les mains du gouvernement et d'autres entités administratives, leur propriété des droits revient au peuple de manière indivisible et non-concurrentielle, pour une jouissance non-exclusive. Bien que les données d'intérêt public aient pour sujet l'administration, les institutions publiques et les organismes de service public, de par leur attribut de données communes, elles sont directement utilisables par le grand public. Cela permet de démontrer que la loi prévoit l'exécution de l'usufruit numérique public par le grand public, quiconque pouvant procéder à leur utilisation et en tirer jouissance sous certaines conditions.

Capacité d'assistance. La capacité d'assistance de l'usufruit numérique public repose sur l'assistance juridique offerte au peuple dans son utilisation des données d'intérêt public, qui se décline en assistance de droit civil, de droit pénal et de droit administratif. L'assistance de droit civil peut concerner l'octroi d'une certaine compensation économique lorsque l'usufruit numérique public a été endommagé, comprenant l'injonction de cesser envers l'entité responsable de l'infraction ainsi que l'injonction de réparer les dommages encourus. L'assistance de droit pénale est une mesure de sanction pénale vis-à-vis du dommage infligé à l'usufruit numérique public, notamment dans le cas d'un grave préjudice infligé à la société durant un processus de violation de l'usufruit numérique public, qui a les caractéristiques de la criminalité. L'assistance de droit administratif est le recours dont l'efficacité est la plus importante est matière d'usufruit numérique public et qui comprend délibération, procédure, jugement et indemnisation administratives, et corrige et punit les violations concernées, afin d'éviter tout trouble à l'ordre public[15].

15 Lu Xiaohua, *Op. cit.* pp. 435–443

IV. Le sujet d'usufruit numérique

Afin d'assurer la sécurité des données et l'intérêt public, le gouvernement, qui est le représentant du pouvoir public, obtient des données publiques dans les domaines politique, économique, culturel, social et écologique par certains moyens techniques, et les gère pour son compte, détenant ainsi environ 80 % des ressources numériques de l'ensemble de la société, et exécutant l'usufruit numérique public au nom de l'État. Par conséquent, le gouvernement doit être le sujet exécutif de l'usufruit numérique public. Ici, l'État peut de fait être considéré comme une plateforme en sens macro, une interface responsable de la gestion des données de ses utilisateurs. Parallèlement, l'omniprésence du *big data* ainsi que sa nature transversale et inter-scalaire, font que l'usufruit numérique public dispose d'une forte capacité de contrainte sur le droit numérique privé. En d'autres termes, les personnes ne peuvent jouir librement de l'exercice de leur droit numérique privé que sous le contrôle de l'usufruit numérique public. Cependant, en réalité, les phénomènes de détournement de la puissance numérique publique à des fins privées ne sont pas rares, ce qui augmente le risque de sécurité des données privées.

Sur l'usufruit numérique public, il n'existe actuellement aucune recherche pertinente, en Chine comme à l'étranger, et la question est souvent simplement abordée sous l'angle de la nature administrative de son sujet avec le gouvernement comme représentant de l'administration, des institutions publiques et des organismes de service public: premièrement, les données d'intérêt public bien qu'elles soient collectées par le gouvernement en tant que sujet représentant de l'administration, des institutions publiques et des organismes de service public, pour gestion et utilisation, leur caractère de bien commun détermine toutefois le droit du grand public à les utiliser, c'est-à-dire que celui-ci a la possibilité de recourir au consentement éclairé de l'usufruitier numérique public et d'en disposer la jouissance. Deuxièmement, le sujet de l'usufruit numérique public est l'administration, les institutions publiques et les organismes de service public, qui représentent les intérêts de l'ensemble du peuple; quant à son sujet de droit d'utilisation il peut être tout individu ou toute organisation, tant que son exécution est conforme au bien commun ; pour la gestion de l'usufruit numérique public, soit la qualité d'usufruitier à proprement parler, il s'agit du gouvernement en tant que représentant de l'administration, des institutions publiques et des organismes de service public. Par conséquent le sujet d'usufruit numérique public comprend le gouvernement comme représentant de l'administration, des institutions publiques, des organismes de service public ainsi que la société civile, c'est-à-dire que le sujet d'usufruit numérique public est un sujet composite avec l'administration, les institutions publiques et organismes de service public pour sujet légal formel, et l'ensemble de la société civile pour sujet réel.

IV. Les capacités de l'usufruit numérique public

Du point de vue fondamental de la sauvegarde de l'intérêt public, l'usufruit numérique public doit inclure le droit d'acquisition, de gestion, d'utilisation et de partage. Bien que le public puisse utiliser les données d'intérêt public pour en obtenir la jouissance correspondante, l'usufruit numérique public lui-même n'inclut pas le droit de jouissance, parce que l'essence de l'utilisation des données d'intérêt public par le grand public est justement le champ d'application de l'usufruit numérique public dans le domaine du droit numérique. Seuls l'administration, les institutions publiques et les organismes de service public représentants du peuple sont éligibles à l'exécution de l'usufruit numérique public, les données d'intérêt public ne pouvant y faire objet d'une utilisation à des fins lucratives, de sorte que l'usufruit numérique public n'inclut pas le droit de jouissance.

Droit d'accès. Ledit droit d'accès aux données d'intérêt public désigne le fait que le gouvernement en tant que représentant de l'administration, des institutions publiques et des organismes de protection sociale, conformément aux dispositions légales concernées, par certains moyens définis, en temps opportun, en temps et en heure, de manière intégrale, a le droit d'acquérir toute donnée d'intérêt public au gré de ses besoins. En l'espèce, le sujet de l'acquisition de données d'intérêt public est défini comme l'administration, les institutions publiques et les organismes de service public représentés par le gouvernement, parce qu'ils exécutent l'usufruit numérique public au nom du peuple et qu'ils doivent obtenir les données d'intérêt public dont ils ont besoin auprès d'autres administrations, institutions publiques, organisations sociales et particuliers conformément aux attributions légales et moyens légaux. Les attributions et moyens légaux exigent que le sujet administrateur de l'usufruit suive les trois principes de légalité, de rationalité et d'efficacité optimale lorsqu'il procède à l'acquisition d'intérêt public. L'acquisition dite légale signifie que le sujet administratif, l'institution publique et l'organisme de service public représentés par le gouvernement doivent non seulement obtenir l'autorisation légale concernée lorsqu'ils exercent le droit d'obtenir des données d'intérêt public, mais aussi agir conformément à ses dispositions, devant observer le caractère strictement licite de leurs attributions, actes et procédures. L'acquisition raisonnable exige du gouvernement en tant que représentant de l'administration, des institutions publiques et des organismes de service public un motif approprié ; d'autre part, il s'agit de minimiser la portée causée au respect des droits et intérêts des données à caractère personnel, afin d'atteindre un équilibre entre intérêt privé et intérêt public. Un accès efficace exige que l'administration, les institutions publiques et les organismes de service public représentés par le gouvernement obtiennent des avantages plus importants à moindre coût lorsqu'ils exercent le droit d'obtenir des données d'intérêt public et que cela apporte autant que possible des avantages à l'État, à la société et aux citoyens. Bien sûr, l'exercice de ce droit à l'accès aux données d'intérêt public doit être restreint, sinon il entraînera l'expansion illimitée du pouvoir numérique public, causant de grands dommages aux intérêts et droits de l'État, de la société et du peuple. Dans le processus d'exercice du droit d'accès aux données d'intérêt public, l'administration, les institutions publiques et les organismes de bien-être public représentés par le gouvernement doivent protéger la sécurité des données et assumer des responsabilités juridiques et administratives correspondantes s'ils causent des pertes à la sûreté nationale, aux secrets des affaires et à la vie privée[16].

Le droit de gestion. La gestion des données d'intérêt public fait référence au rôle de gestionnaire exercé par l'administration, les

16 Wang Quansheng et Fang Liping : « *Premières ébauches au sujet du droit d'acquisition de l'information par le gouvernement* ,» publié dans <*Qingbao zazhi*> N°10 de 2006

institutions publiques et les organismes de service public représentés par le gouvernement afin d'atteindre l'objectif de l'utilisation publique des données d'intérêt public. Le droit de gestion des données d'intérêt public fait référence au pouvoir administratif de l'administration, des institutions publiques et des organismes de service public représentés par le gouvernement afin de réaliser l'objectif de l'utilisation publique des données d'intérêt public. Il présente les caractéristiques suivantes: premièrement, l'exercice du droit de gestion des données d'intérêt public est le moyen d'atteindre l'objectif commun des données d'intérêt public, de protéger et d'améliorer le bien commun; deuxièmement, l'exécution de ce droit de gestion se manifeste de deux façons, positive et négative, positivement, il s'agit d'exprimer l'intérêt collectif des données d'intérêt public, négativement, il s'agit d'éliminer et d'arrêter tout comportement qui entrave les données d'intérêt public d'atteindre l'objectif commun ; troisièmement, le droit de gestion des données d'intérêt public est par essence un droit administratif, le droit administratif sur l'usufruit numérique public a pour sujet l'administration, les institutions publiques et les organismes de service public représentés par le gouvernement pour mettre en exécution la législation nationale et gérer le bien commun. De nature juridique, le droit de gestion de l'usufruit numérique public est une obligation légale, parce qu'elle revient au gouvernement en tant que représentant de l'administration, des institutions publiques et des organismes de service public pour protéger et améliorer le bien commun. Par conséquent, le droit de gestion de l'usufruit numérique public est un droit administratif, force contraignante du droit public, et en même temps, ce droit peut contribuer à protéger le droit du peuple d'utiliser les données d'intérêt public et restreindre le comportement arbitraire de l'administration.

Droit d'utilisation. L'utilisation des données sur le bien-être public est l'acte d'utiliser les données du bien-être public conformément aux lois et règlements concernés afin d'exercer ses fonctions par l'administration, les institutions publiques et les organismes de service public représentés par le gouvernement. L'usufruit numérique public est au cœur de la notion de données d'intérêt public et a leur utilisation, protection et amélioration pour objectif. Par conséquent, le droit d'utilisation de l'usufruit numérique public fait référence au droit de l'administration, des institutions publiques et des organismes de service public représentés par le gouvernement d'utiliser les données d'intérêt public conformément à la loi. L'exécution du droit d'utiliser les données d'intérêt public doit respecter certains principes, sans quoi les parties concernées abuseront du droit d'utiliser les données d'intérêt public, ce qui nuira à leurs utilisation et jouissance publiques. Tout d'abord, l'exécution du droit d'utiliser les données d'intérêt public doit être conforme à l'objectif aux paramètres des données d'intérêt public, de leur utilisation commune, et doit être utilisé dans le cadre des exigences du bien commun. Par ailleurs, l'exécution du droit d'utiliser les données d'intérêt public doit être conforme aux dispositions légales concernées et à la loi objective sur l'utilisation de telles données, car leur utilisation a pour objectif la défense et la promotion du bien commun, tant que, dans le cadre de la loi, les institutions de gestion des données d'intérêt public ne peuvent pas empêcher d'autres personnes ou organisations en conformité avec l'utilisation des données du bien-être public. Enfin, afin de protéger l'intérêt public et la sûreté nationale, l'administration, les institutions publiques et les organismes de service public représentés par le gouvernement peuvent annuler et modifier l'objectif de l'utilisation publique des données publiques.

Le droit de partager. Ledit droit de partager les données d'intérêt public désigne la possibilité pour le gestionnaire des données d'intérêt public de les offrir à l'utilisation d'autrui. Autrui inclut ici les autres agences administratives, les institutions publiques, les personnes morales et physiques. Par conséquent, le droit de partager les données d'intérêt public peut être divisé en deux catégories: l'une est le droit de partager les données d'intérêt public dans un sens étroit, soit leur partage au sein des organes administratifs, un processus durant lequel les données n'ont pas changé de nature et sont toujours entre les mains de l'administration. L'autre est le droit de rendre publiques les données d'intérêt public, soit de les laisser accessibles aux entreprises et individus. Une fois que ceux-ci en obtiennent le contrôle, l'usufruit numérique public est transformé en un simple usufruit numérique qui offre à son sujet le droit d'utilisation et de jouissance sur les données d'intérêt public concernées.

Cinquième partie: Le système de partage

Droit fondamental à l'existence et au développement de l'homme, le droit numérique est par essence un droit de partage, qui reflète l'unité organique de la responsabilité sociale et de la jouissance des droits numériques. Bien sûr, ce droit de partage ne se réalise pas de lui-même. Il nous faut nous appuyer sur un système correspondant pour résoudre tous types de contradictions découlant du partage des droits numériques, ainsi que de s'employer à l'optimisation de sa valeur.

I. De l'accès libre à l'économie de partage

De la civilisation agricole à la civilisation numérique, en passant par civilisation industrielle, avec le progrès continu de la science et de la technologie, activités de production et modes de vie humains semblent de plus en plus proches. En particulier avec l'essor du mouvement du libre accès et de l'économie partagée ces dernières années, le partage, en tant que nouveau concept de développement, est passé du domaine de la science et de la technologie aux domaines économique, social, idéologique et culturel, la conscience de l'importance du partage pour la vie commune et le développement de l'humanité se faisant chaque jour plus nette. Le partage est devenu pour l'avenir de l'humanité une quête réaliste, le développement partagé s'affirmant comme le besoin fondamental de l'ère de la civilisation numérique.

Le libre accès est un modèle de partage des connaissances qui a été lancé à la fin des années 1990 et au début des années 2000 en tant que mouvement scientifique visant à promouvoir le partage de la recherche scientifique. Parmi les étapes qui incarnent ce mouvement, peuvent être citées, l'*Initiative pour l'accès libre de Budapest*, publiée en 2001, la *Déclaration de Berlin sur l'accès libre* signée en 2003 à l'Université de Bethesda et la *Déclaration de Berlin sur l'utilisation ouverte des ressources en sciences naturelles et humaines*. Dans l'*Initiative pour l'accès libre de Budapest*, l'accès libre désigne le fait que les scientifiques postent de la documentation de recherche sur Internet, de manière à ce que quiconque puisse lire, télécharger, copier, imprimer, publier, récupérer ou mettre en place des liens et des index, gratuitement, comme des données logicielles ou toute autre utilisation légitime, afin que le public puisse librement l'obtenir et l'utiliser à fins de recherche[17]. D'une part, le mouvement d'accès libre a rendu les données scientifiques libres pour le public, brisant la barrière du prix de la connaissance, d'autre part, il a élargi la disponibilité des résultats de la recherche scientifique et briser la barrière sur le droit d'utiliser la littérature scientifique. Le mouvement de l'accès libre est en plein essor dans le monde entier, son influence s'accroît et le concept de développement partagé gagne du terrain.

Le concept de l'économie de partage en tant que représentant des formes émergentes actuelles de mise en accès libre a d'abord été proposé par Marcos Felson, professeur de sociologie à l'Université d'État du Texas, et Joan Spence, professeur de sociologie à l'Université de l'Illinois. Ils ont utilisé l'économie de partage pour révolutionner les transports, transformant le paysage mondial de la concurrence dans les transports, avec des modèles économiques tels qu'Uber, Didi, Mobai et Ofo. La caractéristique la plus fondamentale de l'économie de partage est de donner à d'autres personnes le droit d'utiliser les ressources d'institutions ou d'individus qui en sont en possession, moyennant récompense, et dégageant de la valeur nouvelle par la mise en commun des ressources existantes. *Stricto sensu*, l'économie de partage se réfère à un modèle d'affaires qui transfère temporairement le droit d'utiliser des biens existants à autrui dans le but premier d'obtenir un certain montant de rémunération, créant ainsi une nouvelle valeur[18].

L'accès libre et l'économie du partage distinguent droit de propriété et droit d'utilisation, en transférant une partie du droit d'utilisation sans changement de propriété pour le partage avec autrui. Dans la société économique traditionnelle, droits de propriété et d'utilisation ne font qu'un, et ce n'est qu'en possédant le bien que l'on peut l'utiliser. L'économie de l'accès libre et du partage a brisé ce modèle, forgé la conception d'un

17 Hu Bo : « *Développement futur des modes de partage et de la propriété intellectuelle : analyse critique sur la < théorie du remplacement de la propriété intellectuelle >* ,» publié dans <*Fazhi he shehui fazhan* > N°4 de 2013

18 Lu Dezhi : « *Capital et partage, questions majeures du développement coopératif des civilisations humaines*» ; Dongfang chubanshe ; 2017 ; pp. 135–136

système de propriété prévoyant la cession du droit d'utiliser à autrui, et réalisé une séparation modérée des droits de propriété et d'utilisation, qui non seulement stimule la créativité de toute la société, mais favorise également continuellement le partage des réalisations de développement dans la société et favorise le développement et le progrès de l'humanité. Le libre accès et l'économie partagée comme les éléments complexes d'un nouveau modèle, se reflètent dans une nouvelle forme de structure sociale, et ont une relation étroite avec les objectifs et les modèles de fonctionnement de propriété économiques, les régimes de droits de propriété, de distribution des revenus, les systèmes de sécurité sociale, ou encore les systèmes d'évaluation économique. Les activités de production concernées sont toutes menées autour du partage, dont l'essence est une sorte de système et de mécanisme de développement qui encourage l'innovation sociale, stimule la création économique et profite à tous. Avec les enjeux de valeur, les questions de crédit, les questions de gouvernance et les garanties juridiques constituent une base importante pour le développement du modèle du partage[19].

II. La suggestion du partage numérique

Le système juridique traditionnel des droits de propriété est basé sur le concept de propriété privée, et poursuit l'exclusivité de la propriété. La nature privée ou exclusive de la propriété constitue un mécanisme d'incitation efficace, stimule la créativité et favorise l'utilisation efficace des biens. Mais l'idéal d'« utilisation optimale » comme l'un des objectifs législatifs des droits de propriété n'a pas été atteint, et l'économie de libre accès et de partage a changé la façon d'utiliser les choses, ce qui ne peut qu'entraîner l'approfondissement de la réflexion. Dans le système juridique traditionnel du droit de la propriété, en raison de la structure « exclusive » des droits de propriété et de l'existence du principe de « un détenteur unique par chose détenue, » le partage n'a historiquement pas été suffisamment considéré. Cependant, en examinant attentivement

19 Lu Dezhi, *Op. cit.*, pp. 138–139

l'origine historique du système de droit de la propriété et la situation actuelle de développement, nous pouvons voir que le concept de partage a longtemps été imprégné dans l'utilisation des objets, et à ce titre peut être considéré comme un mode d'utilisation fondamental et normal.

Mais comment donc le modèle de partage numérique peut-il être représenté au niveau institutionnel? Comment le concept de partage numérique peut-il s'incarner sous forme de normes juridiques? Comment aussi la future loi sur le droit numérique doit-elle prendre en compte le concept de partage? La liste de ces nouvelles problématiques à affronter n'est pas exhaustive. Au fur et à mesure des progrès de l'humanité, deux changements émergent au sein des moyens de production: certains se font de plus en plus abondants, tandis que d'autres se raréfient. Pour les moyens de production raréfiés, le partage est plus que nécessaire, car il permet d'améliorer l'efficacité de leur utilisation en les mettant au bénéfice d'un plus grand nombre d'utilisateurs, et donc en réduisant la demande croissante à leur égard. Pour les moyens de production abondants, leur coût continuera à diminuer jusqu'à la gratuité. Dans ce cas, la jouissance exclusive de ces moyens de production perd de sa pertinence, et la situation de partage s'impose *de facto*. La donnée est un de ces moyens de production en quantité abondante car elle est duplicable à l'infini, autorisant une jouissance éternelle sans que son contenu n'en soit jamais affecté, le coût de sa reproduction étant extrêmement faible voire négligeable. Par conséquent, le partage est le meilleur moyen de résoudre efficacement le problème de l'utilisation optimale de la donnée.

Parallèlement, le développement de la nouvelle génération des technologies de l'information, telles qu'Internet, le *big data*, l'intelligence artificielle et la *blockchain* a modifié le modèle original de technologie mécanique et chimique, brisant l'équilibre existant des intérêts, tout en faisant émerger de nombreux problèmes au sein du système juridique traditionnel. D'une part, le système juridique traditionnel ne peut pas traiter efficacement les problèmes existants de sécurité numériques, entraînant un grand nombre de violations longtemps demeurées sans aucune possibilité de recours. D'autre part, le cadre institutionnel existant restreint la diffusion légale des données, leur libre accès au public, ainsi que la liberté d'expression numérique, ce qui nuit à l'efficacité de l'utilisation des données, empêchant ainsi l'expression libre et entière de leur valeur. L'applicabilité et la rationalité du système actuel sont l'objet de tous les doutes, même si certains problèmes ont d'ores et déjà été résolus grâce à la technologie. Cependant, du point de vue du droit numérique, la technologie n'est qu'un facteur externe, la cause interne étant la contradiction existant au sein du système, un système traditionnel construit autour de la notion de possession et qui ne s'est pas adapté aux besoins de développement de la civilisation numérique actuelle. Il est donc urgent d'édifier un système de droit numérique axé sur la notion de partage pour atteindre l'objectif d'une circulation libre, sûre et équitable des données, soit le système légal du partage numérique.

À l'ère de la civilisation numérique, la technologie la plus importante concerne le partage et la connectivité, dont le cœur est la numérisation universelle. L'accumulation et le calcul des données ont formé le *big data*, mais ce n'est pas le contenu du *big data* qui est grand, mais l'ensemble des données mises en réseau, car c'est seulement à cette condition que la donnée, corrélée et complète peut alimenter un système d'intelligence artificielle par le biais du calcul algorithmique. Il s'agit donc d'une révolution technologique qui commence par la demande et la consommation, par l'innovation et la consommation de la demande, et enfin par la formation de données, qui fait de cette dernière le moyen de production majeur du futur. Lorsque les données, en tant que moyen de production, conduisent à la transformation de la structure traditionnelle des relations de production et restructurent l'ensemble des relations sociales, la division sociale du travail n'aura plus besoin des transactions mercantiles pour partager ses maigres ressources. Le système de droit privé perdra de sa valeur, et les êtres humains entreront dans un nouvel ordre social construit par le système du partage numérique. Ce système permettra de distinguer propriété et utilisation des données, formant un modèle de développement partagé basé sur l'idée que « l'on ne recherche plus la possession mais l'utilisation. » Parallèlement, parce que les données ont pour attribut « la désignation de plusieurs ayant-droits pour une seule donnée, » son objet naturellement immatériel et sa multi-sujétion de droit déterminent le fait que l'utilisation efficace des données a pour préalable le partage du droit numérique. Par conséquent, le système de partage du droit numérique est devenu un élément essentiel à l'avènement de l'ère de la civilisation numérique.

III. Le contenu du partage numérique

Le partage numérique permettra d'équilibrer le rapport entre bien-être public et intérêt personnel dans l'avènement de la civilisation numérique, et aidera à stimuler la créativité de ses composantes. Le thème central du partage numérique est la répartition équilibrée des intérêts et des droits. En effet, une relation déséquilibrée entre intérêts public et privé, quel que soit le côté où penche la balance, est contraire aux principes légaux fondamentaux de liberté, égalité, sécurité et équité qui sont ceux de l'ère de la civilisation numérique et qui correspondent aux aspirations instinctives de l'humanité. Par conséquent, le déséquilibre dans la distribution des droits numériques risque de saper l'enthousiasme et l'initiative des personnes vis-à-vis de la création de richesses numériques. L'importance du système de partage numérique à l'ère de la civilisation numérique réside dans son renversement de la vision légale traditionnelle qui tend à privilégier l'intérêt personnel aux dépens du bien commun. Au sujet de l'utilisation des données, il faut constamment se référer à la notion de partage numérique car celui-ci en est le préalable incontournable, il ne s'agit pas seulement de la problématique centrale et du besoin fondamental de la civilisation numérique, mais aussi du sens essentiel de l'édification du nouvel ordre de la civilisation numérique.

Le système de partage numérique est une composante essentielle du socle de la civilisation numérique qui prend l'altruisme pour essence structurante d'une société de partage. Du point de vue de l'équité sociale, la répartition de l'usufruit numérique public et de l'intérêt personnel est le problème fondamental de la société de civilisation numérique, ainsi que la question centrale de son dispositif institutionnel général. Le déséquilibre dans la distribution entre intérêt public et intérêt personnel dans le domaine du droit numérique risque de conduire à un manque d'équité dans la civilisation numérique, ce qui apporterait des obstacles considérables à son édification. Par conséquent, le système de partage numérique doit assurer l'équilibre de la répartition des droits entre intérêts public et privé, et incarner l'équité systémique. De cette façon, l'institution serait en mesure d'assurer ce si nécessaire équilibre afin d'orienter l'avènement de l'ère de la civilisation numérique autour de ses principes fondamentaux. En effet, la répartition entre intérêts public et privé doit être absolue, objective et universelle, personne ne pouvant s'entendre arbitrairement par volonté subjective, et toute interprétation subjective, relative et excessive de cet équilibre équivaut à son annulation pure et simple. Par conséquent, le système de partage numérique joue un rôle très important dans l'édification de la nouvelle civilisation numérique, et a, à ce titre, une portée historique et pratique considérable.

Le système de partage numérique aide à coordonner le conflit entre les différents sujets de gré à gré et fournit une base de valeur scientifique pour résoudre la crise des intérêts hégémoniques. Le système de partage numérique met l'accent sur l'équilibre entre intérêts numériques public et privé, et fournit la base d'un socle axé sur le partage comme valeur tutélaire de la civilisation numérique, de sorte que l'équité s'imposera comme la valeur première du fonctionnement de la société à l'ère du numérique. Selon le principe de la répartition équilibrée entre public et privé au sein du système de partage numérique, établir une norme juridique pour résoudre les contradictions entre les différents sujets, améliorer le mécanisme de coordination des intérêts divers, ouvrir des voies à l'expression des revendications, et résoudre toutes sortes de crises sociales causées par les conflits d'intérêts, permettra de réaliser « l' utilisation et la jouissance numériques optimales » de la part de l'ensemble des sujets de droit numérique. Dans le même temps, le système de partage numérique contribuera à résoudre les contradictions actuelles de répartition inégale des ressources, d'inégalité des chances et d'injustice sociale provoquées par le monopole des ressources numériques, à résoudre le problème de l'équité et de la justice sociales, à réaliser l'allocation optimale des ressources numérique et faire tendre leur coût marginal vers la gratuité, à accroître la richesse numérique, à améliorer le sentiment d'accessibilité auprès du grand public, et donc à promouvoir l'économie de la civilisation numérique, ainsi que le développement coordonné comme son modèle de société.

IV. L'édification du système de partage numérique

Du point de vue de l'équité, la clé de voûte du système de partage numérique réside dans l'acquisition d'une conscience d'équité, d'égalité, de partage et de d'humanisme. Ledit sens de l'équité correspond à la nécessité d'être juste et impartial dans l'équilibrage d'intérêts entre les différents sujets de droit, entre intérêts public et privé, ainsi que de s'assurer du respect du principe d'équité lors des divers transferts de droits. Par conséquent, le traitement de ces questions épineuses doit respecter l'opinion du public concerné et ne pas admettre les transferts contre son gré. La conscience de l'égalité fait référence à la répartition équilibrée des droits et obligations de partage, concernant les droits numériques, l'utilisation et la jouissance. Pour le grand public, assumer un petit nombre d'obligations de partage numérique, donne d'emblée la jouissance des droits numériques correspondants, à conditions que les obligations concomitantes soient effectivement assumées. Il en va de même pour les entités administratives dont le gouvernement, les institutions publiques et les organismes de protection sociale. La conscience partagée exige que le peuple dans son ensemble adhère à un même esprit de partage et d'altruisme, adoptant la notion de « priorité au partage » comme concept numérique. Cela est notamment vrai pour l'élite sociale et les superpuissances numériques, dont la réussite dépend entièrement de l'utilisation et contrôle excessifs des ressources numériques. Or, ces mêmes ressources proviennent du peuple dans son ensemble, ce qui correspond à une situation d'interdépendance et de complémentarité. Par conséquent, nous devons établir l'esprit de partage numérique, rendre certains avantages à la société et fournir une assistance aux groupes numériquement plus vulnérables. L'humanisme inspire la conception d'un système de partage numérique qui place l'homme en son centre, qui met en valeur l'expression de l'humanité, de sa dignité et de son épanouissement à travers les concepts humains de liberté, égalité et fraternité. Ce n'est qu'ainsi que nous pouvons comprendre profondément l'essence spirituelle du partage numérique, que nous pouvons partager les réalisations du développement de la civilisation numérique, stimuler l'enthousiasme et la vitalité des différents sujets de droit pour participer à l'édification de cette nouvelle ère, et ainsi créer une richesse numérique plus abondante.

L'établissement un mécanisme d'expression des intérêts du partage numérique. Le système de partage numérique reconnaît que les individus peuvent légalement jouir de leurs propres intérêts numériques, mais il y a un jeu entre les attributs des droits publics et privés, ce qui, dans certaines circonstances, portera atteinte aux droits privés. Par conséquent, il est nécessaire de construire un mécanisme d'expression des intérêts du partage numérique, de comprendre les intentions réelles et les besoins des différents sujets, afin de s'assurer que l'orientation de l'édification de la civilisation numérique ne s'en écarte pas. De par leur nature, les besoins des personnes en matière de partage numérique peuvent être distingués en deux catégories : les besoins fondamentaux et les besoins non-fondamentaux. La première catégorie concerne la réponse aux besoins nécessaires et fondamentaux de partage pour la survie et l'épanouissement des composantes du peuple, ainsi que de tout sujet de droit numérique. La deuxième catégorie se réfère à la réponse des besoins de niveau supérieur des masses vis-à-vis de leurs conditions d'existence et de développement, les droits numériques qui y sont alloués devant être ajustés en fonction des besoins variables d'une personne à l'autre. Une telle conception du droit numérique a une portée considérable sur l'édification de la civilisation numérique. Les besoins fondamentaux sont à la base du développement social, tandis que la satisfaction des besoins fondamentaux est davantage tournée vers le progrès de la société. Par conséquent, les besoins fondamentaux du partage de poids sont plus importants que les besoins non élémentaires et ont une priorité logique plus protectrice. Par conséquent, pour établir un système de partage numérique, nous devons établir et perfectionner son mécanisme d'expression des intérêts, sauvegarder et défendre les besoins fondamentaux de la population en matière de partage numérique.

Innover et perfectionner le système de garantie fondamentale en matière de partage numérique, secourir et indemniser les groupes numériques vulnérables. Le partage numérique a pour essence la justice, pour cœur l'octroi de droits et intérêts à chacun des sujets de droit numérique, pour clé de voûte, l'équilibre entre intérêts public et privé. Ces trois éléments composent le socle structurel et idéologique nécessaire à l'édification de la civilisation numérique, lui fournissant l'énergie nécessaire, ainsi que l'enthousiasme et la créativité des contributeurs dans son ensemble. À l'heure actuelle, en raison de l'absence de règles, les administrations de divers pays et les entreprises de divers secteurs qui ressentent le besoin de concentrer un grand nombre de données, ont formé de partout dans le monde d'immenses monopoles numériques, comme autant de licornes placées à la tête de gigantesques potentats qui leur permettent de léser avec facilité les intérêts de la population. Le peuple est ainsi en position de faiblesse. Cependant, les masses sont le sujet fondamental du droit numérique, son ultime ayant-droit et la cible privilégiée du système de protection, leur jouissance étant conçue comme inviolable et sacrée, la défense de leurs intérêts devant être la priorité des priorités. Par conséquent, l'édification du système de garantie fondamentale du partage numérique, par le biais du partage, permet aux administrations et entreprises de transférer en faveur du peuple une part de la jouissance numérique, de protéger son droit fondamental, et en particulier, d'offrir secours et assistance à sa composante la plus vulnérable. Cela exige que nous ciblions les points clés et les failles pour remporter les premières victoires.

V. L'impasse du partage numérique

L'édification du système de partage numérique fait face à deux types de résistance: celle du relativisme, et celle des hégémonies établies[20]. Le relativisme désigne l'attitude de certaines personnes numériques qui tendent à privilégier une lecture évolutive de leur droit en fonction de leur propre intérêt, niant par là toute conception absolue du partage numérique, ce qui revient dans la réalité à s'écarter de toute tentative d'équilibrage entre intérêts public et privé. Cette attitude a pour ressorts sous-jacents la volonté de soumettre le système de partage numérique à la partialité subjective de leurs propres intérêts. L'autre type de résistance est celle des hégémonies acquises basées sur le système légal actuel, à savoir

20 Yao Xuan'ge : « *<L'établissement commun du partage > dans la perspective juridique* ,» publié dans *<Zhongguo fazhan guancha>* N°5 de 2007

le droit privé qui les a placées en situation de monopole, formant ainsi de puissants oligarques numériques qui entendent bien en conserver le statut. Le partage numérique visant l'équilibre entre intérêts public et privé, représente en une certaine mesure une restriction de leur statut reconnu par le droit privé traditionnel, et par là même porte atteinte à leurs intérêts. En réaction, les potentats numériques auront pour réflexe d'augmenter leurs exigences en obligation de partage auprès d'autrui, sans respect du principe de pertinence, afin de conserver éternellement leur statut de potentat numérique. Il est indispensable de briser ces deux tendances qui contreviennent tout à fait à l'esprit du partage numérique et constituent de grands obstacles à l'édification du système de partage numérique.

La grande difficulté d'intégration du système de partage numérique. Pour mettre en œuvre le concept de partage du droit numérique, il est nécessaire de l'institutionnaliser et l'intégrer dans le système légal existant. Le système actuel est fondé sur le droit réel, or la notion de partage du droit numérique et celle de propriété exclusive du droit réel sont diamétralement opposées, ce qui rend l'intégration du système de partage numérique nécessairement malaisée et conflictuelle et impose un long moment d'adaptation. Par conséquent, l'intégration institutionnelle du partage du pouvoir n'est pas seulement un long processus, mais aussi un projet systématique difficile et complexe, qui non seulement complète la distribution équilibrée du droit numérique entre intérêts public et privé, mais rénove et réorganise également les fondements du système existant. L'intégration du système de partage numérique dans le système actuel affectera inévitablement les intérêts de certaines personnes et produira des tensions et des conflits d'intérêts entre les différents sujets, ce qui peut causer de grands dommages, voire la mort du système du partage numérique. Par conséquent, l'intégration institutionnelle du système de partage numérique doit non seulement être proactive et efficace, mais nécessite également un bon travail de préparation idéologique face au bras de fer qui nous attend, et gérer soigneusement la relation entre le système de partage et le système actuel, afin de l'adapter au concept de partage du pouvoir.

La contrainte que représente le système de protection légale actuel pour le partage numérique. Le fonctionnement de tout système nécessite une protection légale correspondante, or, le système de protection légale actuel est basé sur les droits privés et notamment, le droit de propriété. Par conséquent, le système protège avant tout les droits et intérêts de l'ayant-droit qui constitue le point de gravité de son mécanisme de fonctionnement. Celui qui possède la « chose » y a son mot à dire, et le sujet est dominé par l'objet. Mais le développement des sociétés humaines est tourné vers l'altruisme. Tandis que la valeur des données réside dans leur utilisation, l'essence du droit numérique réside dans le partage, et le système du partage numérique doit se structurer autour de la notion de partage, et concevoir l'ensemble des protections et mécanismes autour des droits et intérêts des utilisateurs. Par conséquent, l'institutionnalisation d'un tel système entrera inévitablement en conflit avec le système actuel de protection légale, ce qui nous impose d'innover, sinon le partage numérique demeurera au niveau conceptuel. D'autre part, l'innovation, le perfectionnement ainsi que la défense permanente du concept de partage numérique permettront de lui conférer une garantie institutionnelle et un appui juridique, de sorte que les utilisateurs deviennent le principal sujet de partage numérique. Un tel système permet de mieux prendre en compte l'intention des personnes, de mettre les données à leur service et de promouvoir leur statut, ce qui est également un important reflet de son humanisme.

Bibliographie

Chen Hongyan et Yin Kuijie: « Sur l'institutionnalisation du droit, » publié dans <Dongbei shida xuebao (édition des sciences sociales et de la philosophie) > N°3 de 2014

Chen Linlin: « De la loi naturelle au droit naturel: le droit occidental à l'aune de l'évolution historique,» publié dans <Zhejiang daxue xuebao (édition des sciences sociales et humaines) > N°2 de 2003

Chen Pu: « Sur le principe de la subjectivité dans l'élaboration des droits juridiques sur Internet, » publié dans <Zhongguo faxue> N°3 de 2018

Chen Xiaomin: « Évolution historique du modèle de la propriété en Chine continentale;» Zhongguo shehui kexue chubanshe; 2016

Fu Keqian, Qu Qingping et Sunhao: « Nature et réalité des droits, » publié dans <Hebei xuekan> N°3 de 2012

Hu Bo: « Développement futur des modes de partage et de la propriété intellectuelle: analyse critique sur la < théorie du remplacement de la propriété intellectuelle >, » publié dans <Fazhi he shehui fazhan > N°4 de 2013

Huo Guoqing: « Analyse du mode de traitement des sources d'information en Chine, » publié dans <Tushu qingbao gongzuo> N°6 de 2000

Liu Xuebin: « Analyse éthique sur les droits juridiques, » publié dans <Fazhi yu shehui fazhan> N°2 de 2005

Lu Dezhi: « Capital et partage, questions majeures du développement coopératif des civilisations humaines;» Dongfang chubanshe; 2017

Lu Xiaohua: «Droit de propriété de l'information: mode de protection des nouvelles richesses du point de vue du droit civil ;» Falü chubanshe; 2009

Rong Yun: « L'évolution de la loi naturelle occidentale, » publié dans <Fazhi yu shehui> N°22 de 2010

Wang Quansheng et Fang Liping: « Premières ébauches au sujet du droit d'acquisition de l'information par le gouvernement, » publié dans <Qingbao zazhi> N°10 de 2006

Wen Zhengbang: « Réflexions philosophiques sur la question du droit numérique, » publié dans <Zhongguo faxue> N°2 de 1991

Xia Yikun: « Diversité des points de vue au sujet de la gestion des sources d'informations publiques, » publié dans <Tushu qingbao zhishi> N°2 de 2005

Yang Yulin et Zhaobing: « Étude sur les concepts et particularités des ressources d'informations publiques et ressources d'informations gouvernementales, » publié dans <Tushuguan jianshe> N°6 de 2007

YaoXuan'ge: « <L'établissement commun du partage > dans la perspective juridique, » publié dans <Zhongguo fazhan guancha> N°5 de 2007

CHAPITRE V

La loi sur le droit numérique et le nouvel ordre de la civilisation du numérique

L'origine, la formation et le développement du droit et de la civilisation sont étroitement liés, différentes législations correspondant à différentes civilisations. Joseph Koehler, néo-hégélien allemand, dit un jour: « Pour le passé, la loi est un produit de la civilisation; pour le présent, la loi est un outil de maintien de la civilisation; pour le futur, la loi est un moyen de promotion de la civilisation. De la civilisation agricole à la civilisation industrielle puis à la civilisation numérique d'aujourd'hui, la loi est passée de la « loi humaine » à la « loi matérielle » puis à la « loi numérique »[1]. L'édification de la civilisation numérique fournit le fondement culturel et le moteur de l'innovation pour la création de la loi sur le droit numérique, tandis que la loi sur le droit numérique fournit également une base d'existence pour le maintien du système de civilisation numérique et la promotion de l'ordre. Par conséquent, la riche implication de la loi sur le droit numérique est condensée dans le paradigme de l'ordre de la civilisation numérique et devient la base normative pour le maintien et la promotion de ce nouvel ordre civilisationnel. La loi sur le droit numérique est le produit du saut de civilisation, et sera aussi un nouvel ordre permettant aux hommes de passer de la civilisation industrielle à la civilisation numérique. Ce saut de civilisation va certainement révolutionner tout l'écosystème existant, et former un changement subversif dans l'état et le développement de la société.

1 L'Américain Roscoe Pound: « *An Introduction to the Philosophy of Law,* » traduit en chinois par Deng Zhenglai ; Zhongguo fazhi chubanshe ; 2003 ; p. 37

Première partie: La valeur de la loi sur le droit numérique

Selon le dilemme de Collingridge, les conséquences négatives d'une technologie, indécelables dans les premiers stades de son développement, sont découvertes lorsque celle-ci est d'ores et déjà devenue une composante du tissu économique et social[2]. Bien que le *big data* donne aux humains la capacité de prédire l'avenir, les particularités d'Internet apportent de nouveaux défis à la protection des données personnelles et au maintien des droits numériques. Sans nul doute, la loi sur le droit numérique, comme toutes les autres lois, incarne les valeurs d'égalité, de liberté et d'ordre qui fondent l'essence de la loi. Parallèlement, en tant que système de protection juridique d'attribution, de protection et d'utilisation des données, la loi sur le droit numérique a également sa valeur unique. La loi sur le droit numérique, en confirmant et protégeant le droit numérique, ainsi qu'en affirmant l'ordre et la stabilité de la société correspondante, est le reflet de l'État de droit du pays concerné.

I. Un nouvel ensemble de règles

La société humaine ne peut exister sans règles. Soit l'ensemble des normes, critères et règlements que chaque membre de la société doit respecter, et qui peut non seulement nous orienter et nous restreindre, mais aussi évaluer la valeur apportée à la société par chacun des individus. En d'autres termes, les règles sociales incarnent une sorte de pensée, de choix et d'action « rationnels, » afin d'atteindre une sorte d'autodiscipline et l'unité de la loi[3]. Les règles existent largement dans tous les aspects de la société, dont la loi comme l'une des règles sociales les plus importantes. Depuis le début de l'entrée de l'humanité dans la société civilisée, la loi est progressivement devenue un moyen important de maintenir l'ordre

2 Collingridge D. , « *The Social Control of Technology* » , UK: Open University Press, 1980: 11.

3 Zhen Zhen : « *Les fondements humains des normes sociales* ,» thèse de maîtrise, Université de Xinan, 2014 ; p. 14

social. La loi sur le droit numérique vise elle-même à la résolution des contradictions, et permet, à partir de sa mission fonctionnelle, d'établir un ordre nouveau pour le développement harmonieux et régulé de la société.

La loi sur le droit numérique assure un développement régulé de l'économie numérique. Comme le dit Engels: « À un stade très précoce du développement social, il était nécessaire de lier la production, la distribution et l'échange de produits qui se répétaient chaque jour avec une règle commune afin de mettre l'individu aux conditions communes de production et d'échange, une habitude qui a rapidement pris forme de loi. »[4] La loi ayant pour fonction le maintien de l'ordre, la loi sur le droit numérique est un moyen efficace de résoudre les conflits relatifs à la propriété numérique. La valeur fondamentale du droit numérique réside dans la reconnaissance de la propriété des ressources numériques[5] et la protection de l'utilisation des ressources numériques, une fonction qui se reflète directement dans la résolution des litiges et la réalisation de l'utilisation optimale. Les données sont une ressource qui ne voie ses différends résolus que si sa propriété

4 Zhang Wenxian : « *Philoshophie du droit* » ; Gaodeng jiaoyu chubanshe, Beijing daxue chubanshe ; 2011 ; p. 261

5 Contrairement aux ressources numériques traditionnelles, le *big data* et les ressources économiques de la nouvelle économie, sont marqués par toute une série de caractéristiques économiques nouvelles, dont la multi-modalité véhiculaire, la non-exclusivité d'utilisation, la rentabilité élevée, la grande variété des valeurs et des usages, l'imprévisibilité de leur utilisation spécifique, l'externalité de l'usufruit. Plusieurs affaires impliquant la concurrence des données ont été particulièrement préoccupantes en 2017. Comme l'affaire HiQ contre LinkedIn aux États Unis, les affaires Sina contre Pulse et Hantao contre Baidu en Chine, toutes liées aux modes et aux conditions d'exploitation des données établie par l'exploitant et leur accessibilité vis-à-vis des autres opérateurs. Outre les litiges, d'autres incidents liés à la concurrence des données en 2017 ont également été mis en lumière par les lois antitrust. Par exemple, certains nouveaux opérateurs ainsi que Shunfeng ont fermé les interfaces de données d'autrui, et avec l'intervention de la Poste de l'État, l'interface de données ouvertes a été restaurée. Ces affaires mettent non seulement en évidence l'importance et la concurrence des ressources numériques par les entreprises à l'ère de l'économie numérique, mais montrent également les litiges juridiques communs, les conflits d'intérêts et les préoccupations juridiques dans la concurrence numérique.

est reconnue. Inversement, les différends peuvent survenir lorsque la propriété des données est confuse et si les limites de droits ne sont pas clairement définies. Dans le processus de construction de la méthode du droit numérique, il est nécessaire de définir la propriété des données de manière exhaustive, claire et précise, de délimiter les limites de la tenure, de clarifier le droit des sujets numériques en matière de contrôle, d'utilisation, de jouissance et de partage, ainsi que de prévenir et de réduire l'occurrence des différends. Promouvoir une concurrence efficace des données avec des règles systémiques raisonnables permet de définir un équilibre entre droits et économie, afin de réaliser l'allocation rationnelle des ressources numériques.

La loi sur le droit numérique maintient la stabilité et l'unité de la société numérique. La société humaine est la forme la plus élevée de mouvement matériel et un système organique complexe. Le fonctionnement normal de l'humanité nécessite un système de soutien parfait. Afin de réaliser la stabilité, l'ordre et la durabilité du développement social, les sujets participants de la société doivent avoir de bonnes attentes de leur propre comportement, qui est basé sur la prémisse que les sujets participants ont une propriété stable à leur disposition. Avant la naissance de la loi dans le passé, l'utilisation des biens était réalisée par la simple possession, qui n'était pas stable et durable en raison de l'absence de protection des droits. A l'heure actuelle où les ressources de données sont de plus en plus abondantes, la loi est un outil important pour protéger les droits de données des sujets participants et protéger leurs intérêts. La division du droit du pouvoir est le moyen, la cessation du différend est l'objectif. La cessation du différent dépend de ladite division qui est un moyen fondamental de résoudre la contradiction. Posner, un économiste juridique américain, nous met en garde: « Plus la loi est incertaine, plus le taux de négociation des règlements de différends est faible. »[6] Par conséquent, pour résoudre les différends, la première étape devrait être de reconnaître l'attribution des droits et la répartition des obligations. La loi sur le droit numérique est propice à clarifier l'attribution des données et à protéger ses droits et intérêts en tant que bien, et à garantir la stabilité et le développement durable de la société.

6 Feng Yujun : « *Du juridique, ou la seule résolution des différends* ,» publié dans <*Renmin fayuan bao*> N°007 du 16 juillet 2010

La loi sur le droit numérique est une condition préalable pour garantir que les données puissent circuler de manière normale, saine et ordonnée dans le cadre juridique. La loi sur le droit numérique indique d'abord clairement l'attribution des données, et son point de départ est de maintenir l'ordre économique et d'assurer le développement en douceur des transactions numériques. Selon Mencius: « est persévérant celui dont les ressources sont constantes, celui dont les ressources sont inconstantes ne connaît pas la persévérance. » La tendance du développement de l'économie numérique ne pourra pleinement se réaliser que par l'adoption de la loi sur le droit numérique pour clarifier la propriété numérique, pour maximiser la protection du numérique, afin d'élargir l'espace de développement de l'économie numérique. La loi sur le droit numérique encourage les sujets de droit numérique à mieux utiliser leurs ressources et à maximiser la valeur des données en clarifiant les limites entre les différentes modes de propriété numérique. Elle permet non seulement de maintenir l'ordre de la propriété numérique, mais favorise également l'allocation optimale des ressources, réalisant l'utilité maximale des données dans le cadre d'un système de propriété stable et ordonné, favorisant l'amélioration des capacités productives et de la croissance de la richesse.

II. Nouveau mode de gouvernance

Le sens originel de gouvernance désigne la capacité à guider, commander et contrôler. Dérivée du terme de « gouvernail » en grec ancien ou en latin classique, la gouvernance désigne en particulier l'exercice de l'autorité dans un certain domaine. La gouvernance de la société est le contrôle et l'orientation des besoins, la faveur accordée aux intérêts légitimes, la promotion des droits, de la liberté, de la justice, et l'encadrement incitatif de l'initiative des acteurs concernés (gouvernement, marchés, organisations sociales, citoyens). Il s'agit en somme de jouer les uns et les autres sur la base de la diversité des sujets, du jeu mutuel, de la consultation, de la coopération, pour renforcer la vitalité du développement social et encourager les citoyens à participer activement aux affaires publiques. Réaliser les organisations sociales riches et diversifiées, la prospérité et l'ordre du marché, le gouvernement efficace et approprié, est nécessaire pour parvenir à l'amélioration progressive des moyens de subsistance de la population, à la fluidité du flux qui circule entre contradictions et solutions, à l'équité sociale et à la justice, afin d'ordonner l'harmonie sociale et le processus de développement[7]. L'évolution de la gouvernance sociale reflète l'histoire de la civilisation humaine, c'est-à-dire que la gouvernance sociale a écrit l'histoire de la civilisation humaine. Dans la société industrielle, la voie de la gouvernance sociale qui repose sur le droit est inextricablement liée aux grandes réalisations de la société. Depuis les temps modernes, les moyens de gouvernance sociale se sont surtout appuyés sur la loi. Par conséquent, sans la participation de la loi à la gouvernance sociale, la réussite contemporaine nous est inaccessible.

La loi sur le droit numérique favorise l'innovation dans les instruments de gouvernance. Dans le processus de développement humain, le développement du système est étroitement lié au développement de la société, différents systèmes auront des effets différents sur le développement social, et l'innovation institutionnelle est un moteur important de l'innovation du paradigme de la gouvernance. Le droit est le stabilisateur de la gouvernance sociale et la base et la garantie de l'innovation sur le modèle de gouvernance. Par conséquent, l'innovation du modèle de gouvernance sociale doit être soutenue par la loi et mise en œuvre dans un cadre légal afin de réaliser de nouvelles formes normalisées et efficaces de gouvernance sociale. Les êtres humains sont entrés dans la société postindustrielle sur la base de la société industrielle, et les nouveaux problèmes et contradictions qui ont émergé dans la société ont apporté de graves défis à la loi. Le monde virtuel préfiguré par l'Internet ne peut pas s'appuyer sur la loi originale pour la gouvernance, mais doit chercher une nouvelle voie juridique. Par conséquent, nous sommes dans le processus de changement de gouvernance sociale, nous devons construire activement un nouveau modèle de gouvernance[8]. Dans le monde d'aujourd'hui, la révolution de l'information évolue rapidement, et l'impact d'une nouvelle génération de technologies de l'information telles

7 Tian Meng : « *La légitimité de la légalité au sein de la gouvernance sociale* ,» thèse de maîtrise, Université normale de Hebei, 2016, p. 8

8 Zhang Kangzhi : « *Loi et morale au sein de la gouvernance sociale* ,» publié dans <*Xingzheng kexue luntan* > N°3 de 2014

que le *clouding*, le *big data* et l'intelligence artificielle rend la gouvernance sociale de plus en plus dépendante de la science et de la technologie, et la gouvernance sociale basée sur le *big data* deviendra un nouveau modèle de gouvernance, et l'application du *big data* à la gouvernance sociale nécessite la réglementation de la loi sur le droit numérique. Dans le cadre des normes du système légal numérique, combinant la nouvelle génération des technologies de l'information telles que le *clouding*, l'Internet des objets et la *blockchain*, nous allons reconstruire le modèle de gouvernance sociale, élever le niveau de gouvernance sociale, et la promouvoir pour être plus scientifique, plus efficace et plus intelligent.

La loi sur le droit numérique renforce l'autorité de la gouvernance institutionnelle. En tant que législation, la loi sur le droit numérique est étroitement liée au processus de développement de la société humaine, construite pour répondre aux besoins de développement de cette société, et peut même être considérée comme un choix inévitable dans le processus de développement social. Les sujets impliqués dans la gouvernance sociale comprennent le pouvoir de l'État, le pouvoir local et les personnes sociales, qui ont les caractéristiques du pluralisme, dans lequel les différents sujets s'influencent mutuellement. Les normes et les ajustements nécessaires sont indispensables aux interactions aussi complexes, et la loi sur le droit numérique est l'un des moyens les plus efficaces de régulation et d'ajustement. D'une part, dans la société numérique, toutes les actions de gouvernance ne peuvent pas briser les limites légales de la loi sur le droit numérique, mais doivent être menées sur la base du respect de ses dispositions. D'autre part, la mise en œuvre du droit numérique est garantie par la force de l'État, et dans la pratique de la gouvernance, peut renforcer la conscience normative des sujets dans l'économie numérique par l'autorité du pouvoir, afin de promouvoir le développement efficace de la gouvernance sociale et les services sociaux correspondants pour l'ensemble des membres de la société et protéger leurs intérêts légitimes.

La loi sur le droit numérique favorise l'ordre et la prévisibilité de la gouvernance. Pour parvenir à un bon ordre social, il faut non seulement la régulation de la religion, de la coutume, de l'éthique et de la politique, mais aussi la protection de la loi. La loi est appliquée par la coercition de l'État qui veille à la réconciliation entre des intérêts sociaux complexes, et fournit des normes pour maintenir la stabilité sociale et le contrôle des troubles et du désordre. La loi sur le droit numérique constitue le système de régulation juridique de la propriété, la protection et l'utilisation des ressources numériques[9]. En réglementant les règles et l'ordre de la société numérique, il est utile de mieux appliquer les données à la gouvernance sociale, de promouvoir la normalisation et l'ordre de la société numérique, de réduire le désordre, et de prévenir les troubles et les chocs. Grâce à la loi sur le droit numérique, nous définissons le comportement de chaque sujet numérique, clarifions les responsabilités et obligations de chacun, construisons un ordre juridique entre ses différents acteurs, en augmentant la prévisibilité et la sécurité de leur comportement. Le nouveau modèle de gouvernance dans des conditions du *big data* rendra la société plus ordonnée et les services sociaux plus efficaces.

III. Nouvelle proposition sur les droits

Le droit est ce que la loi confère au sujet en sa faveur, et la condition pour protéger la personne d'avoir la portée de l'avantage protégé par la loi ou d'en obtenir une sorte d'avantage par certains actes. L'existence d'un droit implique l'existence d'un concept et d'un système qui obligent les autres à s'engager et à s'acquitter des obligations correspondantes[10]. Aujourd'hui, la sensibilisation des gens à la protection juridique des biens personnels s'accroît, et avec la croissance explosive des ressources de données, les sujets de données jouissent d'un nouveau droit aux ressources de données dont la protection par les lois nationales est une tendance inévitable[11]. Le

9 Laboratoire clé de la stratégie en *big data*, « *Block de données 3.0: Internet régulé et souveraineté de la blockchain* ,» Zhongxin chubanshe, 2017, pp. 227–228

10 Xia Yong (Rédacteur en chef) : « *Marchons vers l'ère du droit - Etude sur le développement des droits civils en Chine* » ; Zhongguo zhengfa daxue chubanshe ; 1999 ; p. 2

11 Par rapport aux ressources physiques traditionnelles, les ressources numériques ont de nombreuses particularités économiques telles que la pluri-modalité véhiculaire, l'utilisation non exclusive, le faible coût et les avantages élevés, les différences de valeur et de mode d'utilisation, l'utilisation future imprévisible, les effets externes et ainsi de suite. Le système juridique existant ne pouvant pas jouer un bon rôle

droit numérique est un nouveau droit dans le processus de développement des technologies de l'information et des réseaux, qui est enraciné dans la virtualisation et la numérisation progressives des États, des entreprises et des individus sous l'impact d'une nouvelle génération des technologies de l'information. À l'heure actuelle, la nouvelle génération des technologies de l'information telles que le *big data*, le *clouding* et l'Internet des objets, a accéléré l'intégration profonde au sein de divers domaines de l'économie et de la société, le flux de données et d'attributs d'actifs a été continuellement amélioré, et les ressources numériques sont progressivement intégrées dans le processus social et les liens importants du développement économique. La circulation des données est la prémisse de leur mise en valeur, et la manière de réaliser le flux ordonné, normal et régulé des données dans le cadre de la loi, étant la clé de voûte pour la définition de la propriété numérique. Dans ce cas, si la propriété des données et le mécanisme de circulation ne peuvent pas être clarifiés, cela affectera grandement le développement sain de l'économie numérique. Par conséquent, la loi sur le droit numérique est une tâche fondamentale pour la garantie des droits numériques, l'utilisation maximale des données ainsi que l'exécution d'un maximum d'avantages sociaux et économiques, de sorte que grâce à l'établissement de la relation en droit numérique, les ressources limitées peuvent être pleinement utilisées et les avantages maximisés.

L'objectif législatif du droit numérique est de protéger le droit numérique. Dans *Law and Religion*, Harold J. Berman souligne que le droit n'est pas qu'un ensemble de règles, mais aussi une question de

---

aux trois niveaux de l'arrangement du droit de propriété numérique, l'ordre de base du comportement de données et les règles de concurrence du comportement de données. Jusqu'à présent, l'édification des systèmes juridiques par l'humanité, se basant sur les propriétés naturelles et économiques des ressources physiques, pour une meilleure résolution de tous types de problèmes d'attribution les concernant, comme par exemple, les droits de propriété au Royaume-Uni, aux Etats-Unis et en France, ainsi que les dispositions concernant la propriété dans la loi sur le droit réel en Chine continentale, ainsi que les dispositions légales en matière de propriété intellectuelle propre à chacun des pays du monde. Le problème est maintenant que les données diffèrent des diverses ressources physiques du passé, ont leurs caractéristiques physiques et économiques particulières, et nécessitent des arrangements juridiques spéciaux.

personnes qui légifèrent, jugent, appliquent et négocient[12]. Il s'agit d'un processus dynamique d'attribution des droits et obligations, de règlement des différends et de création de relations de coopération. Les données sont un nouveau type de ressource dans le monde d'aujourd'hui, elles peuvent apporter des avantages et de la valeur aux sujets concernés, et les données ont été progressivement commercialisées. Dans le même temps, la circulation et l'utilisation des données ont suscité une grande inquiétude auprès des autorités de régulation sociale, et la détermination de l'attribution des données ainsi que la protection des intérêts des données sont devenues une préoccupation publique. Parmi l'ensemble de ces missions, la protection du droit numérique est devenue une question fondamentale. Le transfert de données personnelles à « autrui » qui sont les plus efficaces en établissant l'usufruit, en utilisant sa valeur et son utilisation de la valeur pour le partage des données, démontre la nature « multi-puissance » des données. Bien que la loi sur le droit numérique ne crée pas directement de la richesse, lorsque la propriété numérique est clairement définie et protégée efficacement par la loi, les sujets de données peuvent faire un meilleur usage des ressources numériques.

La loi sur le droit numérique est utilisée au mieux de ses capacités lorsqu'elle assure la garantie des droits numériques. À l'ère du *big data*, l'échelle des données est énorme, mais le taux d'utilisation n'est généralement pas élevé. Les données sont massives, les besoins humains sont illimités, comment faire pleinement usage des données, afin de satisfaire de manière optimale les besoins des hommes, pour maximiser le bien-être social. Cela soulève une toute nouvelle question entre les données et les humains, à savoir, comment ces derniers peuvent les utiliser le plus efficacement et le plus facilement pour créer de la valeur ? Le deuxième théorème de Coase souligne que dans un monde où les coûts de transaction sont supérieurs à zéro, différentes définitions des droits conduisent à différentes allocations efficaces de ressources. C'est-à-dire que, qu'il s'agisse de la transaction de marchandises ou de la transaction de données, il y a toujours un certain coût. Le coût des transactions varie selon le système des droits de propriété,

12 L'Américain Harold J. Berman : « *Law and Religion* ,» traduit en chinois par Qiao Zhiping ; Zhongguo zhengfa daxue chubanshe ; 2003 ; p. 11

et l'efficacité de l'allocation des ressources. Par conséquent, afin de réaliser l'allocation optimale des ressources et de maximiser les avantages, il est très nécessaire de choisir un système de droit de propriété raisonnable. La loi sur le droit numérique est la loi qui définit la propriété des données, et en réglementant les droits et obligations des propriétaires de données, permet au sujet numérique de disposer d'un jeu complet pour l'optimisation de la valeur d'utilisation des données, faire le meilleur usage des ressources numériques et en réaliser le mode d'allocation le plus efficace.

La loi sur le droit numérique assure une protection égalitaire des droits numériques. Depuis l'Antiquité, la justice sociale a toujours été l'idéal de l'humanité, comme le « royaume du millénaire » de la société chrétienne occidentale, la « société civile mondiale » de Kant, le « communisme » de Marx, etc. L'idée d'une société juste est également commune dans d'autres cultures nationales. John Locke, un érudit anglais, dit par exemple: « Là où il n'y a pas de droit personnel, il n'y a pas de justice. » Cette phrase s'applique également à la loi sur le droit numérique, lorsqu'il n'y a pas de droit, il n'y a pas de justice. La loi sur le droit numérique garantit au sujet numérique le droit de contrôle, d'utilisation, de jouissance et de partage des données concernées dans le cadre des dispositions et des licences légales. Dans le processus d'utilisation des données, l'établissement, la modification et la révocation du rapport de force devraient être fondés sur le principe de l'équité, afin que les ressources numériques puissent être utilisées dans toute leur mesure, pour créer les plus grands avantages économiques et sociaux, et pour apporter le plus grand bien-être numérique à l'ensemble de l'humanité.

Deuxième partie: Loi sur le droit numérique et autres forces de contrôle social

Le développement de l'humanité a permis à la civilisation de se produire et de progresser, et le développement de la civilisation a permis au contrôle social de se produire. L'essence du contrôle social est de maintenir l'ordre social, et à travers certaines forces sociales faire obéir aux normes et maintenir le processus de régulation[13]. Il existe de nombreux types de contrôle social, la loi est l'un d'entre eux ; l'ordre établi, l'éthique, les usages sociaux et l'opinion publique sont aussi des moyens importants de contrôle social. Mais avec la maturation des organisations politiques et sociales, en particulier avec le développement de l'économie et de la société, la loi représentant la force et la volonté de l'État est devenue la principale et la plus importante force de contrôle social. Dans son livre *Law and Ethics*, Pound indique clairement qu'« aujourd'hui, la loi et l'ordre sont devenus l'une des formes les plus importantes et les plus efficaces de contrôle social »[14]. Toutes les autres formes sont subordonnées à la forme juridique et fonctionnent sous l'examen de cette dernière. Bien que la loi soit devenue la principale force du contrôle social, nous ne pouvons nier le rôle des autres forces. En tant que législation, la loi sur le droit numérique, joue un rôle dans la société dans sa coopération avec l'ordre établi, l'éthique, les usages sociaux et l'opinion publique, entre autres forces de contrôle social. (voir schéma 5-1)

I. La loi sur le droit numérique et l'ordre établi

Parmi les activités productives et les liens de la cohésion sociales, dans un cadre social donné, le pouvoir est un lien interpersonnel important et même une force formée et existante par la coordination interpersonnelle. Un cadre social donné désigne une communauté humaine spécifique organisée autour d'un mode de production et de communication interpersonnelle. D'autre part, dans une société donnée, il existe toujours un grand nombre de pouvoirs et de rapports de force divers et variés. Ils puisent la source de leur existence au sein des besoins de la population. Depuis que l'humanité s'est dotée d'une vie sociale, il existe un besoin objectif de réalisation effective de l'ordre social. Par conséquent, une société donnée sera nécessairement amenée à établir et maintenir un

13 Ji Changsheng : « *La loi, bride du contrôle social* ,» publié dans <*Renmin fayuan bao*> N°007 du 28 juillet 2017

14 Yang Chunfu : « *La régulation légale* ,» publié dans <*Faxue pinglun*> *N°6 de* 2011

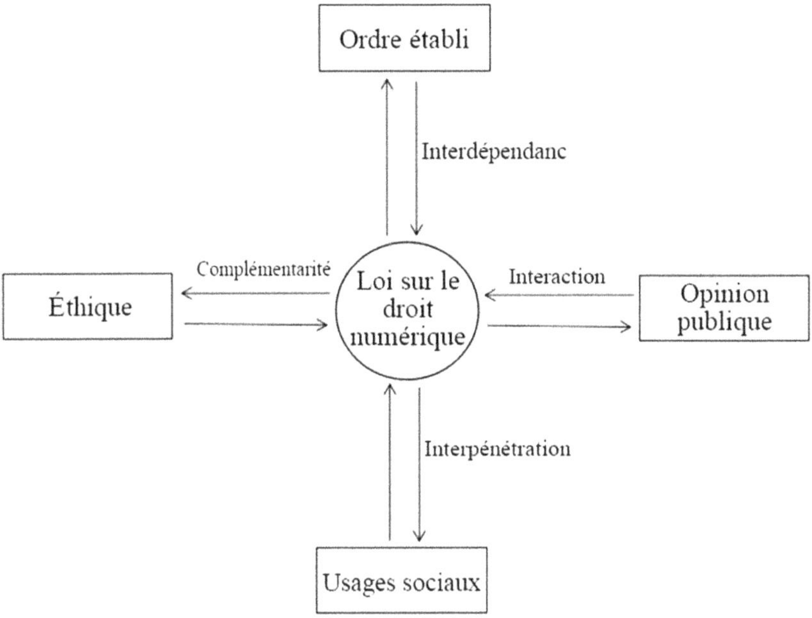

Schéma 5-1 Loi sur le droit numérique et autres forces de contrôle social

certain ordre. Cela suppose qu'il y existe des pouvoirs et des rapports de force divers et variés, et donc la nécessité d'établir pour eux un mode de coordination stable et adaptable aux conditions réelles d'existence de la société[15].

Le pouvoir est la base de la production légale, la loi étant en retour une garantie importante pour son existence effective. Tout au long de l'histoire du développement du pouvoir humain, les êtres humains ont toujours cherché à vaincre la maladie, conquérir la nature et l'univers, démarche inséparable du pouvoir qui se manifeste au sein de toutes les sociétés humaines et sous tous les aspects. Le pouvoir lui-même n'est pas une mauvaise chose, mais la combinaison du pouvoir et du désir humain

15 Jia Jingwei : « *Les trois axes de la < philosophie de l'État et de l'État de droit >, ordre et rapports de force au sein de la société* ,» publié le 28 septembre 2005, sur le site web : http://article.chinalawinfo.com/ArticleFullText.aspx?ArticleId=30820

produit la chose la plus terrible qu'est le pouvoir endémique. La morale humaine et toutes sortes d'ordre humain ont été créées pour éviter les ravages du pouvoir. En tant que partie de la morale humaine et autres ordres humains, la loi est une garantie importante de l'existence du pouvoir et est née pour contrôler les ravages du pouvoir. Le droit est suprême, le pouvoir doit être basé sur la loi, la loi est la seule source de pouvoir, trois principes qui se sont affirmés comme ceux de l'ère de la primauté du droit et de la vérité[16]. En ce sens, à l'ère du *big data*, le pouvoir est également indissociable de la loi sur le droit numérique, tandis qu'un contrôle abusif du pouvoir par le droit risque en une certaine mesure de l'affecter et de nuire à l'efficacité de son exécution.

Loi sur le droit numérique et pouvoir sont interdépendants et indissociables. Avec le développement de l'humanité, la relation entre la loi sur le droit numérique et le pouvoir est en constante évolution. À l'avenir, cette relation se développera, d'une manière que nous pouvons difficilement prévoir. Cependant, la chose dont nous pouvons être sûr est que le droit numérique et le pouvoir sont liés par une interdépendance complexe, la perte de l'un entraînant automatiquement la perte de l'autre, la gloire de l'un, la gloire de l'autre. À présent, le pouvoir a succombé à la loi dans un certain nombre de pays, quoique de manière non-absolue tandis que dans d'autres, il gouverne celle-ci, toutefois, de manière non-absolue. De même, à différentes périodes de développement social, la tendance des différences et des changements dans cette relation au sein d'un même territoire est devenue de plus en plus prononcée. En ce sens, que le pouvoir soit régi par la loi sur le droit numérique, ou inversement, l'évolution du pouvoir et l'interaction entre pouvoir et loi doivent faire en sorte que le pouvoir se développe dans le sens de la décentralisation et de l'équilibre.

La loi sur le droit numérique est un outil propice au bon fonctionnement du pouvoir. Il ne fait aucun doute que ce dernier par l'intermédiation juridique est devenu essentiellement un consensus dans les pays modernes. Bien sûr, en plus du cadre juridique canalisant le pouvoir, il existe encore d'autres forces d'influence telles que l'éthique, les usages sociaux et l'opinion

16 Huang Keming : « *Études sur les rapports entre droit et pouvoir,* » thèse de maîtrise, Université de Suzhou, 2005 ; p. 3

publique. En raison de la complexité du pouvoir social numérique, la loi sur le droit numérique joue un rôle de plus en plus important voire irremplaçable dans le bon fonctionnement du pouvoir. Pour l'instant, la loi sur le droit numérique est un outil pour soutenir la civilisation numérique, et pour l'avenir, elle s'affirmera comme le fer de lance de la promotion de la civilisation numérique. Ce nouveau stade de développement social est caractérisé par l'optimisation de toutes les capacités offertes par le pouvoir numérique. Par conséquent, dans le sens le plus fondamental qui soit, la loi sur le droit numérique est un outil pour le bon fonctionnement du pouvoir, phénomène qui risque de faire surgir un conflit inéluctable entre la loi sur le droit numérique et les détenteurs du pouvoir traditionnel.

La loi sur le droit numérique correspond à la sédimentation des rapports de force au sein des activités productives de la société, et reflète également les rapports sociaux. Le droit numérique a à la fois pour lui le crédit accordé par la société et la coercition de l'État, ce qui n'est pas le résultat de l'acceptation sociale contrainte d'un éventuel état de domination, mais bien la formulation et la reconnaissance par l'ensemble de la société et au sein de tous les secteurs. En outre, le droit numérique a non seulement valeur opposable et exécutive, mais également la possibilité de prévoir et orienter le comportement des acteurs sociaux, jouant ainsi un rôle important pour le maintien de la stabilité, la mise en valeur et la clarification des limites. C'est précisément à cause de la faiblesse fatale du pouvoir lui-même que la société a besoin de loi sur le droit numérique, qui peut servir d'outil d'appréciation, en reflétant objectivement les rapports de production et les normes tangibles, coercition et stabilité venant étayer les restrictions et la régulation imposées à l'exercice du pouvoir, le tout étant garanti par les mécanismes de sanction et de poursuite[17].

La loi sur le droit numérique correspond à l'existence de la norme existante et les choix concrets du corps social. Ses restrictions imposées au pouvoir, le contraint à un fonctionnement régulé, qui permet d'assurer le respect effectif de l'ordre social et placer le contrôle du pouvoir entre les mains de la société tout entière au point que l'encadrement légal du numérique

17 Liu Liangyu : « *L'institutionalisation juridique du pouvoir* ,» thèse de maîtrise, Université de Shandong, 2009 ; p. 29

devienne une forme d'inertie sociale. Les externalités positives intérieures et extérieures à la loi sur le droit numérique font de la législation le meilleur mode de régulation du pouvoir. En effet, la légalisation du pouvoir, peut assurer la normalité de son fonctionnement, surmonter tout déséquilibre, faire pleinement profiter de l'externalité positive émise au bénéfice de l'ensemble de la société. On peut donc voir que les caractéristiques de la loi sur le droit numérique ont une valeur et une signification importantes pour restreindre le pouvoir et surmonter ses faiblesses.

La loi sur le droit numérique est en mesure de réguler le pouvoir. Comme nous le savons tous, l'émergence des choses ou leur développement n'est jamais pleinement le fruit du hasard, le tout découlant toujours de facteurs sociaux solidement enracinés. Or, cela se généralise sans problème à la loi sur les droits numériques car c'est en réalité la société qui fournit les ressources fondamentales pour la restriction de pouvoir. L'émergence et le développement du droit numérique ont non seulement un fondement social profond, mais se manifestent également une forme extérieure particulière, tout cela formant les caractéristiques nécessaires pour la restriction du pouvoir. La loi sur le droit numérique est fondamentalement déterminée par la production de matériaux sociaux, ce qui est la base de l'existence et du développement de la société humaine. Comme une sorte de superstructure, la loi sur le droit numérique peut refléter la production de la société dans laquelle elle est située, ce qui montre que ladite loi ne dévie pas du fait, suivant l'évolution de la société et des réalités, apprenant constamment de l'expérience jurisprudentielle pour se perfectionner.

La raison fondamentale pour laquelle la loi sur le droit numérique peut guider et restreindre le fonctionnement du pouvoir est qu'elle découle d'une conscience sociale avancée et peut refléter une élévation du niveau de productivité générale. En tant que forme externe de droit, la loi sur le droit numérique reflète elle-même un contenu de nature légale, et sa forme dépend également de ce contenu. Le contenu du droit est une sorte de relation de pouvoir, qui dépend de la vie économique de la société humaine, qui reflète la demande des personnes en termes d'intérêts, qui relève non seulement de l'appréciation de la valeur, mais peut également s'élever, en une certaine manière, à la volonté nationale. La loi sur le droit numérique n'est pas seulement une norme, mais aussi une sorte de relation de pouvoir qui est liée à divers intérêts. La loi sur le droit numérique ne favorise aucune partie concernée, elle représente une sorte de répartition des intérêts équitable et juste pouvant être acceptée par tous, et elle est finalement le produit de l'accord conclu après de nombreuses discussions entre les parties concernées. Par conséquent, la loi sur le droit numérique peut empêcher l'exercice arbitraire du pouvoir.

La loi sur le droit numérique est un code de conduite spécial que l'État s'applique comme garantie. Contrairement à la norme générale, la loi sur le droit numérique doit avoir la capacité de restreindre le pouvoir. Comme une sorte de norme comportementale, la loi sur le droit numérique relève non seulement de l'universalité, de la stabilité et de la normativité, mais également de l'orientation et de la prévisibilité, ce qui n'est pas seulement l'exigence inévitable de la restriction de pouvoir, mais aussi le bon choix pour restreindre toute tentative d'usage tyrannique et arbitraire du pouvoir. Parmi l'ensemble de ces caractéristiques, l'universalité garantit la régulation du pouvoir, la stabilité garantit la cohérence dans l'exécution du pouvoir, la normativité définit sa limite, sa capacité d'orientation contraint le pouvoir à s'exercer dans l'intérêt collectif, tandis que la prévisibilité fixe à son exécution la nécessité de poursuivre un objectif clairement défini.

II. La loi sur le droit numérique et l'éthique

L'éthique est une forme de régulation dans le système de coordination sociale, soit la somme des opinions humaines, des normes et des principes, les concepts de beauté et de laideur, de bien et de mal, de justice et de népotisme, de gloire et de honte. En ce qui concerne les besoins de l'humanité, il ne fait aucun doute que l'éthique et la morale sont précieuses, existent depuis le début des sociétés humaines, y jouant un rôle très important dans le maintien de l'ordre social. En tant que force de contrôle social, l' éthique, d'une importance considérable, est dotée d'un puissant pouvoir persuasif qui permet d'améliorer la conscience morale humaine de sorte que les êtres humains se conforment consciemment à l'éthique, contribuant à la poursuite des plus nobles aspirations et encourageant l'atmosphère sociale avancée.

Le rôle du droit dans la stabilité d'un pays est sans aucun doute important. Si un pays ou une société n'a pas de lois, il ne peut pas maintenir le développement économique et la stabilité sociale. De même, sans un concept clair du bien et du mal, de la beauté et de la laideur, de la gloire et de la honte, nous ne pouvons pas fondamentalement maintenir la stabilité sociale. Le droit et l'éthique appartiennent à la superstructure, et la relation entre les deux présente tout le problème de la philosophie juridique. Lorsque la primauté du droit ne suffit pas, s'ouvre un espace où la règle morale est utilisée, et d'ailleurs, la primauté du droit ne peut pas remplacer complètement la règle morale[18]. En cette mesure, la loi sur le droit numérique est essentiellement devenue une compilation de règles éthiques et morales.

La fusion entre loi sur le droit numérique et éthique est inévitable. En effet, il s'agit de deux éléments importants de la superstructure, qui reflètent la structure de la société, et fondent ensemble l'unité de l'initiative subjective et de la contrainte matérielle. La loi sur le droit numérique et l'éthique partagent non seulement des points communs, mais aussi une cohérence de nature fondamentale. Les points communs concernent notamment l'idéologie directrice, tandis que la cohérence se reflète principalement dans les tâches, le contenu, les principes de base, l'essence sociale et l'esprit inhérent. Par conséquent, en ce sens, la fusion entre loi sur le droit numérique et éthique n'est pas seulement une possibilité, mais aussi, dans une certaine mesure, relève de l'inéluctable.

Du point de vue du matérialisme historique, le développement social ne change pas à cause de la volonté humaine, mais parce que le développement social lui-même est le développement des êtres humains, de sorte que les êtres humains auront un impact durable et de grande portée sur le chemin du développement social. Dans l'aspect de la gouvernance de l'ordre social, la loi sur le droit numérique et l'éthique sont les éléments fondamentaux de l'exercice normal de l'ordre social. L'éthique est le fondement du droit numérique, et c'est aussi la base et la prémisse de l'existence et du développement de l'ordre social, qui suit le développement des êtres

18 Wang Xinjing : « *Sur la relation entre la loi et la morale* ,» publié dans <*Fazhi yu shehui*> N°9 de 2009

humains et apporte des changements correspondants. Parce que l'éthique implique un large éventail de domaines et est moins contraignante sur le comportement social, l'éthique n'est pas omnipotente, et parfois elle doit maintenir l'ordre social à travers les contraintes obligatoires de la loi sur le droit numérique.

Du point de vue de leur fonction normative, la loi sur le droit numérique et l'éthique sont les outils les plus importants pour coordonner les comportements humains et les relations sociales. Parmi ces deux outils, la loi sur le droit numérique restreint le comportement humain par la coercition extérieure, tandis que l'éthique restreint le comportement humain par la conscience interne, les deux, ensemble, jouant un rôle normatif dans la régulation du comportement humain. Du point de vue de l'origine, l'éthique étant inhérente à la société humaine, l'éthique et la morale priment sur la loi sur le droit numérique. Le comportement requis et soutenu par le pouvoir général de toute loi sur les allocations est essentiellement l'acte d'être respecté et loué par l'éthique, et l'acte d'interdiction et de sanction par la loi générale sur le pouvoir est essentiellement l'acte d'être interdit et condamné par l'éthique. Par conséquent, bien que la portée de la loi sur le droit numérique et de l'éthique ne soit pas exactement la même, la partie commune n'est pas une noble morale éthique, mais seulement une morale éthique fondamentale, or, la combinaison entre loi sur le droit numérique et éthique est une exigence inévitable du développement de la société humaine. La loi sur le droit numérique est le minimum éthique et moral, qui ne peut que refléter les exigences fondamentales de l'éthique et de la moralité. La noble éthique et la moralité sont les valeurs supérieures et profondes que la société humaine admire et qui nécessitent une mise en œuvre spontanée de la part de tous les acteurs sociaux et ne peuvent pas être respectées par la contrainte exercée par la loi sur le droit numérique.

La loi sur le droit numérique est guidée par l'éthique et la morale. Dans l'ensemble du processus de fonctionnement normal de la loi sur le droit numérique, la législation est la première étape, l'objectif principal étant de fournir des solutions légales, son application juridique concernant son exécution effective, afin de réaliser un cadre légal capable d'application concrète et de renouvellement des droits et des normes éthiques. Après cette première étape surviennent, la conformité et la réalisation effective de la norme légale. Par conséquent, l'existence d'une législation appropriée est la base de l'application de la loi sur le droit numérique, avec leur suivi et application respectueux comme conditions préalables à l'établissement du système judiciaire correspondant. D'un point de vue dynamique, l'établissement de la loi sur le droit numérique est un processus dynamique mélioratif. Dans ce processus, la fondation d'une législation appropriée a pour intérêt de donner le point de départ à un déroulement logique. Afin de faire en sorte que la loi sur le droit numérique sache se doter d'une législation adaptée, nous devons conduire la création d'un système moral correspondant, et nous efforcer de poursuivre un idéal moral utile à l'édification d'un système légal en matière de droit numérique[19].

La loi sur le droit numérique est dirigée par l'éthique et la morale, ce qui s'incarne: premièrement, dans son contenu, ladite loi venant principalement de fondements éthiques essentiels. En examinant l'histoire des systèmes juridiques, nous y constaterons le principe suivant: lorsque la classe dirigeante légifère, elle tend à donner priorité à l'éthique la plus fondamentale et la plus critique vis-à-vis de la société, puis passe par certaines procédures pour passer à la loi. Deuxièmement, les normes de la loi sur le droit numérique prennent l'éthique avancée comme objectif de valeur de base. En d'autres termes, les valeurs éthiques et morales avancées sont le guide idéologique pour le remplacement juridique des différentes formes de normes sociales. Troisièmement, l'évaluation des normes de la loi sur le droit numérique se mesure principalement par sa qualité éthique. Une bonne loi sur le droit numérique devant incarner et faire avancer les vertus et la conscience de l'humanité. En général, les personnes sont naturellement incitées au respect de leurs devoirs, à la modération de leurs désirs et à l'observation volontaire des obligations fixées par le cadre normatif de la loi sur le droit numérique.

La loi sur le droit numérique et l'éthique sont produits de conditions matérielles sociales spécifiques, cependant, dans la complémentarité, la séparation et l'intersection des classes, l'émergence et le développement de la loi sur le droit numérique et de son éthique sont étroitement liés à la diversité et à la nature humaines. L'irrationalité et la tendance rationnelle dans la

19 Liu Yunlin : « *Révolution contemporaine de la doctrine du droit : offrir à la législation une garantie éthique* ,» publié dans <*Daode yu wenming*> N°4 de 2007

nature humaine coexistent, de même que la malveillance et la bienveillance. L'éthique joue un rôle indispensable dans le processus de la régulation sociale, mais elle ne peut pas répondre pleinement au développement, à la consolidation et à la confirmation du modèle d'intérêts dans la régulation sociale, tandis que la loi sur le droit numérique peut répondre à cette exigence, parce que ladite loi est soutenue par le pouvoir coercitif de l'État.

La loi sur le droit numérique nécessite un soutien d'ordre éthique. La loi est la norme sociale la plus importante, mais certains domaines de la société ne peuvent pas être résolus par des moyens juridiques ou ne sont pas adaptés à une solution juridique. De même, bien que l'effet de la loi sur le droit numérique soit très efficace, il comporte également certains défauts. D'une part, ladite loi, par le pouvoir dont elle est investie, peut susciter un sentiment de crainte, mais elle ne peut pas vraiment comprendre le monde intérieur de l'humanité, ne pouvant ainsi s'assurer que tout le monde a un sentiment de honte. L'éthique a une forte capacité de pénétration, elle joue un rôle restrictif et régulateur dans la production, la vie ainsi que les pensées intimes, de sorte que l'éthique peut compenser les lacunes de la loi sur le droit numérique.

D'autre part, les affaires sociales sont compliquées, le comportement humain est varié, et il y a quelques ambiguïtés dans les normes de la loi sur le droit numérique. Dans une société donnée, conscience de soi et niveau des normes éthiques et morales sont proportionnels, le fondement reposant sur l'idée que la loi sur le droit numérique et l'éthique sont tous deux des outils pour le maintien de l'existence sociale, et ils sont tous deux des manifestations de valeurs sociales. L'identité humaine et la croyance en la loi sur le droit numérique sont à la base de l'existence de loi sur le droit numérique, comme l'a dit un juriste: « si la loi n'est pas crue, alors elle cesse d'exister. » La loi sur le droit numérique externe doit permettre de prendre le cœur du monde intérieur de l'humanité comme cible afin d'en obtenir un plus grand respect.

La loi sur le droit numérique joue un rôle positif dans la promotion de l'éthique. « Les principes de justice morale qui sont considérés comme fondamentaux et nécessaires à l'interaction sociale sont donnés à une nature puissante et coercitive dans toutes les sociétés, précise Bodenheimer, La force contraignante de ces principes moraux est obtenue par leur traduction en règles juridiques. »[20] D'une part, la loi sur le droit numérique présente un certain nombre d'avantages institutionnels. L'éthique individuelle et la moralité qui sont essentiellement dérivées du système social, peuvent, selon la loi sur le droit numérique, promouvoir davantage le développement et le perfectionnement de l'éthique, restreindre et prévenir les comportements contraires à l'éthique et à la morale. D'autre part, la loi sur le droit numérique revêt un caractère obligatoire. Lorsque l'éthique entre en collision avec une personne qui n'est pas moralement consciente, elle tend à devenir impuissante, tandis que l'application de la loi sur le droit numérique reste effective et jouer un rôle exécutoire. En d'autres termes, la promotion de l'éthique morale par la loi sur le droit numérique s'incarne principalement dans la mise de ses moyens de contraintes légales au service du respect effectif de l'éthique, un effet propice à la défense de l'éthique et à l'adhésion générale du public. Ladite loi est essentiellement desservie par la coercition, au même titre que la protection de l'éthique et de la morale fondamentale, qui participent à la sauvegarde de son développement[21].

III. La loi sur le droit numérique et les usages sociaux

L'habitude sociale ou coutume, est l'unique norme des premières sociétés humaines, une présence objective qui existe toutefois à toutes les étapes du développement humain. Lesdits usages sociaux peuvent généralement être compris comme un ensemble de règles, tendances ou modèles de comportement progressivement formés par l'interaction des hommes dans les diverses conditions et contraintes de la vie sociale sur une plus longue période de temps[22]. Les habitudes sociales ne sont ni nées ni formées de manière spontanées mais bien enracinées dans l'ensemble d'un processus évolutif, et finissent par s'accumuler dans les pratiques

20 Liao Lianzhong : « *Les limites de l'institutionnalisation théorique de l'administration en Chine contemporaine* ,» publié dans <*Zhexue yanjiu*> *N°7 de* 2015

21 Chen Xiaolei : « *Étude des fondements moraux de l'exécution de la loi* ,» thèse de doctorat, Université d'ingénierie de Harbin, 2013 ; p. 25

22 Wang Rui : « *Interactivité entre loi et coutume* ,» publié dans <*Fazhi bolan*> N°8 de 2012

individuelles au cours de la vie, le travail et la communication. Dans la vie sociale des êtres humains, ces usages ont également pour fonction effective d'ajuster, de réglementer et de contrôler le comportement humain, soit un rôle très semblable à celui joué par la loi, voire se montrant parfois plus efficace que cette dernière.

Jusqu'à l'apparition des lois, la coutume seule assurait le maintien de l'ordre social. Son émergence a en effet coïncidé avec l'adoption d'un système de normes sociales. Avec le développement ultérieur de l'économie et de la société, les relations interpersonnelles se sont complexifiées, se traduisant par l'émergence de certains troubles ne pouvant plus trouver leur résolution au sein de la coutume. Par conséquent, les usages des sociétés primitives se sont progressivement montrés inaptes face à l'émergence de nouveaux besoins induits par le développement de humanité, laissant percevoir la nécessité urgente d'un nouveau type de règles pour réaliser la régulation des relations sociales de plus en plus compliquées. C'est dans ce contexte que la loi a vu le jour, en dérivant d'ailleurs elle-même des dispositifs coutumiers préexistants. Depuis lors, habitudes et lois sociales ont conjointement assumé la lourde tâche de réglementer l'ordre de la vie des hommes.[23]

Loi sur le droit numérique et habitudes sociales s'influencent, s'interpénètrent et se restreignent mutuellement. Les habitudes sociales pénètrent souvent dans le champ du droit numérique par des moyens indirects, de sorte que la loi sur le droit numérique se doit d'être riche, détaillée et spécifique, dans sa forme comme dans le contenu de ses dispositions, en prenant en compte la contrainte de fond que peut exercer les usages sociaux sur la fondation de la loi sur le droit numérique. Dans certains contextes, celle-ci peut souvent absorber, accepter et reconnaître les usages de bien des façons et par bien des canaux, mais parfois, une position de trop grands compromis sur certains contenus peut être considérée comme nuisible. Le fonctionnement et l'effet de la loi sur le droit numérique sont limités par les habitudes sociales, et lorsque les valeurs et les comportements poursuivis par la loi sont clairement contraires à celles-ci ainsi qu'aux conceptions culturelles qui les sous-tendent, l'exécution de la loi devient

23 Guo Tianqi : « *Conflit entre usages sociaux et législations en Chine contemporaine* ,» publié dans <*Fazhi yu shehui*> N°3 de 2012

extrêmement difficile et a bien peu d'effet. En outre, certains usages sociaux peuvent avoir été figés dans la loi tandis que des changements sont en cours. Dans ce cas, la loi sur le droit numérique adopte non seulement une attitude défaillante et soumise envers les habitudes sociales, mais modifie également, sans le savoir, le cours naturel de certaines des pratiques traditionnelles, ne permettant plus de rendre les habitudes sociales plus adaptées à la société contemporaine.

Loi sur le droit numérique et habitudes sociales interagissent et se complètent. Le règlement des différends est souvent le résultat de l'action conjointe de la loi et des usages, soit une interaction pleine et entière de ces deux éléments complémentaires de régulation. Les habitudes sociales s'appuient sur le pouvoir coercitif de la loi pour assurer leur mise en œuvre, tandis que la loi recourt souvent à l'adaptation et la flexibilité des usages pour s'assurer que ses principes fondamentaux ne sont pas contournés par la population, la similitude avec les usages lui assurant un respect plus aisé à faire admettre. Au niveau micro, dans le processus législatif, les dispositions normatives de la loi sur le droit numérique doivent se combiner et prendre en compte la règle coutumière sociale pour former un modèle normatif mixte, soit une loi sur les droits numériques qui intègrent les usages sociaux, au sein de la dialectique « hypothèse, traitement, conséquence » dont chacun des trois termes doit pouvoir intégrer des éléments légaux. Une preuve des plus convaincantes que ni les habitudes sociales ni la loi sur le droit numérique ne peuvent être une méthode autonome, et qu'elles interagissent et se complètent mutuellement.

Loi sur le droit numérique et habitudes sociales sont distinctes et en concurrence. En effet, toutes deux coexistent dans les sociétés humaines, en tant que deux normes sociales importantes, elles ne sont pas seulement le respect mutuel, ou le simple rejet des habitudes sociales par la loi sur le droit numérique, mais ont également une corrélation inhérente. Dans le contenu et la fonction, les habitudes sociales peuvent aider et compléter la loi sur le droit numérique, tandis que les habitudes sociales avec son sol solide, jouent souvent, indépendant, un rôle normatif. Les habitudes sociales en raison de leur identité sociale est devenue une des normes les plus commodes, tandis qu la loi sur le droit numérique est considérée comme le dernier recours pour la construction d'un ordre social numérique et le maintien de la stabilité de la société numérique. Les habitudes sociales contiennent les coutumes et les sentiments des hommes, avec ses règles naturelles de communication interpersonnelle pour fournir une régulation efficace, reconnue par tous, et dans un certain sens, pour promouvoir l'ordre et la justice. Cependant, certaines des règles contenues dans les habitudes sociales peuvent ne pas coïncider avec l'orientation globale du développement de la société humaine, et les habitudes sociales aussi en raison de leur spontanéité et la structure logique de l'existence de l'auto-conformité, manquent d'universalité. Et la loi sur le droit numérique est basée sur la réalité de la société, en absorbant le contenu des habitudes sociales, mais aussi sur la création rationnelle, afin d'atteindre l'objectif du développement social. C'est là que la loi sur le droit numérique est fondamentalement supérieure aux usages sociaux.

Dans la vie réelle, l'incertitude des hommes à l'égard du concept de la loi sur le droit naturel, conduit à une plus grande commodité pour guider leur priorité dans le choix des normes. En d'autres termes, seront préférablement choisies les habitudes sociales qui leur sont familières, et qui leur semblent le reflet naturel des penchants du comportement humain. La loi sur le droit numérique est considérée comme le dernier recours en raison de son prestige, seulement lorsque la régulation par les usages ne peut obtenir une orientation et un soulagement efficaces. La relation entre la loi sur le droit numérique et les habitudes sociales est à la fois la division du travail et la concurrence. Cette relation est déterminée par le tempérament de l'esprit national et les caractéristiques de pensée de la société réelle. La création de la loi sur le droit numérique dans une certaine mesure peut changer l'apparence du système humain, mais ce changement conserve toujours le casting traditionnel des règles de comportement, pas complètement fidèle à l'éthique traditionnelle, et pas entièrement compatible avec la loi sur le droit numérique, et reflété dans une nouvelle habitude sociale jouant en fait un certain rôle normatif. Dans certains cas, la loi sur le droit numérique est considérée comme une alternative qui finit par l'emporter au moment du choix final. Objectivement, face à la réalité, nous ne pouvons pas ignorer cette vive concurrence que les usages sociaux font subir à la loi sur le droit numérique.

IV. La loi sur le droit numérique et l'opinion publique

Wittgenstein souligne que « le regard humain a le charme de donner de la valeur aux choses. » Lorsque les yeux des hommes prêtent attention au phénomène juridique, il est nécessaire de partir d'un certain point de vue, la rétroaction de l'information permettant de fournir l'évaluation correspondante. Il existe de nombreuses façons d'évaluer, où l'opinion publique est une situation commune dans laquelle de telles préoccupations sont exprimées[24]. Ladite opinion publique est basée sur le système de valeur le plus intime des hommes pris comme norme, et par l'expression et le commentaire publics, ainsi que l'évaluation de certains phénomènes sociaux, le comportement des hommes peut être influencé. En tant qu'un des moteurs du développement social, l'opinion publique reflète non seulement négativement la société, la tendance du public à prendre conscience, mais elle affecte également la société à chaque instant, comme une réaction constante à la mentalité des hommes.

L'opinion publique est l'un des modes de fonctionnement de l'évaluation sociale. Le professeur Ouyang Kang, un sociologue célèbre, a souligné que l'évaluation sociale avait une forte relativité : premièrement, sujet et fait d'évaluation sont liés entre eux par un rapport d'auto-dépendance ; deuxièmement, la norme de l'évaluation sociale elle-même contient de grandes disparités et ambiguïtés individuelles ; troisièmement, il existe différents degrés d'objectivité rationnelle dans le processus d'évaluation sociale[25]. D'une manière générale, le conflit des contradictions sociales, la friction des enjeux et les échanges entre écoles de pensée sont le sol et le fond de l'opinion publique. Par conséquent, l'opinion publique a pour but d'exercer des pressions sur les parties ou les personnes concernées afin d'influencer leur prise de décision, de restreindre leur comportement et, enfin, d'obtenir des résultats concrets conformes à ses tendances et exigences. Cela signifie que l'opinion publique a l'impulsion de pratiquer et de recourir à un comportement[26]. Lorsque l'opinion publique touche le phénomène

24 Zhao Jiangshui et Jia Yinshi : « *Opinion publique et usage de la loi,* » publié dans <*Ningxia daxue xuebao* (édition en sciences humaines et sociales) > N°1 de 2002

25 *Ibid.*

26 Zhang Lihai : « *L'évaluation sociale* » ; Wuhan daxue chubanshe ; 1999 ; p. 208

juridique, que l'application du droit soit juste ou non, la discussion de cette question brûlante de préoccupation sociale n'est pas simplement fermée à la procédure juridique de l'organe spécifique autorisé par l'État, mais est forcée d'entrer en collision avec l'évaluation sociale qui est généralement différente de l'évaluation juridique.

Avec la popularité de la science et de la technologie modernes, le pouvoir de l'opinion publique s'accroît par le biais du renouvellement de ses différents véhicules. Certaines études attestent que dans la société moderne, le modèle de développement de l'opinion publique lié aux phénomènes juridiques a tendance à se diversifier. La tendance du développement historique peut nous faire voir que les lois anciennes étaient une forme de commandement vertical, tandis que les temps modernes ont vu surgir un modèle multidirectionnel de formation de l'opinion. Ceci n'est pas seulement considéré comme le résultat du développement de la civilisation sociale, mais aussi comme un signe de l'évolution de la société humaine. À l'ère du *big data*, la préoccupation de l'opinion publique sur les phénomènes juridiques est utile pour réfléchir à la qualité de la loi sur le droit numérique elle-même, afin de combler les lacunes de la législation[27].

La loi du pouvoir et l'opinion publique, comme les deux pierres angulaires qui soutiennent l'ordre social, jouent ensemble un rôle irremplaçable. L'applicabilité de la loi sur le droit numérique sera influencée par l'opinion publique, d'une part, par la différence d'attributs sociaux de deux types d'évaluation, et d'autre part, par l'inadaptation de ladite loi elle-même. Il s'agit pour nous tous d'un défi et l'occasion de coexister au sein de l'ère de la technologie de l'information en tant que représentant de la science moderne et de la technologie et d'une manière sans précédent, pour changer notre mode de vie, avant que tous les types d'ordre social à l'ère d'Internet connaissent de nouveaux chocs, la survie du réseau est devenue l'un des moyens importants de recréer la structure politique et l'apparence de la vie humaine. Si la loi sur le droit numérique ne peut pas être reconnue par la société, elle ne pourra être universellement observée, son autorité ne pourra s'établir, et elle sera finalement éliminée. La voix de l'opinion publique d'un côté peut promouvoir le processus législatif

27 Zhao Jiangshui et Jia Yinshi, *Op. cit.*

de la loi sur le droit numérique qui ne doit se faire « à huis clos, » mais doit prêter attention au grand public dans sa totalité, aux moyens dont disposent les hommes pour leur subsistance, enfin, prêter attention aux traditions normatives chinoises.

Il existe à la fois une influence mutuelle et une interaction entre la loi sur le droit numérique et l'opinion publique, celles-ci n'étant pas seulement des canaux pour la résolution des conflits sociaux, mais aussi une fenêtre de civilisation numérique et de démocratie. La loi sur le droit numérique est née pour l'équité sociale et la justice, tandis que l'opinion publique représente le concept moral d'une société, et l'objectif qu'elle poursuit est de réaliser l'équité sociale et la justice. Tous deux jouent ensemble le rôle de stimuler et de soutenir la justice. On peut voir qu'il n'y a pas d'opposition inévitable entre attention accordée à l'opinion publique et application de la loi sur le droit numérique, quoiqu'il y ait bien une tension nécessaire entre elles. Cette tension correspond à un état d'influence mutuelle et d'interaction entre ces deux éléments sur la base du maintien d'une certaine distance.[28] La loi sur le droit numérique doit s'accompagner d'une surveillance précise et véritable de l'opinion publique avec l'initiative d'absorber les positionnements recevables tout en se protégeant de toutes ingérences de postures extrêmes, excessives ou erronées. Par conséquent, la surveillance de l'opinion publique et l'application de la loi sur le droit numérique doivent maintenir leurs positions respectives, mais aussi interagir. En effet, les deux parties n'étant pas tout à fait exclues, il est nécessaire de donner pleinement jeu à la valeur positive de leurs interactions respectives, certaines composantes de l'opinion publique pouvant être raisonnablement prises en compte dans l'exécution de la loi sur le droit numérique.

La loi sur le droit numérique et l'opinion publique sont complémentaires dans leur fonction de « soupape de sécurité » de la société. Dans une société stable, il y a un certain consensus sur l'allocation des ressources limitées, mais lorsque le degré de consensus diminue et que les membres de la société remettent en question la légitimité du mécanisme de distribution en cours, l'hostilité peut surgir. Lorsque celle-ci peut s'exprimer par

28 Guo Weihua (Rédacteur en chef) : « *Opinion publique en réseau et décisions de justice* » ; Falü chubanshe ; 2010 ; p. 196

des moyens reconnus et permis par la société, on peut estimer qu'ils constituent la « soupape de sécurité, » tels que les duels et la sorcellerie dans les anciennes sociétés industrielles et préindustrielles. De même, la loi sur le droit numérique et l'opinion publique font également partie du système de « soupape de sécurité » sociale. L'opinion publique en est la forme principale, tandis que le droit du pouvoir constitue en une « soupape » plus avancée[29].

Le degré de demande sociale en « soupapes de sécurité » est proportionnel au degré de rigidité de la structure sociale, c'est-à-dire que plus le seuil fixé par une société pour l'expression de diverses revendications est élevé, plus il est nécessaire d'assurer son fonctionnement normal par ce genre de recours. En tant que « soupape de sécurité » sociale plus avancée, la loi sur le droit numérique ne peut jouer un rôle direct dans la prévention du conflit lui-même. Les individus ou groupes d'individus qui ont recours, visent des intérêts spécifiques et exigent explicitement un certain résultat, plutôt que de simplement exprimer une sorte d'hostilité. En raison de son faible seuil d'entrée et de divers canaux, l'opinion publique peut exprimer divers types de conflits sociaux, à la fois réalistes et non réalistes. Il convient de mentionner qu'à l'ère de la civilisation numérique, la loi sur le droit numérique agit comme la dernière « soupape de sécurité » pour atténuer les conflits sociaux[30].

Troisième partie: La loi sur le droit numérique, un nouvel ordre pour une nouvelle civilisation

Dans son livre *The Tale of Two Cities*, l'écrivain britannique Charles Dickens écrit : « C'est le meilleur des temps, et à la fois le pire. » Cette phrase peut également être utilisée pour décrire l'ère du *big data*. En

29 Liu Liming : « *Analyse de l'enracinement du processus judiciaire au sein de l'opinion publique* ,» thèse de doctorat, Université de Jilin, 2012 ; pp. 44–45
30 *Ibid.*

effet, d'une part, ces nouvelles technologies nous ont sans aucun doute apporté le « meilleur des temps » eu égard à la connexion, l'ouverture, le partage ; d'autre part, elles apportent aussi une sorte de désordre ascendant au point que nous sommes peut-être confrontés à une menace de sécurité numérique, soit « le pire. » Les règles traditionnelles n'étant plus en mesure d'initier l'avènement d'un nouvel ordre, la loi sur le droit numérique a vu le jour. Elle est le produit du développement social poussé à un certain stade, et qui entraînera également l'humanité dans une nouvelle civilisation. On peut imaginer que la combinaison de la sagesse scientifique et technologique et de la rationalité juridique ouvrira un nouveau chapitre dans le développement de la société humaine et conduira l'humanité dans la nouvelle ère la plus brillante de la civilisation dans toute l'histoire du développement.

I. La société de l'intelligence numérique

Jusqu'à présent, dans le processus de développement social, l'intervalle de temps des changements majeurs a été progressivement raccourci, et le changement de l'état de la société humaine s'est accéléré. D'après Von Neumann, grand théoricien des technologies de l'information : « La technologie se développe à un rythme sans précédent [...] Nous nous dirigeons vers un nouveau point de singularité, et une fois que nous l'aurons atteint, la société humaine que nous connaissons nous semblera méconnaissable. »[31] Dans la société humaine, l'émergence de ce point de singularité est entraînée par les nouvelles technologies qui conduisent à des changements complets dans la société. Carola Perris, l'une des figures proéminentes en économie de l'évolution, a formulé l'idée que « l'évolution technologique significative repose non seulement sur la croissance exceptionnellement rapide d'un nouveau groupe d'industries, mais aussi sur la renaissance de nombreuses « anciennes » industries à

31 L'Américain Ray Kurzweil : « *The Singularity Is Near* ,» traduit en chinois par Li Qinchen, Dong Zhenhua et Tian Yuan ; Jixie gongye chubanshe ; 2011 ; pp. 2–3

long terme. »[32] Grâce au développement rapide du *big data*, du *clouding*, et de l'intelligence artificielle, entre autres technologies, la société humaine inaugurera une ère intelligente, faisant entrer les êtres humains dans une nouvelle société - la société numérique. Dans cette nouvelle société, les frontières entre le virtuel et la réalité, l'homme et la machine vont progressivement s'estomper, et la relation entre individus, et entre les individus et la société sera reconstruite.

Une société de l'intelligence numérique est une société animée par la force des données et des relations entre données. La productivité et la production sont les liens les plus importants de la société humaine. Selon la théorie de l'économie politique, la naissance de tout type de relations de production dans l'histoire est déterminée par le développement des forces productives. Chaque changement dans la société est marqué par des changements dans le mode de production. En entrant dans l'ère du *big data*, il ne fait aucun doute qu'il y a aussi des problèmes avec la puissance numérique et les relations entre données. Leur force réside dans la capacité de l'homme à les utiliser pour comprendre et transformer la nature dans le contexte de l'ère du *big data*. Ce n'est pas seulement une capacité cognitive, mais aussi une sorte de capacité de développement, et son essence est une sorte de productivité des données. En raison de l'influence de ce pouvoir, la relation productive de toute la société a été marquée par la mise en relation des données[33]. La puissance des données sera la productivité la plus importante de l'humanité, une productivité augmentée plus que jamais. La contradiction entre la productivité et la relation de production est le moteur fondamental pour promouvoir le développement de la société humaine, et par là-même, le pouvoir des données et leur mise en relation favoriseront également le développement accéléré de la société de l'intelligence numérique.

Une société de l'intelligence numérique est une société d'intelligence de toutes choses. L'entrée dans la société industrielle, la division du travail

32 Wang Hanhua, Liu Xingliang et Zhang Xiaoping : « *L'explosion de l'intelligence, le lancement d'une nouvelle ère de l'intelligence humaine* ; Jixie gongye chubanshe ; 2015 ; pp. 6–7

33 Laboratoire clé de la stratégie en *big data*, « *Block de données 2.0, révolution du paradigme des l'ère du big data* ,» Zhongxin chubanshe, 2016, pp. 193–195

ainsi que la collaboration et la fabrication à grande échelle ont permis à l'humanité de faire un saut qualitatif dans la fabrication et l'utilisation des outils. À l'heure actuelle, un nouveau cycle de révolution intelligente se déroule tranquillement. Après la société de chasse, la société agricole, la société industrielle et la société de l'information, les êtres humains, avec l'utilisation maximisée des technologies de l'information et de la communication, ainsi que l'intégration du monde du réseau et du monde réel, ont inauguré un nouveau modèle économique et sociale. La pleine intégration des puces électroniques, de l'Internet des objets et de l'intelligence artificielle livrera toute ses capacités à l'intelligence et à l'humanité pour la faire entrer dans une nouvelle étape de développement. La société de l'intelligence numérique est un nouveau concept et une forme sociale plus avancée. Pour cette étape de développement social, tout comme la transition humaine de la société agricole à la société industrielle, il y aura des changements profonds et complets en matière de la politique, de l'économie, de la culture, de fâcon de penser et des valeurs.

Le partage. Dans la société industrielle traditionnelle, les produits matériels ne peuvent être partagés, et les ressources matérielles de la société sont relativement limitées, et, en raison du problème de la distribution injuste et de l'inégalité, la lutte sociale est inévitable. Mais dans la société de l'intelligence numérique, les données s'affirment comme le moyen de production le plus important. Contrairement aux ressources ordinaires, les données peuvent se propager indéfiniment et peuvent être partagées par toute l'humanité. Dans le même temps, Grâce à la naissance de nouvelles technologies diverses, les produits matériels sociaux ont été grandement enrichis, et la société humaine a évolué de la lutte pour les ressources et les biens vers le partage, la coopération et le gagnant-gagnant, afin d'établir une communauté de destin humain et de construire un monde harmonieux[34].

La connectivité. La société humaine a pour attribut essentiel la connectivité, qu'il s'agisse de l'étape de la dépendance de la société agricole ou de la division du travail dans la société industrielle[35]. Dans la société de

34 Zhu Junhao et Zhou Ji : « *Accueillir l'ère de l'intelligence : la grande vague des objets intelligents* » ; Shanghai jiaotong daxue chubanshe ; 2015 ; p. 5

35 Liang Haihong : « *Se connecter à l'époque* » ; Qinghua daxue chubanshe ; 2014 ; p. 211

l'intelligence numérique, basée sur l'Internet des objets, le *clouding* entre autres nouvelles technologies, celles-ci donneront naissance à un système social fortement connecté. Dès une nouvelle connexion établie, réalité et virtualité coexistent en un système social complexe, pour promouvoir la société humaine dans une nouvelle ère de l'interconnexion de l'information humaine et informatique.

L'intelligence. L'esprit ne peut être saisi par la perception car il n'a pas un jugement quantitatif du signe[36]. Mais l'intelligence essaie d'atteindre le monde spirituel indicible. La plus grande différence entre la société de l'intelligence numérique et la société précédente est que tout y est désormais donné à l' « intelligence » et que la capacité d'« intelligence » des hommes a été considérablement élargie. À l'heure actuelle, la vague d'intelligence déferle sur nous, le tout en intelligence est la tendance du développement social, tandis que la technologie concernée est en train de transformer tous les aspects de la vie humaine, avec les transports intelligents, les soins médicaux intelligents, l'agriculture intelligente et les villes intelligentes qui émergent.

L'ordre légal de la société de l'intelligence numérique. Tout passe de l'ordre au désordre ou du désordre à l'ordre à tout moment et en tout lieu. Le progrès technologique est le moteur du développement social, et la demande insatiable des êtres humains pour de meilleures conditions matérielles est le moteur du progrès continu de la technologie, chaque grand progrès technologique poussant l'humanité vers une nouvelle étape de développement. L'humanité s'apprête dès à présent à inaugurer l'ère de l'intelligence qui non seulement, occasionnera des changements profonds au sein du processus de production, mais affectera également l'ensemble de la société et la vie de chacun. La nouvelle génération des technologies de l'information caractérisée par la numérisation, le réseautage et l'intelligence, a été largement et profondément appliquée, ce qui, tout en améliorant considérablement l'efficacité et la qualité du développement, apportera inévitablement de nouveaux problèmes, de nouveaux changements et de nouveaux défis en termes de relations de production, de formes organisationnelles et de structure sociale. L'intelligence des nouveaux

36 Wang Hanhua, Liu Xingliang et Zhang Xiaoping, *Op. cit.*, p. 23

dispositifs et terminaux tels que les robots continue de s'améliorer. Les progrès de l'anthropomorphie de ses « hommes virtuels » s'accélérant, définir l'identité humaine, juger les sujets humains et les protéger contre les robots deviendront à long terme une problématique majeure de notre société. Les frontières du monde physique, de l'espace de l'information et de la société humaine étant de plus en plus floues, les angles morts juridiques émergent, formant une série de risques complexes pour la sécurité, l'humanité devant désormais se confronter à un autre tsunami technologique et à la recomposition de l'ordre.

II. L'avenir du droit

1. La formation de l'ordre des sociétés futures

Si l'émergence des nouvelles règles est lente, il est cependant vrai qu'elles finiront par remplacer les anciennes. Du point de vue de la société, observer toutes ces nouveautés à travers la grille des normes et systèmes établis permet de les aborder avec sécurité, jusqu'à l'émergence d'un nouveau contexte où elles ne puissent être gérée par les anciennes règles, celles-ci, devenues caduques, cédant peu à peu place aux nouvelles[37]. Le progrès social est un processus de changement constant. Le droit est un produit de la société, ainsi que la concrétisation de ses choix en matière de règles, chaque processus législatif reflétant la structure et l'ordre de la société à un moment donné. Dans le processus de développement humain, l'émergence de chaque nouvelle technologie a un impact certain sur la loi. D'une part, les réalisations du développement de la science et de la technologie élargissent inévitablement le champ des activités humaines en donnant naissance à de nouvelles relations sociales et de nouveaux liens légaux. D'autre part, les progrès de la science et de la technologie entraînent l'émergence de nouveaux domaines de régulation juridique. En ce qui concerne l'édification du système légal, si elle est basée uniquement

37 Hu Ling : « *L'appel au renouvellement de la pensée législative par les technologies d'Internet* ,» publié dans <*Shehui kexue wenzhai*> N°2 de 2013

sur la technologie elle-même, paraîtra un décalage trop important et donc malsain avec les normes sociales existantes. « L'impuissance que nous éprouvons n'est pas un signe d'échec personnel, mais un reflet de l'impuissance de notre système. Nous devons entièrement repenser les divers systèmes qui ont vu le jour de par le passé, pour pouvoir en construire de nouveaux. »[38] En ce qui concerne le processus de développement de l'humanité et de l'évolution du droit, la construction des formes sociales depuis la révolution industrielle est étroitement liée à la construction institutionnelle dans la révolution industrielle voire le siècle des Lumières[39]. La nouvelle étape de civilisation doit s'enraciner dans le substrat du système social existant. Nous pouvons prédire que la composition future du système social, inclura la sécurité et l'harmonie comme noyau de son objectif de multi-valeurs, les normes sociales morales et éthiques ainsi que le système de contrôle, la technologie et le mécanisme de prévention et de contrôle des risques étant dirigés par la loi.

Un objectif de multi-valeurs basé sur la sécurité et l'harmonie. Les hommes ont une variété de besoins, ce qui explique la diversité des valeurs humaines. L'objectif de valeur du droit a de nombreuses dimensions, dans lesquelles la sécurité et l'harmonie sont la valeur fondamentale de la loi. Comme le dit le philosophe Regasens Sykes: « si la loi et son régime ne représentent pas un ordre sûr, alors ce n'est pas une loi. »[40] La valeur du droit contient non seulement l'opposition entre idéal et réalité, mais couvre également l'unification entre réalité réalisée et réalité nécessaire. Le droit est une existence particulière, qui contient non seulement le contenu de composition de valeur générale, mais a également des éléments de valeur spéciale, afin de réaliser sa valeur juridique spéciale. La valeur idéale du droit existe toujours au-dessus de sa valeur réelle, ce qui donne une impulsion

38 L'Anglais Anthony Giddens: « *Run Away World, How globalization is reshaping our lives* ,» traduit en chinois par Zhou Hongyun; Jiangxi renmin chubanshe; 2001; p. 15

39 He Zhe : « Les organisations sociales et l'édification de l'ordre à l'ère de la civilisation d'Internet ,» publié dans <*Nanjing shehui kexue* > N°4 de 2017

40 L'Américain Edgar Bodenheimer : « *Jurisprudence: The Philosophy and Method of the Law* ,» traduit en chinois par Deng Zhenglai ; Zhongguo zhengfa daxue chubanshe; 2004; p. 15

à l'évolution du droit. À l'avenir, la valeur du droit ne doit pas seulement être l'incarnation des valeurs idéales humaines, mais aussi présenter le reflet légal des valeurs d'ordre philosophique. Par conséquent, sous la direction de l'objectif de valeur diversifiée, la loi doit progressivement inclure un contenu de valeur spéciale, à savoir la sécurité, l'harmonie et l'innovation.

Un système de régulation de normes sociales guidé par la morale et l'éthique. Selon la théorie de l'intégrité du système, les éléments du système sont indissociables, et un de ses éléments n'existe pas seul, mais est nécessairement associé aux autres suivant une logique réticulaire. Pour assurer le bon fonctionnement de l'ensemble du système, les éléments individuels doivent être subordonnés à l'ensemble et reliés entre eux. Dans le système de régulation de normes sociales, le droit, la morale et l'éthique sont chacun un moyen important de régulation et de contrôle, permettant ensemble de toucher tous les domaines de la société, sous différents angles, par différents mécanismes, à travers différentes méthodes. D'un point de vue philosophique, la moralisation du droit ou l'éthique du droit réalise l'état optimal de l'ensemble du système de régulation de normes sociales, soit la coopération optimale entre les différentes composantes. Par conséquent, dans le processus d'édification du système de régulation de normes sociales, nous devons non seulement nous concentrer sur le développement et le perfectionnement du système juridique, mais aussi prêter attention au lien et à l'intégration entre droit et éthique.

Mécanismes de contrôle des risques axés sur la technologie et la loi[41]. Le contrôle des risques fait référence à l'utilisation de divers moyens pour réduire les risques. Le mécanisme de contrôle des risques est l'unité de la rationalité sociale et de la rationalité scientifique, qui implique non seulement le renforcement et la réforme du système juridique traditionnel, y compris le système politique avec la surveillance sociale comme composante principale, mais couvre également la réglementation juridique des moyens techniques. À l'heure actuelle, la révolution des nouvelles technologies est en train d'émerger, la transformation de l'industrie et le développement économique convergent constamment. Le développement de nouvelles

41 Wu Handong, « *Dispositions légales et institutionnelles à l'ère de l'intelligence artificielle* ,» publié dans <*Falü kexue* (*Xibei zhengfa daxue xuebao*) > N°5 de 2017

technologies a posé des défis au système juridique traditionnel, et le système juridique et les concepts existants ne peuvent pas répondre aux exigences fondamentales de l'innovation technologique. Comment faire face à la nouvelle situation émergente de la société? La réglementation technique et le perfectionnement du système juridique sont les exigences de base, ce qui n'est pas seulement la tendance du développement de l'époque, mais aussi la force motrice interne de l'innovation internationale et locale. Dans ce cas, la poursuite d'un mécanisme de gouvernance globale combinant la réglementation technique et la réglementation juridique sera le meilleur choix.

2. L'algorithme ou la loi

Dans son sens traditionnel, le droit est la base des règles sociales, et sa fonction principale est de réglementer le comportement humain. Dans l'ensemble, l'évolution du droit est aussi le processus de son intégration progressive et profonde dans les activités productrice et la vie des hommes. Du Code Hammourabi au droit romain, de la justice divine au Code Napoléon, de la loi de la dynastie Shang à celle des Qing, du droit coutumier au droit écrit, du droit interne au droit maritime puis international, le droit est passé par toutes les formes envisageables d'existence. Toutefois, parce que la loi est toujours en retard sur les réalités, les changements que devra subir le cadre légal actuel sont impossibles à prévoir avec exactitude. Le développement rapide de la société favorisera l'évolution de la loi dont les limites ne cesseront d'être repoussées. Par conséquent, un remodelage complet du système légal actuel est fortement envisageable.

Nous entrons dans l'ère de l'«économie algorithmique.» Les algorithmes sont l'utilisation de méthodes systématiques pour résoudre les problèmes. À présent, l'algorithme est, par toute une série de procédés, en mesure d'avoir un impact énorme sur les activités productives et la vie humaine, dont le développement de l'industrie et l'innovation entrepreneuriale. Les algorithmes sont divers dans leurs formes, apparaissant sur les ordinateurs de bureau traditionnels, les ordinateurs portables, puis les *smartphones* et désormais encore de nouveaux supports émergents. Les algorithmes peuvent analyser des milliers de pages de documents dans un laps de temps très court, produire des résultats, et également aider les hommes à mieux comprendre les relations de personne à personne, de personne à chose, et de choses entre elles, voire les facteurs qui sous-tendent les comportements humains et le conditionnement émotionnel. De nouveaux modèles économiques sont en train d'influencer aujourd'hui et demain, tandis que le *big data* et les algorithmes deviennent des atouts que la société, les entreprises et les particuliers ne peuvent plus ignorer[42]. Il ne fait aucun doute que les algorithmes deviendront le nouveau moteur de la nouvelle économie, avec un impact perturbateur sur la société. Avec le progrès continu de la technologie informatique et de la technologie des algorithmes, de plus en plus d'objets et d'appareils deviennent de plus en plus intelligents, et en étant associée au *big data* et au *clouding*, la société humaine est entrée dans la nouvelle ère de l'« économie algorithmique. »

À l'avenir, un grand nombre de règles sociales pourraient être écrites dans des algorithmes d'intelligence artificielle, et la loi deviendra un amas d'algorithmes. Yuval Harari a souligné qu'à l'avenir, comme l'intelligence artificielle dominera, nos lois deviendront une règle numérique qui réglementera tous les comportements humains, hormis les lois de la physique[43]. À l'ère du *big data*, les données et les algorithmes sont devenus la nouvelle architecture de réseau, et en même temps que l'analyse apparemment objective de quantités massives de données, ce fait descriptif transversal est appliqué à tout le monde comme une règle normative[44]. L'algorithme apportera une influence subversive à notre mode de pensée traditionnelle, et guidera l'émergence de la rêverie infinie dans la société humaine, cette prédiction est d'ores et déjà inscrite au sein du processus de réalisation progressive. Le monde sera quantifié par des algorithmes, les humains amélioreront constamment leur compréhension de la société et d'eux-mêmes grâce aux algorithmes et à l'analyse massive des données, l'intelligence artificielle remplaçant partiellement l'intelligence humaine, et les lois seront remplacées par des algorithmes.

42 L'Américain Luke Dormehl : « *The Formula* ,» traduit en chinois par Hu Xiaorui et Zhong Yi ; Zhongxin chuban jituan ; 2016 ; p. 1

43 L'Israelien Yuval Noah Harari: « *Une brève histoire de l'avenir* », traduit en chinois par Lin Junhon ; Zhongxin chuban jituan ; 2017 ; pp. 280–283

44 Hu Ling, *Op. cit.*, p. 236

3. La loi sur le droit réel et la loi sur le droit numérique comme les deux grands piliers de la civilisation numérique

L'une des principales fonctions du droit est de maintenir l'harmonie sociale et la stabilité. Qu'il s'agisse de règles, de systèmes ou de lois, c'est toujours un pré-ensemble organisé pour les activités et interactions entre les personnes. La loi est la garantie importante du fonctionnement normal de la société et de la vie harmonieuse des hommes. Il se dit souvent « sans équerre ni compas, point de carré ni de cercle. » Et en effet, le sommet des affaires de l'État tout comme la vie quotidienne des citoyens ordinaires a besoin de règles. À l'échelle de l'humanité, du pays ou de la famille, si les échanges et les activités sont dépourvus de lois, règlements et codes de conduite, l'ordre ne peut être maintenu, la sécurité personnelle des gens et la vie heureuse ne pouvant plus être garanties. Par conséquent, la loi n'est pas qu'une contrainte opposée à l'action des hommes mais un cadre offrant la sécurité de base à leur travail et vie normale. Le progrès de la société est un processus de changement constant, nous ayant conduit de la civilisation agricole à la civilisation industrielle puis à la civilisation numérique, l'humanité passant de l'ère des droits de l'homme à celle du droit de la propriété pour finalement atteindre celle du droit numérique, la loi accompagnant constamment les besoins changeant des sociétés humaines en mutation.

La civilisation numérique qui succède à la civilisation industrielle, est un type supérieur de civilisation. Comparée aux caractéristiques de la civilisation industrielle qui attachent de l'importance à la rationalité, aux règles et à l'optimalisation des intérêts, la civilisation numérique ressemble plus à une tempête, qui contraint l'humanité à revoir les règles du passé. En tant qu'élément important des facteurs de production, les ressources numériques sont tout à fait différentes des facteurs traditionnels de production. Elles placent les règles de génération, de collecte et d'utilisation des données au cœur paradigmatique du nouveau système. Dans le cadre de la protection de la dignité et de la liberté de l'individu, il est urgent d'établir des règles scientifiques et raisonnables pour réaliser la circulation et l'utilisation efficaces des données. Au moment où les êtres humains entrent dans la civilisation numérique, la nécessité d'apporter les changements nécessaires aux règles de protection originales est une mesure inéluctable tandis que la grande majorité des normes juridiques subira des changements fondamentaux. La loi sur le droit numérique est le produit de ce saut de civilisation, ce sera aussi l'origine d'un nouvel ordre nous permettant de passer de la civilisation industrielle à la civilisation numérique.

Le marxisme soutient que la loi appartient à la superstructure, et en dernière analyse, qu'elle est déterminée par le fondement économique qu'elle sert. Ni les activités productives et la vie des hommes, ni le progrès de la civilisation humaine, ne peuvent effectivement être dissociés de la propriété. Les relations sociales entre les êtres humains sont essentiellement des relations économiques liées au concept de propriété. La loi sur le droit réel détermine l'attribution du bien du point de vue du droit civil et précise en outre les droits dont peut se prévaloir le propriétaire, en soulignant le fait que la protection des droits de propriété est non seulement propice à l'identification de tous les biens, mais aussi à toute la mesure de leur valeur d'utilisation. La loi sur le droit numérique définit l'attribution des données ainsi que leur mode d'utilisation, ce qui constitue la matière première essentielle pour la construction d'une société juridique harmonieuse. Dans une société de droit, il n'y a pas d'ordre sans loi. Le droit de propriété existant protège les ayant-droits, clarifie la propriété du bien, tandis que la loi sur le droit numérique protège les ayant-droits numériques. La combinaison des deux nous offre un monde futur dynamique, discipliné, ordonné et équitable. La loi sur le droit numérique et la loi sur le droit réel sont les deux bases juridiques de l'ère à venir et les matériaux de base pour construire l'empire juridique comme le monde du « carré et cercle. »

III. Perspectives d'avenir de la civilisation

1. Personnes physiques, robots et personnes génétiquement modifiées

Jusqu'aujourd'hui, l'humanité a connu la première révolution industrielle marquée par la machine à vapeur, la deuxième révolution industrielle marquée par l'électrification, et la troisième révolution industrielle marquée par l'informatique. La société humaine est confrontée à une quatrième révolution industrielle, représentée par un certain nombre de technologies, couvrant un large éventail de domaines. En repensant aux trois dernières révolutions industrielles et à la quatrième en cours, nous trouverons pour caractéristique commune que les machines remplacent progressivement le travail humain. Hobbes, le fondateur de la philosophie politique moderne, souligne dans son livre *Sur la citoyenneté* que « le rôle de chaque composant d'une horloge ou tout autre dispositif complexe ne serait pas connu à moins qu'il ne soit démonté et que le matériau, la forme et le mouvement de ses composants soient étudiés séparément. De même, en étudiant les droits de l'Etat et les obligations de ses citoyens, bien que l'Etat ne puisse être démantelé, ses composantes doivent être examinées séparément. Il faut comprendre correctement la nature humaine, et savoir quelles sont ses caractéristiques qui conviennent ou ne conviennent pas à l'établissement de l'État et comment réunir ceux qui cherchent un développement commun. » Ici, la société humaine peut être conçue comme la machine la plus sophistiquée de son temps, et la relation entre l'homme et la machine est amenée à devenir de plus en plus étroite.

Le robot est le produit inévitable du développement de la technologie à un certain stade. Dès 1611, le terme « robot » est apparu, se référant à l'utilisation de l'équipement des horloges et autres mécanismes fabriqués pour les marionnettes et automates. Ce type de robot est le produit de l'imagination sociale de l'époque, bien qu'il n'ait pas le vrai sens de l'intelligence, il fournissait déjà aux hommes la possibilité d'imaginer l'intelligence artificielle, avec l'idée que les machines peuvent simuler le fonctionnement du cerveau et du corps humains. Selon l'American Robotics Association, un robot est un automate polyvalent utilisé pour déplacer une variété de matériaux, pièces, outils ou dispositifs spéciaux, effectuer des tâches par séquence programmable, et disposant de capacités de programmation. En 2013, McKinsey, dans son *Technologies perturbatrices menant la révolution économique mondiale*, a identifié douze technologies perturbatrices qui mèneront aux changements de la vie, des affaires et de l'ordre économique mondial d'ici 2025, avec la robotique de pointe classée à la cinquième place en ordre d'importance. Le cœur paradigmatique du progrès social réside dans la libération de la main-d'œuvre, lorsque la machine a commencé à remplacer partiellement la main-d'œuvre, l'humanité est entrée dans l'ère industrielle. Lorsque les robots libèreront complètement la main-d'œuvre, les êtres humains entreront dans l'ère de l'intelligence. À l'heure actuelle, avec le développement rapide de la technologie des robots, et sa pénétration de plus en plus profonde dans la vie humaine, leur généralisation y est imminente.

L'androïde deviendra un nouvel acteur de la société future. À chaque fois qu'une révolution se produit, elle crée de nouveaux objets capables de remplacer l'homme dans l'exercice de certaines fonctions. Les humains ont inauguré la quatrième révolution industrielle, à une époque où non seulement les robots sont plus puissants que les humains, mais aussi que les androïdes sont créés à l'aide de techniques de séquençage, d'édition et d'activation des gènes. À l'avenir, la société humaine ne sera probablement pas uniquement composée d'hommes « naturels » mais également de « robots » et personnes « génétiques modifiées, » les robots et personnes génétiquement modifiées étant sans doute capables de bénéficier d'une personnalité et psychologie similaires à celle de l'homme naturel. Dès lors, personnes physiques, robots et les humains génétiquement modifiés devront survivre au sein du même jeu.

L'histoire nous dit qu'après chaque avancée technologique, la fonction humaine se dégrade lentement, du physique au mental, de l'actif au passif, de l'extérieur à l'intérieur, l'humain en se dotant de machines intelligentes, contribue à son propre effacement. Dans ce jeu, la possibilité pour les machines intelligentes de devenir maîtres de l'homme est considérablement augmentée[45]. Essentiellement, le développement des robots et des humains génétiquement modifiés provient des besoins des êtres humains eux-mêmes. Dans un avenir proche, si les robots ont la capacité d'apprendre, de constamment s'améliorer, d'innover de façon autonome, et de mettre en commun les capacités humaines, si la technologie génétique peut créer des humains génétiquement améliorés avec les mêmes capacités que les humains, nous devrons redéfinir le concept d'« humain, » réviser entièrement l'anthropocentrisme. Les humains devront faire face à une série de questions : comment définir la relation entre les personnes physiques, les robots

45 Lin Mingbin : « *Réflexion philosophique au sujet de l'intelligence artificielle* , » thèse de doctorat, Université de Jilin, 2017 ; p. 2

et les humains génétiquement modifiés ? Comment distinguer les attributs de chacun des trois ? Qu'adviendra-t-il de la société humaine ? Les robots et les humains génétiquement modifiés dépasseront-ils ou contrôleront-ils eux-mêmes les humains ? Toutes ces questions attendent leur réponse, et notre vision du monde, notre vision de la vie et des valeurs seront grandement affectées.

2. L'intégration civilisationnelle

Dans les temps anciens, les premières civilisations évoluaient lentement et seulement dans un domaine relativement étroit. Avec l'émergence de la production et de l'échange des produits de base, la civilisation a commencé à entrer en fusion. Lorsque le navire de l'histoire navigue sur la vaste mer de l'histoire du monde, l'intégration de la civilisation devient une norme, une nécessité inéluctable[46]. Ladite intégration des civilisations se réfère au processus d'entrée en contact des unes avec les autres, l'échange mutuel, l'innovation continue et donc l'expansion de l'identité culturelle. La fusion incarne la tendance de la civilisation à rechercher l'équilibre dans la relation de réciprocité et de complémentarité, et est un maillon nécessaire dans son évolution[47]. Tout au long de l'histoire de la civilisation mondiale, les civilisations du monde sont devenues plus colorées en raison de leur intégration. Peu importe le passé ou le présent, toute civilisation, quelle que soit la région ou la nation dont elle est originaire, s'est développée et a évolué sous sa forme contemporaine dans son intégration avec d'autres civilisations[48].

Le but de l'intégration des civilisations est d'innover et d'hériter de façon critique du processus des civilisations précédentes, plutôt que de la simple intégration unilatérale au sein d'une autre civilisation. Selon le contenu, la civilisation peut être divisée en trois niveaux, à savoir, la civilisation

46 Shang Zhixiao : « *Le progrès des civilisations humaines dans les échanges* ,» publié dans <*Jueche tanshuo* (la seconde moitié du mois)> N°10 de 2014

47 Yu Guangsheng : « *Fusion des civilisations et ordre mondial* ,» thèse de doctorat, Université de Shandong, 2009 ;pp. 23–24

48 Lu Dezhi : « *Capital et partage, questions majeures du développement coopératif des civilisations humaines* » ; Dongfang chubanshe ; 2017 ; p. 215

matérielle, la civilisation spirituelle et la civilisation institutionnelle. L'intégration des civilisations est précisément l'incarnation de l'échange et de la pénétration de la civilisation matérielle, de la civilisation spirituelle et de la civilisation institutionnelle entre les différentes civilisations, et le processus d'intégration des civilisations prend la forme d'un processus d'acquisition mutuelle, dont le résultat final est la proximité progressive de la faible civilisation vers la civilisation la plus forte[49]. Par exemple, avec l'essor d'un nouveau cycle de révolution technologique, le *big data*, l'intelligence artificielle, entre autres technologies de nouvelle génération, se propagent, leur utilisation diffusant des modes de productions communs à des sociétés issues de civilisations différentes, les modes de vie qui en sont issus se rapprochant de plus en plus les uns des autres.

La loi sur le droit numérique pousse la société humaine à entrer dans l'ère du partage numérique caractérisée par l'intégration des civilisations. Le partage est une tendance irrésistible dans le processus d'intégration et de développement des civilisations humaines, pénétrant dans tous les coins de notre vie d'une ligne à l'autre. Cette notion de partage apparue dès la plus haute antiquité, n'a cessé d'exister sous des formes diverses et variées, qu'il s'agisse de l'idéal de « grande harmonie » chez Confucius, de l' « utopie » de Platon, du « monde en commun » de Sun Yat-sen ou encore du « service au peuple » de Mao Zedong[50]. À l'ère du *big data*, le partage est une réalité majeure de l'intégration et du développement de la civilisation numérique. De nos jours, les données sont infiniment reproductibles, et les propriétaires de données ont un contrôle réaliste et direct sur les données répliquées. C'est pourquoi il est nécessaire de transformer la société et de stimuler le partage des données. La loi sur le droit numérique prône le partage des données, qui est une sorte de conscience éthique de la société numérique déterminée par des moyens légaux, et dont le but ultime est de permettre à chaque membre de la société numérique de profiter pleinement de la bonne vie provoquée par les technologies de la nouvelle génération du numérique. À l'heure actuelle, les structures sociales de l'ère du *big data* sont en train de passer de la société privée de droit à la société organique

49 Yu Guangsheng, *Op. cit.*, p. 24
50 Lu Dezhi, *Op. cit.*, p. 214

de forme partagée[51]. Par ailleurs, la loi sur le droit numérique encourage la société humaine à entrer dans une société caractérisée par l'intégration des civilisations.

La loi sur le droit numérique est le produit de l'intégration et du développement de la civilisation de l'ère du *big data*. Avec le développement continu de l'intégration économique, l'intégration de la civilisation est devenue la tendance du monde, telle que l'intégration de la théorie juridique Est-Ouest et de l'ensemble des jurisprudences à l'échelle planétaire, avec en particulier, l'intégration du système de droit civil et la notion de loi commune. Les systèmes dits de droit civil et de loi commune sont deux traditions juridiques parallèles qui ont exercé la plus grande influence sur le monde, au-delà des caractéristiques différentes distinguant les différents systèmes législatifs, judiciaires, doctrines et jurisprudences ; deux systèmes juridiques composant les deux faces d'une même intégration. En entrant dans l'ère du *big data*, le processus d'intégration de diverses civilisations dans le monde s'est accéléré, entraînant avec elle celles des jurisprudences représentées par les systèmes de droit civil et de loi commune. Le développement d'une nouvelle génération de technologies de l'information, telles que le *big data*, ont fait de la loi sur le droit numérique la théorie juridique universelle du temps, au cœur de la combinaison et de l'intégration des théories et des pratiques juridiques. Elle combine au maximum les avantages des systèmes de droit civil et de loi commune. En un sens, elle marque l'intégration et la pratique des théories et doctrines juridiques orientales et occidentales.

3. La civilisation du futur

L'évolution et le progrès de la société humaine sont un long processus historique. Au début de son existence, l'humanité a obtenu de la nourriture directement de la nature et construit des maisons. Peu à peu, les êtres humains ne se sont plus satisfaits de l'absorption de la nature, afin de mieux répondre à leurs propres besoins, ils ont commencé à étudier et explorer les organismes naturels et les plantes, ainsi que l'utilisation d'une technologie encore limitée pour modifier les ressources disponibles. Le

51 Wu Weiguang : « *Critique de la protection des données personnelles à l'ère du big data* ,» publié dans <*Zhengzhi yu falü*> N°7 de 2016

monde a connu de grands bouleversements le propulsant de la civilisation industrielle à la civilisation de l'information puis à l'âge de l'intelligence, et l'humanité a alors commencé à essayer d'explorer la logique inhérente de la nature et de la société, et à construire des systèmes intelligents avancés. L'humanité est confrontée à des changements sans précédent, tandis que tous les anciens modèles s'effondrent, et il n'y a pas encre de nouveaux modèles à suivre. Bien sûr, les prédictions humaines de l'avenir ne sont jamais exactes, mais les prédictions d'aujourd'hui sont plus difficiles que par le passé. Une fois que la technologie nous permettra de concevoir le corps, le cerveau et l'esprit humains, toute certitude sera renversée, même pour des choses qui étaient considérées comme vérités permanentes[52].

À quoi ressemblera l'avenir de la société humaine ? Il est vrai que nous pouvons galoper librement dans l'espace imaginaire pour tracer l'avenir de l'humanité. Avec le développement continu de l'intelligence artificielle, de l'Internet des objets entre autres technologies, l'avenir de la société humaine n'appartiendra pas seulement aux personnes physiques, car en plus des robots, des personnes génétiquement modifiées, il y aura peut-être des êtres étranges, des personnes biochimiques, au point que la société humaine mécanisée, robotisée et génétiquement perfectionnée, deviendra complexe et plus intéressante. Pour les êtres humains, la nature contient de riches ressources, non seulement le patrimoine génétique biologique, mais aussi la banque des gènes culturels, comme autant de ressources qui apporteront une inspiration continue au progrès humain et robotique, génétiquement perfectible. Les humains utilisent une technologie de pointe pour étudier les ressources obtenues dans la nature, tout en revenant constamment à la nature pour créer l'unité d'un royaume naturel et artificiel. La frontière entre les êtres vivants et les machines s'estompera progressivement. Les créatures deviendront manufacturées, soit non plus dans le sens traditionnel de la vie biologique, mais conformément à la logique non-biologique de la transformation transcendantale de l'état d'existence originel. Les machines également deviennent biologiques, et ne sont plus uniquement le mécanisme originel, mais se voient attribuer la logique biologique de la

52 Yuval Noah Harari, *Op. cit.*, p. 252

création humaine qui leur conférera leur propre autonomie et adaptabilité, et finalement la capacité de hâter l'avènement d'un nouvel ordre.

Comme le dit Steven Kotler, « la vie est un mouvement rusé - et le noyau émotionnel de l'histoire, et c'est la vraie raison pour laquelle nous ne pouvons pas remettre Pandore dans sa boîte. Lorsque vous laissez tout derrière vous, la promesse de la technologie n'est rien de plus qu'un avenir plus simple. C'est une promesse d'espoir, comment pouvez-vous arrêter l'espoir ? »[53] L'avenir porte en lui la promesse de l'émergence de diverses formes et fonctionnements biologiques tels que robots, humains génétiquement modifiés et formes de vie étranges[54] ainsi que l'apparition de personnes biochimiques. Tout cela va occasionner la nécessité de nombreux dispositifs de supervision juridique ainsi que l'émergence de questions éthiques qui exerceront un immense impact sur l'ensemble du système juridique de la société humaine. La naissance de la loi sur le droit numérique créera un meilleur environnement social pour la coexistence harmonieuse des êtres humains et des robots et des êtres humains génétiquement supérieurs, réalisant ainsi le mariage parfait entre l'homme et le naturel, et poussant l'humanité à entrer dans une nouvelle ère de civilisation - l'ère de la civilisation numérique. Chaque progrès de la civilisation a enrichi la réserve de connaissances humaines, favorisé l'amélioration de la productivité et favorisé le rythme du progrès humain. Avec la numérisation, la science, la technologie et la promotion de l'intelligence, l'ère de la civilisation numérique est venue, c'est une nouvelle civilisation qui, après la civilisation de l'âge de pierre, la civilisation de l'ère agricole, la civilisation de l'ère industrielle, ouvrira un nouveau chapitre de l'histoire de développement de la société humaine.

53 L'Américain Steven Kotler : *Tomorrowland, Our Journey from Science Fiction to Science Fact*, traduit en chinois par Song Liyu ; Jixie gongye chubanshe; 2016; p. 1

54 Selon le futuriste américain Raymond Kurzwell, en 2045, les humains se feront les récipiendaires d'une merveille technologique, la création d'une nouvelle espèce, Wonder Land, qui surpassera et éliminera les humains. « Odd spot » se réfère à l'intégration des êtres humains avec d'autres espèces (objets), « impair souvers » est une intelligence informatique et le cerveau humain en fusion intelligente dont est issue la formation d'une nouvelle espèce.

Bibliographie

Collingridge D.: «The Social Control of Technology,» UK: Open University Press, 1980

Feng Yujun: « Du juridique, ou la seule résolution des différends, » publié dans <Renmin fayuan bao> N°007 du 16 juillet 2010

Guo Tianqi: « Conflit entre usages sociaux et législations en Chine contemporaine, » publié dans <Fazhi yu shehui> N°3 de 2012

Guo Weihua (Rédacteur en chef): « Opinion publique en réseau et décisions de justice ;» Falü chubanshe; 2010

He Zhe: « Les organisations sociales et l'édification de l'ordre à l'ère de la civilisation d'Internet, » publié dans <Nanjing shehui kexue > N°4 de 2017

Hu Ling: « L'appel au renouvellement de la pensée législative par les technologies d'Internet, » publié dans <Shehui kexue wenzhai> N°2 de 2013

Hu Ling: « L'origine politique et économique de la loi sur Internet ;» Shanghai caijing daxue chubanshe; 2016

Huang Keming: « Études sur les rapports entre droit et pouvoir,» thèse de maîtrise, Université de Suzhou, 2005

Ji Changsheng: « La loi, bride du contrôle social, » publié dans <Renmin fayuan bao> N°007 du 28 juillet 2017

Jia Jingwei: « Les trois axes de la < philosophie de l'État et de l'État de droit >, ordre et rapports de force au sein de la société, » publié le 28 septembre 2005, sur le site web: http://article.chinalawinfo.com/ArticleFullText.aspx?ArticleId=30820

L'Américain Edgar Bodenheimer: « Jurisprudence: The Philosophy and Method of the Law, » traduit en chinois par Deng Zhenglai; Zhongguo zhengfa daxue chubanshe; 2004

L'Américain Harold J. Berman: « Law and Religion, » traduit en chinois par Qiao Zhiping; Zhongguo zhengfa daxue chubanshe; 2003

L'Américain Luke Dormehl: « The Formula, » traduit en chinois par Hu Xiaorui et Zhong Yi; Zhongxin chuban jituan; 2016

L'Américain Ray Kurzweil: « The Singularity Is Near, » traduit en chinois par Li Qinchen, Dong Zhenhua et Tian Yuan; Jixie gongye chubanshe; 2011

L'Américain Roscoe Pound: « An Introduction to the Philosophy of Law,» traduit en chinois par Deng Zhenglai; Zhongguo fazhi chubanshe; 2003

L'Américain Steven Kotler: Tomorrowland, Our Journey from Science Fiction to Science Fact, traduit en chinois par Song Liyu; Jixie gongye chubanshe; 2016

L'Anglais Anthony Giddens: « Run Away World, How globalization is reshaping our lives, » traduit en chinois par Zhou Hongyun; Jiangxi renmin chubanshe; 2001

L'Anglais Hobbs: « De cive, » traduit en chinois par Yin Xing et Feng Keli; Guizhou renmin chubanshe; 2003

L'Israelien Yuval Noah Harari: « Une brève histoire de l'avenir», traduit en chinois par Lin Junhon; Zhongxin chuban jituan; 2017

L'Israelien Yuval Noah Harari: « Une brève histoire du présent», traduit en chinois par Lin Junhon; Zhongxin chuban jituan; 2018

Laboratoire clé de la stratégie en big data: « Blocs de données 2.0: révolution normative à l'ère du big data ;» Zhongxin chubanshe; 2016

Laboratoire clé de la stratégie en Big data: « Blocs de données 3.0: Internet régulé et souveraineté de la blockchain ;» Zhongxin chuban jituan; 2017

Liang Haihong: « Se connecter à l'époque ;» Qinghua daxue chubanshe; 2014

Lin Mingbin: « Réflexion philosophique au sujet de l'intelligence artificielle, » thèse de doctorat, Université de Jilin, 2017

Liu Liangyu: « L'institutionalisation juridique du pouvoir, » thèse de maîtrise, Université de Shandong, 2009

Liu Liming: « Analyse de l'enracinement du processus judiciaire au sein de l'opinion publique, » thèse de doctorat, Université de Jilin, 2012

Liu Yunlin: « Révolution contemporaine de la doctrine du droit: offrir à la législation une garantie éthique, » publié dans <Daode yu wenming> N°4 de 2007

Lu Dezhi: « Capital et partage, questions majeures du développement coopératif des civilisations humaines;» Dongfang chubanshe; 2017

Shang Zhixiao: « Le progrès des civilisations humaines dans les échanges, » publié dans <Jueche tanshuo (la seconde moitié du mois)> N°10 de 2014

Wang Hanhua, Liu Xingliang et Zhang Xiaoping: « L'explosion de l'intelligence, le lancement d'une nouvelle ère de l'intelligence humaine ;» Jixie gongye chubanshe; 2015

Wang Rui: « Interactivité entre loi et coutume, » publié dans <Fazhi bolan> N°8 de 2012

Wang Xinjing: « Sur la relation entre la loi et la morale, » publié dans <Fazhi yu shehui> N°9 de 2009

Wu Handong, « Dispositions légales et institutionnelles à l'ère de l'intelligence artificielle, » publié dans <Falü kexue (Xibei zhengfa daxue xuebao) > N°5 de 2017

Wu Weiguang: « Critique de la protection des données personnelles à l'ère du big data, » publié dans <Zhengzhi yu falü> N°7 de 2016

Xia Yong (Rédacteur en chef): « Marchons vers l'ère du droit - Etude sur le développement des droits civils en Chine;» Zhongguo zhengfa daxue chubanshe; 1999

Yu Guangsheng: « Fusion des civilisations et ordre mondial, » thèse de doctorat, Université de Shandong, 2009

Zhang Kangzhi: « Loi et morale au sein de la gouvernance sociale, » publié dans <Xingzheng kexue luntan > N°3 de 2014

Zhang Wenxian: « Philoshophie du droit;» Gaodeng jiaoyu chubanshe, Beijing daxue chubanshe; 2011

Zhao Jiangshui et Jia Yinshi: « Opinion publique et usage de la loi,» publié dans <Ningxia daxue xuebao (édition en sciences humaines et sociales) > N°1 de 2002

Zhen Zhen: « Les fondements humains des normes sociales, » thèse de maîtrise, Université de Xinan, 2014

Zhu Junhao et Zhou Ji: « Accueillir l'ère de l'intelligence: la grande vague des objets intelligents ;» Shanghai jiaotong daxue chubanshe; 2015

Postface

Le 26 mars 2017, le professeur Lian Yuming, Directeur du Laboratoire clé de la stratégie en *big data*, a pour la première fois avancé l'idée de la « loi sur le droit numérique » lors de la deuxième session des conférences de direction tenues dans la ville de Guiyang, et a expliqué officiellement et publiquement les concepts de « droit numérique », « système de droit numérique » et « loi sur le droit numérique ». Le 22 mai, le camarade Chen Gang, alors membre du Comité provincial permanent de Guizhou et secrétaire du Comité municipal de Guiyang, a procédé à des entretiens et échangé des points de vue avec le professeur Lian Yuming, présentant notamment une série de points de vue importants au sujet de la loi sur le droit numérique et demandant au Laboratoire clé de la stratégie en *big data* d'accélérer la recherche coopérative avec l'Université de politique et droit de Chine. Le 6 juin, le gouvernement populaire municipal de Guiyang et l'Université de politique et droit de Chine ont signé un accord pour construire conjointement une base de recherche commune. Le 6 juillet, l'Université de politique et droit de Chine a approuvé la création du premier centre chinois pour l'étude du droit numérique.

Par la suite, le Laboratoire clé de la stratégie en *big data* a publié une série de résultats théoriques majeurs articulés autour de la problématique majeure que représente la « loi sur le droit numérique ». Parmi ceux-ci, *Blocs de données 3.0 : ordre d'Internet et souveraineté de la blockchain* a mis en évidence le fait que le passage de la donnée au droit numérique était une étape incontournable pour l'avènement de la civilisation numérique. Tout comme nous possédons les droits de l'homme et le droit réel, nous avons aussi le droit numérique. Lorsqu'Internet, le *big data*, la *blockchain* célèbrent leur mariage avec le droit, la face du monde en est changée. Dans *Redéfinir le* big data*: les dix forces motrices qui vont changer le futur*, la présentation qui est faite de la loi sur le droit numérique, avance la thèse du passage de la civilisation agricole à la civilisation industrielle puis à la civilisation numérique d'aujourd'hui, les êtres humains passant des « droits de l'homme » aux « droits sur la chose » puis à l'ère du « numérique », la loi achevant sa transition des « droits de l'homme » au « droit réel » puis au « droit numérique ». Le *Livret bleu du* big data*: Rapport numéro 1 sur le développement du* big data *en Chine* analyse du point de vue de la doctrine juridique, la légitimité et le caractère praticable de la loi sur le droit numérique, puis a insisté sur le fait que dans le système législatif existant de la Chine, le *big data* se situait dans une « zone grise » juridique et réglementaire, situation qui découle des faiblesses doctrinales de la loi sur le droit numérique, et en particulier le manque d'interprétation actualisée du contexte de l'ère du numérique, de l'absence de système théorique complet et structuré, ainsi que de réglementation législative concernant son système de valeur. Le *Livret bleu du* big data*: Rapport numéro 2 sur le développement du* big data *en Chine* explore les théories élémentaires du droit numérique, mettant en avant le concept élémentaire du système de droit numérique, ainsi l'idée et la perspective du cadre législatif du système du droit numérique, la définition du pouvoir partagé, la recomposition de la vie contemporaine, ainsi que de l'ordre nouveau de la civilisation numérique contenu dans la loi sur le droit numérique. *Blocs de données 4.0: activation des sciences numériques à l'âge de l'intelligence artificielle* combine activation de la théorie des sciences numériques pour décrire l'importance de la loi sur le droit numérique à l'ère du *clouding*, ladite loi s'y affirmant comme une base juridique à la construction de la communauté de destin humain au sein du cyberespace. Sur la base de la recherche systématique continue sur le régime de la loi sur le droit numérique, le Comité national pour l'élaboration de la terminologie scientifique et technologique a approuvé et publié pour la première fois les « dix grands nouveaux termes du *big data* » à l'Exposition 2017 China International Big Data Industry, parmi lesquelles, la proposition du concept de « loi sur le droit numérique » a été sélectionnée. Depuis lors, ce terme a été officiellement reconnu, est entré dans le langage officiel et a rapidement gagné en popularité.

La *Loi sur les droits numériques 1.0: Fondements théoriques* propose une discussion approfondie au sujet du droit numérique, en mettant l'accent sur la logique théorique, la valeur et la jurisprudence de la loi sur le droit numérique, c'est-à-dire la philosophie juridique du droit numérique. Ce livre prend comme ligne principale le droit numérique, son système et sa loi, traite de sa théorie élémentaire en se référant à la « théorie des droits de l'homme » et la « théorie du droit réel » dans le contexte de la «théorie de la recomposition », et révèle la base de sa philosophie juridique par comparaison avec droits de l'homme et droit réel, démontrant ainsi la possibilité et la nécessité de l'adoption de son régime. L'ouvrage soutient que le droit numérique est le droit de chacun à partager des données pour en maximiser la valeur, tandis que son essence réside dans le partage. En termes de caractéristiques juridiques, le droit numérique est une combinaison du droit de la personnalité et du droit de propriété. Le sujet de droit numérique est un ayant-droit spécifique, tandis que l'objet en est un ensemble de données spécifique. Le droit numérique rompt les limites des concepts traditionnels d'« une chose, un droit » et « les choses doivent avoir un corps constitué », rupture qui se manifeste souvent par « une multi-détention pour une seule chose ». Le droit numérique a à la fois les attributs légaux du droit privé, du droit public et de la souveraineté. Le système du droit numérique comprend principalement le système légal du numérique, le système de la propriété numérique, le régime des données d'intérêt public, le système de l'usufruit numérique et le système de partage. La loi sur le droit numérique est un système juridique qui ajuste la détention des données, leurs droits, utilisation et protection. Le mariage des données et du droit ouvre la possibilité de l'émergence du nouvel ordre de l'ère de la civilisation numérique. La civilisation numérique fournit l'origine de la valeur et le moteur de l'innovation pour la création de la loi sur la civilisation numérique, tandis que la loi sur le droit numérique fournit la base pour le maintien du régime de la civilisation numérique et le perfectionnement de son ordre. La loi sur le droit numérique est le produit d'un saut de civilisation, et ce sera aussi le nouvel ordre de la transformation humaine de la civilisation industrielle à la civilisation numérique, qui, avec le droit de la propriété constitue les deux fondements juridiques de l'ère de la civilisation numérique.

Le présent ouvrage est une autre innovation majeure basée sur l'étude de la théorie des blocs de données et réalisée par le Laboratoire clé de la stratégie du *big data* qui avait convoqué les experts et chercheurs en *big data* et en théorie du droit pour procéder aux discussions et échanges, à la recherche approfondie et enfin à l'écriture centralisée. Au cours de la recherche et de l'écriture de ce livre, Lian Yuming a mis en avant l'idée générale et le point de vue de base, et proposé la conception globale d'un système-cadre. Wu Jianzhong, Song Xixian, Long Rongyuan et Hu Jing ont détaillé les grandes lignes et les idées de thème, avec les contributions de Lian Yuming, Zhu Yinghui, Wu Jianzhong, Zhang Tao, Song Qing, Hu Hairong, Song Xixian, Zhou Cai, Long Rongyuan, Zhang Junli, Hu Jing, Zhang Longxiang, Zou Tao, Chen Xi, Luo Liping, Zhai Bin, Yang Guanhua, Wang Qianru, Tian Run, Luo Rong, Zheng Ting et Chen Wei. Camarade Chen Gang a mis en avant de nombreux points avant-gardistes et proposé des points importants pour la conception du présent ouvrage. À son avis, le droit numérique est un nouvel objet légal, un nouveau type de droit, un nouvel attribut, un nouveau pouvoir, quatre « nouveaux » qui constituent la base théorique de cet ouvrage, enrichissant ainsi son système idéologique et doctrinal. Yan Aoshuang, Directeur adjoint du Comité permanent de l'Assemblée populaire de Pékin, Li Zaiyong, membre du Comité provincial permanent de Guizhou et Vice-Gouverneur exécutif de la province de Guizhou, Zhao Deming, membre du Comité provincial permanent de Guizhou et Secrétaire du Comité municipal de Guiyang, Chen Yan, Vice-Secrétaire du Comité municipal de Guiyang et Maire du gouvernement populaire municipal de Guiyang, Li Zhong, Directeur du Comité permanent de l'Assemblée populaire de Guiyang, Ye Xuesong, membre du Comité municipal permanent de Guiyang et Directeur du secrétariat du Comité municipal de Guiyang, Xu Hao, membre du Comité municipal permanent de Guiyang et Vice-Maire exécutif du gouvernement populaire municipal de Guiyang, LIU Benli, Sécrétaire général du gouvernement populaire municipal de Guiyang, Li Zheng, professeur et Directeur du Département de recherche scientifique de l'Université de politique et droit de Chine, Ben Shenglin, professeur et Doyen de l'Institut de recherche sur le finance d'Internet de l'Université de Zhejiang, et Wang Jijun et Sun Shuyun, professeurs à la Faculté de droit de l'Université de Shanxi ont contribué à beaucoup d'idées et de points de vue prospectifs au sujet du livre. En particulier, Maître Liu Shengguo, associé du cabinet d'avocats Tianchi Juntai, a soigneusement examiné le présent ouvrage, et mis en avant beaucoup de conseils professionnels.

Le 30 juin 2018, s'est tenu à l'Université de politique et droit de Chine le « Premier Séminaire sur la loi sur le droit numérique - Forum sur Chine numérique par groupe de réflexion,» organisé conjointement par cette même université, l'Institut de recherche sur le développement urbain international de Pékin, l'Institut de recherche sur la stratégie de développement motivé par l'innovation de Guiyang, et la Base de recherche du Laboratoire clé de la stratégie du *big data* située à l'Université de politique et droit de Chine. Li Zheng, professeur et Directeur du Département de recherche scientifique de l'Université de politique et droit de Chine, a présidé la réunion. Jin Chengbo, professeur à l'Ecole centrale du partie PCC, Xie Haiding, chercheur à l'Institut de recherche sur le droit de l'Académie chinoise des sciences sociales, Cheng Xiao, professeur et Vice-Secrétaire du Comité du parti de la Faculté de droit de l'Université de Tsinghua, Zhang Jianwei, professeur à la Faculté de droit de l'Université de Tsinghua, Chen Yongsheng, professeur à la Faculté de droit de l'Université de Pékin, Yin Fei, professeur et Doyen de la Faculté de droit de l'Université centrale des finances et de l'économie, Long Weiqiu, professeur et Doyen de la Faculté de droit de l'Université de l'aéronautique de Pékin, Wu Changhai, professeur et Vice-Doyen de l'Institut de recheche sur le finance et le capital de l'Université de politiques et droit de Chine, Chen Huabin, professeur à la Faculté de droit de l'Université centrale des finances et de l'économie, Chen Jingshan, professeur et Rédacteur en chef adjoint du journal de l'Université de politique et droit de Chine, Xue Kepeng, professeur à l'Institut de droits civil, commercial et économique de l'Université de politique et droit de Chine, Zhao Hongmei, professeur et Directeur de l'Institut de recheche sur le droit social de l'Université de politique et droit de Chine, Zhu Wei, professeur associé et Directeur du Center de recherche sur le droit de communication de l'Université de politique et droit de Chine, et Li Min, professeur associé à la Faculté de droit de l'Université de politique et droit de Chine, ont assisté à la réunion et présenté de nombreuses idées visionnaires et constructives. Les experts s'accordent à dire que ce livre a présenté de façon créative le concept de « loi sur le droit numérique, » et il est le premier livre de la Chine voire du monde ayant pour titre la Loi sur les droits numériques, avec pour objet le droit numérique, soit une portée extraordinaire, et qui exerce une influence retentissante sur son époque.

Le 19 juillet 2018, parrainé par l'Institut de recherche sur le finance d'Internet de l'Université de Zhejiang, l'Institut de recherche sur le développement urbain international de Pékin, l'Institut de recherche sur la stratégie de développement motivé par l'innovation de Guiyang, la Base de recherche du Laboratoire clé de la stratégie du *big data* située à l'Université de Zhejiang et le Centre de recherche sur la prévention et le contrôle des risques financiers liés aux prospectives de *Big Data*, « le deuxième séminaire sur la loi sur le droit numérique - Forum sur Chine numérique par groupe de réflexion » s'est tenu à l'Université du Zhejiang. Le professeur Li Youxing, à la fois Vice-Doyen de l'Institut de recherche sur le finance d'Internet de l'Université du Zhejiang et Vice-Doyen de la Faculté de droit Guanghua de l'Université du Zhejiang, a présidé la réunion. Zhong Ruiqing, professeur à la Faculté de droit Guanghua de l'Université de Zhejiang, Huang Zhongdong, professeur associé à l'Institut d'informatique et de technologie de l'Université de Zhejiang et Directeur adjoint du Centre de recherche conjointe sur la technologie de pointe entre Alibaba et l'Univesité de Zhejiang, Zhang Jin, Directeur adjoint du Département des affaires législatives du Bureau de l'état de droit du gouvernement populaire de la province du Zhejiang, Wang Yuwei, associé principal du cabinet d'avocats Guantao Zhongmao (Shanghai) de Pékin, Zhang Yongliang, professeur associé à la Faculté de droit de l'Université d'agriculture et de foresterie de Zhejiang, Qi Xinyu, Directeur du Département de Stratégie d'ANT Financial Service Group, Dong Wang, professeur associé à l'Institut de gestion de l'Université de Zhejiang, Liang Si, Directeur du Département de prévention et de contrôle des risques du Centre de transaction des données de Shanghai, Zhu Yue, étudiant au doctorat à la Faculté de droit Guanghua de l'Université de Zhejiang, et Zhou Lingrong, Directeur Général du Group de l'industrie de santé Bushenglian à Zhuji ont assisté à la réunion et pris la parole. Les experts s'accordent à dire que le concept de « loi sur le droit numérique » deviendra une innovation et une percée dans le domaine du droit. On peut dire que ce livre est une recherche dans le domaine de la loi sur le droit numérique. La proposition pour le droit numérique, qu'elle soit admise ou rejetée, a été intégrée dans nos vies. Pour le droit numérique, le système du droit numérique et la loi sur le droit numérique sont encore des nouveautés, de nombreux problèmes devant être au préalable discutés et résolus, mais les perspectives d'avenir demeurent brillantes.

Le 31 juillet 2018, « le troisième séminaire sur la loi sur le droit numérique - Forum sur Chine numérique par groupe de réflexion », organisé par le Comité national pour l'élaboation de terminologie scientifique et technologique, l'Institut de recherche sur le développement urbain international de Pékin, l'Institut de recherche sur la stratégie de développement motivé par l'innovation de Guiyang et la Base de recherche du Laboratoire clé de la stratégie du *big data* située au Comité national pour l'élaboation de terminologie scientifique et technologique, s'est tenu à Pékin. Liu Qing, ancien Directeur adjoint à plein temps du Comité national pour l'élaboation de terminologie scientifique et technologique, a présidé la réunion. Wen Kui, professeur et l'ancien Président de l'Université d'économie et de commerce de la capitale, Zhang Qingxi, Directeur adjoint du Bureau de planification des sciences sociales et de philosophie de Pékin, Duan Xia, professeur et Directeur du Laboratoire clé de Pékin pour la recherche sur l'évolution systématique du groupe urbain et la prise de décisions en matière de développement durable, Liu Rui, Rédacteur et Directeur du Centre d'exploitation de la plate-forme de certification des connaissances de la Maison de la propriété intellectuelle, Deng Pan, Directeur adjoint de l'Institut de recherche sur Big Data de Pékin, et Chang Baobao, professeur associé à l'École des sciences et technologies de l'information de l'Université de Pékin, ont assisté à la réunion et pris la parole. Les experts ont donné une pleine reconnaissance et une évaluation élevée à la proposition de la loi sur le droit numérique. Il a été convenu que l'étude sur la loi sur le droit numérique était réaliste et axée sur l'avenir, et qu'il fallait effectivement se concentrer davantage sur l'espace virtuel en plus de l'espace physique, attitude de la plus grande importance pour l'ère de recomposition qui est en cours ou sur le point d'advenir. En particulier, les experts ont avancé de nombreuses suggestions constructives sur l'hypothèse de l'homme numérique, la protection légale du droit numérique, le droit à partager entre autres questions importantes soulevées dans le présent ouvrage.

L'avenir est déjà là, et nous sommes confrontés au hiatus qui émerge entre système légal du XXe siècle et réalités du XXIe. La réponse juridique de l'ère numérique est vouée à devenir une proposition ajustée à l'époque et pleine de rebondissement. L'étude de la loi sur les droits numériques est un travail pionnier sur une question sociale et académique majeure que les générations futures ne pourront en aucune façon éviter. Nous avons là une simple longueur d'avance pour nous tenir prêts à être les premiers à « manger des crabes ». Ici, en particulier, nous tenons à remercier les dirigeants et les rédacteurs de la Maison d'édition de la documentation en sciences sociales. Le Président Xie Shouguang avec une pensée tournée vers l'avenir, une vision unique et un courage surhumain, a fermement soutenu le livre et apporté tout son soutien à sa publication. Le Directeur Deng Yonghong a personnellement organisé une équipe d'éditeurs soigneusement encadrée, pour une compilation scrupuleuse et une conception de qualité, pour le présenter aux lecteurs sous la forme voulue. Bien sûr, ce n'est que la première étape de notre recherche. Nous continuerons à promouvoir la *Loi sur les droits numériques 2.0: Réglementation juridique du système de droit numérique*, la *Loi sur les droits numériques 3.0: Perspectives législatives de la loi sur le droit numérique*, la *Loi sur le droit numérique 4.0: La synergie et le jeu du droit de partage et du droit à la vie privée*, la *Loi sur le droit numérique 5.0: Du concept de droit numérique à la nouvelle éthique*, en vue d'améliorer davantage le système théorique du système de la loi sur le droit numérique. Ce que nous faisons maintenant n'est qu'une exploration scientifique, qui ne fournit aux chercheurs qu'une proposition juridique possible ou une ressource idéologique pour la recherche. Un livre de 300 pages ne peut guère répondre à toute question qui émergera dans l'esprit de chaque personne, mais il est plus important de suggérer la réflexion que de donner des réponses. Au cours de la rédaction du présent ouvrage, nous avons fait de notre mieux pour recueillir les documentations les plus récentes, incorporer les idées les plus nouvelles pour en enrichir le contenu. Néanmoins, en raison de notre niveau limité, il est probable que nous les ayons imparfaitement saisi, le livre comportant inévitablement quelques omissions ou erreurs, notamment dans sa référence à la littérature existante et une bibliographie certes représentative mais non-exhaustive, implorons donc le grand public de nous adresser sa critique justifiée.

Laboratoire clé de la stratégie en *big data*

Août 2018, à Guiyang.

Index

www.ingramcontent.com/pod-product-compliance
Ingram Content Group UK Ltd.
Pitfield, Milton Keynes, MK11 3LW, UK
UKHW021819290926
8980IPUK00003B/168

9 781789 976922